Helga Schneider

Kein Himmel über Berlin

PIPER ORIGINAL

Helga Schneider

Kein Himmel über Berlin

Eine Kindheit

Aus dem Italienischen von Sylvia Antz

Piper München Zürich

Die Originalausgabe erschien 1995 unter dem Titel »Il rogo di Berlino« bei Adelphi Edizioni S.p.A., Mailand. Die deutsche Erstausgabe wurde 1997 unter dem Titel »Der Scheiterhaufen von Berlin« im Wilhelm Heyne Verlag GmbH, München veröffentlicht.
Die vorliegende Neuausgabe wurde von der Autorin überarbeitet und mit einem Vorwort versehen.
Das Vorwort übersetzte Claudia Schmitt aus dem Italienischen.

Von Helga Schneider liegt im Piper Verlag außerdem vor:
»Laß mich gehen«

November 2003

Gesamtherstellung: Clausen & Bosse, Leck
Printed in Germany ISBN 3-492-27071-9

www.piper.de

Adolf Hitler ist nur ein eitler,
dahergelaufener Bohemien.
Daß einige ihn fürchten,
kann ich wahrhaftig nicht begreifen.

Reichspräsident Hindenburg
bei einem Treffen mit General Schleicher
und dem Bischof von Münster
am 4. Februar 1931

Vorwort zur Neuausgabe

Die Entstehungsgeschichte des Buches »Kein Himmel über Berlin« ist ungewöhnlich. 1993 veröffentlichte ich bei einem kleinen, aber guten Verlag einen Roman. Kurz darauf rief mich ein Journalist der Turiner Tageszeitung »La Stampa« zu einem Interview an; abschließend stellte er mir dabei auch ein paar Fragen über meine Herkunft und Vergangenheit.

Ich schilderte ihm in groben Zügen meine Kindheit – Berlin, die Bomben, der Verlust meiner Mutter, die sich, wie ich 30 Jahre später erfuhr, zum Dienst als KZ-Wächterin gemeldet hatte, gegen Ende des Krieges dann noch das »Privileg«, Hitler in seinem Bunker unter der Reichskanzlei treffen zu dürfen. Der Reporter war völlig von den Socken und sagte: »Hören Sie auf, Romane zu schreiben, schreiben Sie Ihre Geschichte!«

Wenige Tage später widmete mir sein Blatt fast eine ganze Seite, meinem Roman galten davon nur wenige Zeilen. Ab diesem Moment wurde ich völlig von den Medien in Beschlag genommen: Interviews, Fernsehsendungen – ich konnte mich kaum noch retten. Bald war ich im ganzen Land bekannt, ohne auch nur ein Wort meiner persönlichen Geschichte schriftlich niedergelegt zu haben. An diesem Punkt entstand, in knapp vier Monaten, »Kein Himmel über Berlin«.

Das Buch erschien 1995 bei dem angesehenen Verlag Adelphi und stieß bei Lesern und Presse auf großes Interesse, ja Begeisterung. Dutzende von Berichten und Artikeln befaßten sich mit ihm, ich selbst wurde erneut zu den unterschiedlichsten TV-Sendungen eingeladen und erhielt mehrere Literaturpreise.

Bald kam auch eine Fassung des Buches für den Schulunterricht heraus, worauf mich die italienischen Schulen einzuladen begannen; ich sollte den Text vor den Schülern kommentieren und ihnen schildern, wie es sich im Hitler-Deutschland während des Krieges lebte.

Das einzige, wovon ich mich beim Schreiben von »Kein Himmel über Berlin« leiten ließ, waren meine Kindheitserinnerungen. Auf politische und historische Stellungnahmen habe ich bewußt verzichtet, und ich glaube, gerade das verleiht dem Buch seine Authentizität und führt dem Leser (vor allem dem italienischen Leser) vor Augen, daß es auch im Nazi-Deutschland, also auf der Seite des Aggressors, eine Zivilbevölkerung und vor allem Kinder und Jugendliche gab, die Entsetzliches durchgemacht haben.

Im Jahr 2001 veröffentlichte ich, ebenfalls bei Adelphi, das Buch »Laß mich gehen«, gewissermaßen eine Fortsetzung von »Kein Himmel über Berlin«. Die beiden Bücher haben also einen engen Bezug zueinander.

Dennoch unterscheiden sie sich in einem wichtigen Punkt, nämlich der Zeit, in der sie spielen. In »Kein Himmel über Berlin« steht meine frühe Kindheit im Mittelpunkt, das Elend und die Bomben in der Hauptstadt des Dritten Reichs, meine Mutter taucht nur ganz am Rande auf. »Laß mich gehen« hingegen schildert meine heutige Perspektive: Ich erzähle aus der Sicht der reifen Frau, Thema ist diesmal jedoch meine Mutter.

In dem Buch schildere ich meine zweite und letzte Begegnung mit ihr: Wächterin in Auschwitz-Birkenau, eine Frau, die ich kaum kannte, weil sie mich als vierjähriges Kind sitzenließ, um dem antisemitischen Rassenwahn Adolf Hitlers zu frönen – eine Entscheidung, die mein ganzes Leben überschatten sollte.

»Laß mich gehen« ist die Abrechnung mit einer Mutter, die nie eine Mutter sein wollte.

Mittlerweile lebe ich seit vierzig Jahren in Italien, doch Berlin habe ich nie vergessen. Als Kind habe ich es brennen, einstürzen, unter den Bomben der Alliierten kaputtgehen sehen. Ich gehöre einer Generation an, die um ihre Kindheit gebracht wurde; wer etwas älter war, um die schönsten Jahre seiner Jugend. Denn die wehrlosesten und unschuldigsten Opfer des Krieges – aller Kriege – sind und bleiben die Kinder – gestern wie heute.

Helga Schneider
Bologna, im Sommer 2003

Wien, Frühling 1971. Hastig stiegen wir die Stufen des alten Wiener Stadthauses hinauf; mein Herz klopfte so stark, daß ich nicht imstande war, auf die Klingel zu drücken. Renzo, mein Sohn, läutete schließlich.

Ich hatte lange nach meiner Mutter gesucht, und nun, dreißig Jahre, nachdem sie mich in einem vom Krieg bereits erschütterten Berlin verlassen hatte, war es mir gelungen, sie wiederzufinden; sie lebte in Wien, in ihrer Heimatstadt.

Ich dagegen, 1937 geboren im nach dem Krieg Polen zugesprochenen Schlesien, aufgewachsen in Nazideutschland und nach Österreich repatriiert (der Heimat meines Vaters), lebte inzwischen in Italien, wo ich geheiratet und ein Kind bekommen hatte.

Als die Tür sich öffnete, erblickte ich eine Frau, die mir auf beeindruckende Weise ähnelte. Weinend umarmte ich sie, überwältigt von einem unglaublichen Glücksgefühl und bereit zu verstehen, zu vergeben, die Vergangenheit zu begraben.

Sofort begann sie zu reden, von sich zu reden. Kein Versuch der Rechtfertigung, warum sie mich verlassen hatte, keine Erklärung.

Sie erzählte. Viele Jahre danach hatte man sie im Konzentrationslager Birkenau festgenommen, wo sie Wärterin war. Sie trug eine tadellose Uniform, »die ihr so gut stand«. Es waren noch keine zwanzig Minuten vergangen, da öffnete sie ihren verfluchten Schrank, um mir voller Nostalgie ebendiese Uniform zu zeigen. »Warum probierst du sie nicht einmal an? Ich würde dich gern darin sehen.« Ich zog sie nicht an, ich war verwirrt und verstört. Aber das, was sie gleich darauf sagte, war noch viel schlimmer als die Tatsache, daß sie ihre Mutterrolle verleugnet hatte. »Die Alliierten hatten mich zu sechs Jahren Haft verurteilt, aber das hat jetzt keinerlei Bedeutung mehr. Bei den Nazis war ich jemand, danach war ich ein Niemand.«

Mir wurde eiskalt, ich erstarrte. So wie sie sich 1941 dafür entschieden hatte, diese Tochter nicht zu wollen, so wollte ich jetzt diese Mutter nicht! Mit dem ersten Zug fuhr ich mit meinem Sohn nach Italien zurück. Renzo weinte enttäuscht. Wie hätte ich ihm erklären können, warum weder ich eine Mutter noch er eine Großmutter gefunden hatten? Er war erst fünf Jahre alt.

Ich verlor meine Mutter zum zweitenmal.

Ob sie noch lebt, weiß ich nicht. Ab und zu fragt mich jemand, ob ich ihr vergeben habe.

1

Berlin, Herbst 1941

Meine Mutter hatte blondes Haar und rief »*Sieg heil!*«, wenn Adolf Hitler bei seinen Versammlungen auftrat. Manchmal nahm sie mich auch mit, und eines Tages ging ich in der Menge verloren und blieb allein zurück, als der Platz sich geleert hatte. Meine Großmutter hat mir das ganz oft erzählt, und in ihren Worten lag all der Haß, den sie gegenüber dieser Schwiegertochter nährte.

Nach der Geburt meines Bruders Peter entdeckte meine Mutter, daß sie die falsche Laufbahn eingeschlagen hatte. Schon bald war sie davon überzeugt, daß es ehrenvoller wäre, der Sache des Führers zu dienen, als ihre Kinder großzuziehen; so ließ sie uns beide in einer Wohnung in Berlin-Niederschönhausen zurück und trat in die SS ein. Das war im Herbst 1941, und die deutschen Streitkräfte machten an der russischen Front schwere Zeiten durch.

Tante Margarethe nahm uns auf, die Schwester meines Vaters, der schon seit einiger Zeit an der Front war. Mit ihrer Tochter Eva lebte sie in einer Villa in Berlin-Tempelhof. Ihr Mann, ein Graf, war ebenfalls im Krieg.

In der Villa meiner Tante wußte man nichts von rationierten Lebensmitteln. Auf dem Tisch gab es immer Gänseleberschnittchen, verschiedene Sorten Wurst, Apfelsaft und frisches Brot im Überfluß. Häufig stopfte ich mich voll, bis ich nicht mehr konnte, um gleich darauf alles unter den bestürzten Blicken meiner Tante wieder zu erbrechen. Damals war ich vier Jahre alt, mein Bruder Peter neunzehn Monate.

Eines Tages gab Tante Margarethe zwei Telegramme

auf: eines an meinen Vater, in dem sie ihn von der Flucht seiner Frau in Kenntnis setzte, eine Nachricht, die bei ihm eine Gelbsucht auslöste; das andere an unsere Großmutter väterlicherseits, die stehenden Fußes ihr bereits heruntergekommenes Gut der ältesten Schwester anvertraute, um aus dem heimgesuchten Polen in das ebenso heimgesuchte Berlin zu eilen.

Meine Großmutter kam mit ihrem Geruch nach Hühnerstall und Aniskeksen, stellte ihre Reisetasche und ihren Regenschirm am Rand des leeren Schwimmbeckens ab, warf einen verächtlichen Blick auf den livrierten Majordomus mit dem Hitlerschnurrbart, der meiner Tante mit lächerlichem Eifer seine Ehrerbietung bezeugte, und begann zu fluchen wie ein Stallbursche. Meine Mutter bezeichnete sie als *Nazihure*; dann verkündete sie, wie sie sich unser weiteres Schicksal dachte. Sie hatte klare Vorstellungen.

Tante Margarethe war bereit, mich und Peter zusammen mit ihrer Tochter Eva großzuziehen, aber Großmutter wollte das nicht. Sie befürchtete, daß ihre Tochter uns in zwei steife Püppchen verwandeln würde, und bestand darauf, uns nach Polen mitzunehmen. Sie stritten heftig am Schwimmbeckenrand. Bald darauf ging ein weiteres Telegramm an die Front, aber mein Vater bestimmte, daß wir in Berlin bleiben sollten. So zog Großmutter mit Peter und mir in die Wohnung nach Niederschönhausen in Erwartung der weiteren Entwicklung. Als ob das Haus von der Pest heimgesucht war, löschte sie jede Spur meiner Mutter. Aber dennoch ließ sie keine Gelegenheit aus, die Erinnerung an sie jeden Tag wieder neu wachzurufen, indem sie in unwiederholbaren Worten von ihr sprach und neuen Haß zu altem Groll fügte. In Wahrheit hatte sie diese Schwiegertochter nie gemocht.

Großmutter behandelte uns mit liebevoller Strenge. Sie

bestrafte mich unverzüglich, wenn ich log, und das tat ich häufig. Zum Beispiel gefiel es mir, herumzuerzählen, mein Vater sei ein berühmter General, während er in Wirklichkeit Soldat bei der Fliegerabwehr war und noch dazu ein überzeugter Antimilitarist. Eine Karriere im Heer war schon immer das letzte, was er angestrebt hatte: Er war ein Künstler. Nach Berlin war er nur gezogen, weil seine Schwester Margarethe ebenfalls hier wohnte, die ihm mit ihren Beziehungen das Tor zum Erfolg hätte öffnen sollen. In den Krieg war er gegen seinen Willen durch den Anschluß Österreichs hineingezogen worden. Er war in Wien geboren, und es brachte ihn auf, die Wehrmachtsuniform tragen zu müssen, auch wenn man sich dies nicht anmerken lassen durfte.

Meine Lügen in Hinblick auf meinen Vater, den General, entstanden aus einem Kompensationsbedürfnis heraus. Die mütterliche Wärme war mir abhanden gekommen, und obwohl ich meine Großmutter sehr mochte, hatte ich mich ganz auf meinen Vater konzentriert. Aber er war weit weg, deswegen lag mir soviel daran, mir ein maßgeschneidertes Bild von ihm zu machen! Und so erfand ich die Legende von meinem Vater, dem General, eine Fantasiegeschichte, die mich sehr tröstete, vor allem wenn die anderen ihrer Bewunderung für diesen »Helden des Vaterlandes« Ausdruck verliehen! Wer konnte auch größere Hochachtung wecken als ein tapferer General, der an der Front kämpfte, um das Volk vor dem Bolschewismus zu retten?

In Niederschönhausen gab es einen gepflasterten Hof, den Böllerhof. Dorthin ging Großmutter mit uns zum Spielen. Alle Kinder liebten sie, weil sie fröhlich war. Mit ihrer lebhaften Fantasie und einer gewissen kindlichen Art erfand sie immer neue Spiele, und es gelang ihr, uns wenigstens kurze Zeit den Krieg vergessen zu lassen. Sie sang polnische Lieder, und wenn wir auch nichts verstanden, hörten wir ihr doch immer begeistert zu. In diesem kahlen Hof tanzte sie zu ihrem Gesang, bewegte sich mit Anmut, mit der unschuldigen Spontaneität einer Frau aus dem Volk; alle hatten sie gern, und manchmal war ich eifersüchtig. Aber oft begannen mitten in ihrer Vorstellung die Sirenen zu heulen, und wir mußten in den Keller laufen; und der Zauber war mit einem Schlag gebrochen.

Großmutter war dick, dichterisch veranlagt und mit einer scharfsinnigen Intelligenz begabt. Heimlich hörte sie BBC und informierte uns über den Verlauf des Krieges, auch wenn Peter und ich nichts davon begriffen. Wir verstanden nur, daß Krieg Hunger, Alarm, Angst und Bomben bedeutete. Vor dem Einschlafen erzählte sie uns in einem Gemisch aus Deutsch und Polnisch Märchen aus dem Schwarzwald. Ihre Stimme heiterte uns wieder auf.

Zu Beginn des Sommers 1942 kam mein Vater auf Urlaub nach Berlin, und Tante Margarethe gab ihm zu Ehren einen kleinen Empfang. Unter den Gästen war auch eine junge Frau namens Ursula. Bei dem Empfang schlugen Peter und ich uns den Bauch mit Schnittchen voll. Peter übergab sich zweimal, ich bekam nur Schluckauf. Meine Cousine Eva schaute uns an wie zwei Aschenputtel, derer man sich schämen mußte. Angesichts Evas kindlichem Hochmut fühlte ich mich ganz klein, und ich war froh, daß wir nicht zusammen aufwachsen mußten.

An jenem Abend bemerkte ich zwischen dem einen und anderen Bissen, daß mein Vater sich immer in der Nähe dieser Ursula aufhielt. Sie blickte ihn auf eine gewisse Art an, und er guckte mit ebendiesem gewissen Ausdruck in den Augen zurück! Ich war verwirrt und gleichzeitig neugierig. Was ging da vor? Ursula war jung und schön, und mein Vater spielte den Kavalier.

Der einzige Grund, warum ich hoffte, der Empfang möge bald zu Ende gehen, war, daß mein Vater sich von Ursula verabschieden und sie nie mehr wiedersehen würde.

In den darauffolgenden Tagen durfte ich ihm ein bißchen Gesellschaft leisten; aber irgend etwas stimmte nicht. Ich fühlte, daß er verschlossen war, weit weg, und das machte mich befangen. Er hatte nur drei Tage Urlaub, und schließlich fuhr er wieder an die Front.

Ich war verwirrt.

Mein Vater, gutaussehend, schlank, mit der hohen Stirn und dem gewellten Haar, dem tiefgründigen Blick des Künstlers, der Farben, Töne, Gefühle in sich aufsaugt, mein Vater mit seinen gemessenen Bewegungen, der tiefen, verführerischen Stimme hatte nicht das geringste mit dem heldenhaften General meiner Fantasie gemein, den zu erschaffen mich so viel Mühe gekostet hatte.

Inzwischen hatte der Krieg sich verschärft. Je mehr Luftangriffe es gab, desto weniger Lebensmittel waren zu bekommen. Oft kam Großmutter mit leeren Händen aus dem Laden zurück, und dann gab es zum Mittagessen nur ein Glas Wasser. Damit wir den Hunger vergaßen, erzählte sie uns Märchen oder sang uns die Lieder der polnischen Bauern vor.

Eines Morgens bekam sie einen Wutanfall, bei dem unsere schöne Kaffeekanne mit dem Goldrand zu Bruch ging. Sie schleuderte sie auf den Küchenboden und schrie immer wieder: »So ein Dummkopf! So ein Esel!« Mein Vater hatte ihr geschrieben, daß er sich mit Ursula verlobt habe. Seit sie sich in Tante Margarethes Villa begegnet waren, hatten sie sich geschrieben, und nun hatten sie beschlossen zu heiraten. Meine Großmutter war außer sich. »Was soll das denn!« schrie sie. »Noch vor einem Jahr war euer Vater am Boden zerstört, weil eure nichtsnutzige Mutter ihn sitzengelassen hat, und jetzt will er schon wieder heiraten?! So ein Dummkopf! So ein Esel!«

Sie konnte sich nicht damit abfinden. Sie sagte, Ursula sei zu jung, um die Verantwortung für zwei fremde Kinder zu übernehmen, und wenn sie in der Vergangenheit meine Mutter mit den schrecklichsten Worten beschimpft hatte, so kritisierte sie nun meinen Vater, weil er sich so schnell getröstet hatte. Ihre ganze Entrüstung nützte nichts, da die beiden Turteltauben tatsächlich schon den Hochzeitstermin festgelegt hatten.

Als Großmutter begriff, daß nichts mehr zu ändern war, packte sie ihre Reisetasche, schulterte Vaters Regenschirm wie ein Bajonett und reiste nach Polen ab, nicht ohne geschworen zu haben, daß sie ihren Sohn nie wiedersehen wollte, und ihre neue Schwiegertochter schon gar nicht. Arme Großmutter, sie hatte so sehr gehofft, uns großziehen zu dürfen. Und vielleicht hätte sie das auch besser gekonnt als unsere Stiefmutter!

Als Großmutter weg war, fühlte ich mich verloren. Sie hatte uns Liebe und Fröhlichkeit geschenkt, und trotz des Kriegs sogar ein gewisses Gefühl der Sicherheit; jetzt war sie nicht mehr da. Ich war untröstlich und haßte Tante Margarethe, die schuld daran war, daß mein Vater und Ursula sich begegnet waren. Erneut wurden wir in der Villa in Tempelhof untergebracht, damit das frischvermählte Paar einen kurzen Heiratsurlaub in der Wohnung verbringen konnte, die Ursula in der Friedrichsruher Straße in Berlin-Steglitz eingerichtet hatte. Ich versuchte, den Schmerz über die Trennung von Großmutter zu ersticken, indem ich mich mit Essen vollstopfte. Ich aß und übergab mich, während Eva mir mit Widerwillen zuschaute.

Es war September, und das Leben in der Villa nahm seinen gewohnten Lauf. Der taubstumme Gärtner stutzte weiterhin die Hecken, und es schien, als würde der Krieg nur die Leute jenseits des großen Gittertors mit dem Familienwappen betreffen. Meine Cousine Eva war unerträglich. Eifersüchtig wachte sie über ihre Puppen und wollte auf keinen Fall, daß ich sie berührte. Außerdem trug sie ein derart affektiertes aristokratisches Getue zur Schau, daß ich mich vor Lachen schier ausschütten wollte.

Tante Margarethe war eine große, schlanke, strenge und schöne Frau. Ihr herrliches Haar war von einem natürlichen Rot und ihre wundervolle Haut, weiß und durchscheinend, von Sommersprossen übersät. Sie war sehr elegant und trug kleine Hüte mit Schleier. Wenn sie uns einen Gutenachtkuß gab, spürte ich einen leichten Hauch ihres Parfums, das bis zum Morgen im Zimmer schwebte. Leider nahm sie sich drei Jahre später mit Veronal das Leben. Den Grund habe ich nie erfahren. Großmutter sagten sie nicht die Wahrheit. Sie ließen sie im Glauben, ihre Tochter sei an einer Lungenentzündung gestorben.

Peter war ein schreckliches Kind und hielt alle in Atem. Zweimal wäre er beinahe in das leere Schwimmbecken gestürzt, und einmal verschluckte er ein Porzellanbonbon, das erst nach schlimmen Bauchschmerzen wieder mit seinem Stuhl zum Vorschein kam. Jeden Tag ließ er sich etwas anderes einfallen!

Als die kurzen Flitterwochen vorbei waren, kehrte mein Vater an die Front zurück, und wir mußten bei unserer Stiefmutter in der Friedrichsruher Straße leben. Ich war verängstigt und besorgt: Diese Frau war für uns eine völlig Fremde. Zu jener Zeit wurde der Krieg immer schlimmer. Die Luftangriffe kamen häufiger und stärker, und unsere Stiefmutter klagte darüber, daß unser Keller keinen ausreichenden Schutz bot. Außerdem wurde es immer schwieriger, an Lebensmittel zu kommen: Die Markenzuteilung klappte nicht, die Geschäfte waren leer. Man konnte nicht einmal mehr eine Spule Garn auftreiben. Die alten Leute starben, weil es immer weniger zu essen und fast keine Medikamente gab, vor allem jene für schwere Krankheiten fehlten völlig.

In der ersten Zeit schickte Tante Margarethe ab und zu den Chauffeur mit einem Paket Lebensmittel vorbei, aber bald schon hörte auch das auf. Auch in der Villa liefen die Dinge nicht mehr so wie früher. Ursula sah immer noch so jung und selbstbewußt aus wie zuvor, obwohl sie zusehends abmagerte. Sie hatte schönes, aschblondes Haar und Augen, die sogar noch blauer waren als Peters! Mein Bruder schnupperte an ihren Strümpfen oder küßte sie aufs Kinn, und sie lachte und gab ihm einen Klaps auf den Po. Im Handumdrehen hatte er gelernt, Mutti zu ihr zu sagen, was ich einfach nicht konnte. Peter und Ursula hatten sich gegenseitig erobert.

Ursula bestand darauf, daß auch ich sie Mutti nennen sollte, aber dieses Wort blieb mir im Hals stecken. Ich konnte ihren Wunsch einfach nicht erfüllen. Manchmal sagte ich Wutti oder Lutti oder Butti, aber Mutti war mir unmöglich. Das war nur der Anfang einer Serie von Mißverständnissen.

Sehr schnell verstand ich, daß Ursula bei Peter andere Maßstäbe ansetzte als bei mir. Wenn er etwas anstellte, fand sie immer eine Entschuldigung, häufig war es sein zartes Alter. Wenn hingegen ich einen Fehler beging, bezeichnete sie mich als die würdige Tochter meiner Mutter. Sie kritisierte Großmutters Erziehungsmethoden als zu nachgiebig. Ich war nicht ihrer Meinung, Großmutter war alles andere als nachgiebig gewesen. Mütterlich und der Situation angemessen, aber niemals schwach, nein, mütterlich und gerecht.

Manchmal brachte mich Ursula aus der Fassung. Wenn ich wieder einmal etwas falsch gemacht hatte, stotterte ich:

»Ich dachte, daß ...« Aber sie unterbrach mich und schrie: »Du sollst nicht denken, du sollst nur gehorchen!« Ich erstarrte. Gehorchen ohne zu denken: so einen Befehl konnte ich von niemandem annehmen!

Außerdem duldete sie keinen Widerspruch. Und wenn ich nicht nachgab, bestrafte sie mich. Blinde Unterwürfigkeit war für sie eine unumstößliche Regel.

Als Ort der Bestrafung hatte sie das Arbeitszimmer ausersehen, in dem mein Vater all seine Sachen aufbewahrte: die Bücher, die Schreibmaschine, Leinwand und Farben. Dieser Raum wurde mir mit der Zeit richtiggehend verhaßt, obwohl er voller Spuren meines Vaters war. Außer dem Stubenarrest in diesem Zimmer bekam ich noch andere Strafen, manche grenzten wahrlich an Quälerei. So verlangte Ursula zum Beispiel, daß ich die Härchen von dem wertvollen Perserteppich auflas, den sie mit in die Ehe gebracht hatte; ich mußte auf allen vieren ausharren, bis auch der letzte Fussel verschwunden war. Manchmal zog sich diese Prozedur so lange hin, daß ich von dem Staub einen Hustenanfall bekam.

Eine andere Sache, die sie nicht duldete, war meine berühmte Lüge, daß mein Vater General sei. Eines Tages überraschte sie mich dabei, wie ich die Geschichte einer ihrer Freundinnen erzählte, die auf unserem Stockwerk wohnte und häufig zu uns kam, um ein wenig zu plaudern. Sie hieß Frau Gerlinde. Meine Stiefmutter war hinausgegangen, um ein Glas Wasser für sie zu holen, und hörte beim Herauskommen, wie ich mein Märchen zum besten gab. Sie unterbrach mich grob und schrie: »Schon wieder diese Lügerei! Du bist wirklich unverbesserlich! Genau wie deine Mutter, falsch und verlogen!« Und sie skandierte herrisch: »Dein-Va-ter-ist-bei-der-Flak! Wiederhole: ›Bei-der-Flak‹, du Hohlkopf!«

»Das ist nicht wahr!« heulte ich, zitternd vor Demütigung. »Mein Vater ist ein berühmter General!«

»Flak, habe ich dir gesagt!« kreischte sie rot vor Zorn.

»General!«

Da ohrfeigte sie mich vor Frau Gerlinde und wiederholte, ich sei wie meine Mutter, und schließlich sperrte sie mich in das Arbeitszimmer, nicht ohne zu betonen: »Heute abend kein Nachtessen!« Es wäre sowieso sehr bescheiden ausgefallen!

Aber da gab es noch etwas, das sie nicht ertrug, und zwar die Tatsache, daß ich mit fünf Jahren immer noch am Daumen lutschte. Sie hatte versucht, mir dieses Laster mit allen Mitteln auszutreiben: hatte mir den Finger mit Salz eingerieben, dann mit Parfum, schließlich mit Terpentin, wovon sie eine halbe Flasche im Arbeitszimmer meines Vaters gefunden hatte. Da sie nicht wußte, zu welchem Mittel sie noch greifen sollte, hatte sie begonnen, mir mit den verschiedensten Gegenständen auf den Daumen zu hauen: mit Holzlöffeln, dem Griff eines Brieföffners und dem des Teppichklopfers.

Eines Tages schlug sie mich so fest, daß ich vor Schmerz fast ohnmächtig wurde, aber bevor es mir dunkel vor Augen wurde, hatte ich sie ins Handgelenk gebissen und war ins Badezimmer geflohen, wo ich mich einschloß. Außer sich vor Wut trommelte sie an der Tür und drohte mir eine Reihe von Strafen an, wenn ich nicht auf der Stelle öffnete. Aber ich hütete mich wohlweislich, dies zu tun, da ich fürchtete, sie würde mich umbringen. Statt dessen kauerte ich mich unter das Fenster in Erwartung der Dinge, die da kommen mochten. All ihr Drohen und Klopfen nutzte nichts, schließlich mußte sie jemanden kommen lassen, der die Tür aufbrach. Ich hörte, wie sie lange an dem Schloß herumhantierten, bis es nachgab und meine Stiefmutter wie eine Furie hereinstürmte. Sie riß mich an den Haaren hoch und versetzte mir vor dem Mann, der ihr geholfen hatte, eine Tracht Prügel, einem ausgemergelten, kahlköpfigen alten Mann, der mir einen Blick verlegener Solidarität zuwarf.

Als der Alte gegangen war, bugsierte meine Stiefmutter mich mit Fußtritten in den Hintern und ohne Essen in das gewohnte Arbeitszimmer. Gegen Abend, mittlerweile war ich wie tollwütig, weil ich so hungrig war, bekam ich einen Wutanfall. Auf der Suche nach einem Gegenstand, an dem ich meine Wut auslassen konnte, schaute ich mich um. Schließlich fiel mein Blick auf die Farbtuben, die nebeneinander in einer Reihe auf einem Korbtischchen lagen; gleichzeitig bemerkte ich ein Bild auf einer Staffelei. Es zeigte ein Stilleben mit einer Obstschale mit Äpfeln, Birnen, Trauben und anderen Früchten, die ich nicht kannte.

Ich griff nach einer Tube, schraubte den Deckel ab und schmierte den ganzen Inhalt mit den Fingern auf das Gemälde, löschte Birnen, Äpfel, Trauben und exotische Früchte aus und reduzierte das Ganze zu einem unförmigen, mohrenkopffarbigen Schlamm. Als meine Stiefmutter dieses Massaker erblickte, hätte sie mich um ein Haar erwürgt. Sie schlug einen Holzbügel auf meinem nackten Hintern entzwei und schrie: »Was kann man schon von der Tochter einer Nazihure erwarten?«

Das hätte sie nicht sagen dürfen! Von diesem Tag an verwandelte sich unser Verhältnis in offene Feindschaft. Ich überlegte, wie ich mich an ihr rächen könnte.

Eines Morgens ging sie einkaufen. Jemand hatte gesagt, es gäbe Hirse, Kartoffeln und Melasse. Sie ließ uns in der Obhut ihrer Freundin, Frau Gerlinde.

Frau Gerlinde war eine junge Frau mit einer sanften und netten Art. Ihr Mann war an der Front. Sie hatten keine Kinder.

Sie setzte sich auf das Sofa im Wohnzimmer und begann, uns ein Märchen vorzulesen. Peter lauschte mit aufgerissenen Augen. Aber gerade als die böse Hexe irgendein unschuldiges Wesen verzaubern wollte, verkündete ich, daß ich aufs Klo müsse. Frau Gerlinde nickte lächelnd. Peter dagegen warf mir einen zornigen Blick zu, weil ich ihm die Spannung verdorben hatte. Ich ging hinaus, aber anstatt aufs Klo zu gehen, schlich ich mich ins Elternschlafzimmer und durchsuchte die Schubladen der Kommode. Und ich fand etwas sehr Interessantes.

Ein Bündel Briefe, das mit einem roten Band zusammengehalten wurde. Ich wußte sofort, daß es sich um die Briefe handelte, die mein Vater Ursula von der Front geschrieben hatte. Ich nahm den Packen, versteckte ihn in meiner Unterhose und zog mich ins Bad zurück. Ich mußte mich beeilen, denn seit damals, als ich mich im Bad eingeschlossen hatte, hatte meine Stiefmutter den Schlüssel abgezogen. Rasch zerriß ich die Briefe, warf die Schnipsel ins Klo und spülte sie hinunter. Dann kehrte ich ins Wohnzimmer zurück, um den Schluß des Märchens zu genießen.

Meine Stiefmutter entdeckte die Missetat erst einige Tage später, und nicht eine Sekunde lang kam sie auf den Gedanken, daß Peter der Schuldige sein könnte. Erbarmungslos verprügelte sie mich mit dem üblichen Bügel. Dann zerrte sie mich in das Arbeitszimmer meines Vaters und band mich mit den Armen an einem Stuhl fest. Dort saß ich den ganzen Tag im Dunkeln, ohne Essen. Als meine Stiefmutter mich gegen Abend endlich losband, brach ich ohnmächtig zu ihren Füßen zusammen.

Als ich wieder zu mir kam, lag ich auf dem Sofa im Wohnzimmer. Ursula schaute mich an, ohne etwas zu sagen, mit einem verärgerten, fast drohenden Ausdruck. Ich sah ihr junges Gesicht in dem Licht der Stehlampe; ihre Augen waren kalt.

»Wie fühlst du dich?« fragte sie schließlich ohne eine Spur von Zärtlichkeit.

»Gut …«, murmelte ich. Langsam fiel mir wieder ein, was geschehen war: das Arbeitszimmer meines Vaters, die Dunkelheit, der Stuhl und die Stricke um meine Armgelenke.

»Kannst du aufstehen?«

Ich sprang mit so viel Schwung vom Sofa, daß es mir schwarz vor Augen wurde. Ich schwankte.

»Langsam, mein Fräulein, du mußt wie immer übertreiben!« Damit schob sie mich auf einen Stuhl. »Ich komme gleich wieder«, fügte sie hinzu und ging hinaus. Ich blieb allein mit Peter, der mich mit einer Reihe von Fragen bombardierte: »Warum bist du hingefallen? Warum hat Mutti dich auf das Sofa gelegt? Warum ist Mutti hinausgegangen? Warum stehst du nicht auf?«

Meine Stiefmutter kam mit einer Tasse eines seltsamen Gebräus zurück, das wohl Milch sein sollte, es war aber nur eine kreidige Flüssigkeit aus einem eigenartigen Pulver und nicht einmal gezuckert.

»Trink!«

Ich schüttelte den Kopf.

»Trink!« wiederholte sie ungeduldig.

Also schluckte ich dieses eklige Getränk hinunter, während Peter meine Grimassen nachahmte.

Nach einer Weile sagte meine Stiefmutter: »Ich muß mit dir reden, Helga.«

Ich schaute sie an, versuchte zu erraten, was sie mir zu sagen hatte:

»So kann es nicht weitergehen«, begann sie. »Ich halte das nicht mehr aus, glaub mir. Du zwingst mich, dich ins Internat zu schicken.«

Peter kreischte: »Ich will auch ins Internat! Ich auch!«

»Du bleibst bei Mutti«, unterbrach Ursula ihn. »Du

bist ein braver Junge.« Da hielt er geschmeichelt den Mund.

Meine Stiefmutter starrte mich an und wartete auf meine Antwort. Die nicht kam. »Hast du nichts dazu zu sagen?« fragte sie leicht verwundert.

»Nein.«

»Dann macht es dir gar nichts aus, wenn ich dich ins Internat schicke?« bohrte sie nach, verwirrt über meine Gleichgültigkeit.

»Nein.«

Ihr Gesicht verriet einen Anflug unerwarteter Unruhe. »Verstehst du, was ich dir zu sagen versuche?«

Ich nickte.

»Ich habe beschlossen, dich ins Internat zu schicken! Weil du ein aufsässiges, dickköpfiges Kind bist und ...« Aber der Rest ging im Geheul der Sirenen unter: »Schon wieder!« rief meine Stiefmutter, und nichts anderes war mehr von Bedeutung. Wir liefen in den Keller, und das Thema Internat wurde für einige Zeit beiseite geschoben.

Die Lage wurde von Tag zu Tag schlimmer. Wir hatten ständig Hunger und mußten immer häufiger ohne Nachtessen ins Bett. Die rationierten Lebensmittel deckten nicht einmal die elementarsten Bedürfnisse. Aber trotz unseres mittlerweile ernsten Zustands der Unterernährung behielt Peter sein rundes Engelchengesicht. Er war wirklich ein schönes Kind: blonde Löckchen, feine Züge, blaue Augen. Wer konnte ihm widerstehen? Mich dagegen hatte der liebe Gott mit kerzengeraden Schnittlauchhaaren und Augen ausgestattet, die nicht mit Peters mithalten konnten.

Eines Morgens versetzte Ursula mir einen weiteren harten Schlag. Auf der Straße hatten wir einige ihrer Freundinnen getroffen, die in einem Militärkrankenhaus arbeiteten, und sie stellte Peter seelenruhig als ihren Sohn und mich als ihre Stieftochter vor. Das überzeugte mich endgültig davon, daß sie allein meinen Bruder akzeptiert hatte; ich war nur ein Anhängsel, noch dazu ein störendes. Die Botschaft war klar, ich hatte es schon lange begriffen. Ich fühlte mich allein, unerwünscht und wäre am liebsten gestorben.

Eines Nachmittags – wir waren gerade nach einem ziemlich schweren Luftangriff aus dem Schutzraum zurückgekommen – klingelte meine Stiefmutter bei Frau Gerlinde, um sich etwas bei ihr zu borgen. Da durchzuckte mich blitzartig eine Idee. Ich schlüpfte durch die Tür und rannte die Treppen hinunter auf den Hof. Es war einer jener typischen Berliner Hinterhöfe innerhalb eines großen Häuserblocks, voller Grün.

Ich lief über die asphaltierten Wege und suchte nach einem Ort, an dem man mich von unseren Fenstern aus nicht sehen konnte. Schließlich versteckte ich mich dort, wo die Frauen normalerweise Teppiche ausklopften, aber ich begegnete niemandem. Auf den Stromleitungen schaukelten Spatzen, die mit empörtem Geschrei aufflogen, als ich kam. Kopfüber hängte ich mich mit den Beinen an eine Stange und betrachtete die Welt von unten; aber schon bald begann mein Kopf sich zu drehen, und so sprang ich wieder auf die Füße.

Der Hof war friedlich, von hohen Bäumen umgeben: Durch das Geflecht von Zweigen und Blättern konnte ich den Himmel kaum sehen. In der Luft lag ein starker Geruch nach Herbst und nach Moder, der mich benommen machte.

Plötzlich wurde mir bewußt, wie allein ich war, und ein tiefes Gefühl der Einsamkeit durchdrang mich mit derartiger Heftigkeit, daß ich wie betäubt war, es mir den Atem nahm. Angstschauer liefen mir in eisigen Wellen über den Rücken.

Ich begann bitterlich zu schluchzen. Lange Zeit weinte ich, und je mehr ich weinen mußte, um so mehr entzündete sich in mir ein rebellischer Funke: Warum hatte mich keiner lieb, nicht einmal Gott? Großmutter hatte mich beten gelehrt, aber nun war alles umsonst: Gott hörte mich nicht! Er bestrafte mich immer weiter. Zuerst hatte er mir meinen Vater weggenommen, dann meine Mutter; und schließlich auch meine Großmutter. Warum durften wir nicht bei Großmutter leben? Sie liebte uns, sie war gerecht, bevorzugte keinen von uns. Warum mußte ich bei meiner Stiefmutter bleiben? Sie mochte mich nicht! Bei ihr fühlte ich mich unerwünscht und unsicher, war widerspenstig und rachsüchtig. Zornig trat ich gegen einen Baumstamm, aber eigentlich meinte ich Gott. Jenen Gott, den es nicht gab! »Wenn es dich gibt«, dachte ich zornig, »dann schick mir ein Zeichen, Gott!« Während ich den Baum noch mit blinder Wut bearbeitete, sah ich eine Katze unter einem Busch hervorkommen. Sie war grauweiß getigert und hatte gelbe Augen. Aufmerksam schaute sie mich an. Schließlich kam sie näher und strich mit sanfter Vertrautheit ruhig um meine Beine. Diese Solidaritätsbekundung rührte mich zu Tränen, und ich begann wieder zu schluchzen, aber diesmal aus Dankbarkeit. Ich bildete mir ein, dies sei ein Zeichen Gottes, Gott wolle mich trösten und seiner Gegenwart versichern.

Nach einiger Zeit hörte ich, wie meine Stiefmutter mehrmals vom Küchenfenster aus nach mir rief. Obwohl sie mich nicht sehen konnte, flüchtete ich eilends hinter einen dicken Baum. »Heeeelgaaaaa!« rief sie.

Ich antwortete nicht. Nein, ich wollte nicht zu ihr zurück, nie mehr wollte ich dorthin zurück! Und so zwängte ich mich in ein Gebüsch, dessen dornige Zweige mir Arme und Gesicht zerkratzten. An der Augenbraue spürte ich ein Ziepen, und gleich darauf rann das Blut mir bis zum Mundwinkel. Ich wischte es mit einer Handvoll trockener Blätter ab. Die Katze war verschwunden.

Plötzlich kam Wind auf, der in den Zweigen rüttelte und eine Flut welkes Laub herabwehte. Die Blätter fielen wie betrunken, flatterten wie große verwirrte Schmetterlinge zu ihren Gefährten auf dem Totenbett hinunter. Wieder hörte ich die Stimme meiner Stiefmutter, diesmal näher. Sie mußte in den Hof heruntergekommen sein. Hartnäckig rief sie: »Helgaaa! Helgaaa!« Ihr Klang verriet eine gewisse ärgerliche Besorgnis, als ob sie sich gegen ihren Willen verpflichtet fühlte, sich wegen etwas Sorgen zu machen, das ihr im Grunde nicht am Herzen lag. Andere Stimmen gesellten sich zu den Rufen meiner Stiefmutter, und ich begriff, daß sie die Nachbarn mobilisiert hatte. Ein Heer von Hausbewohnern suchte nach mir. Erschrocken kroch ich tiefer in das Gebüsch, während ich immer noch die Blätter auf die Wunde drückte. Die Stimmen näherten sich. Plötzlich hörte ich meine Stiefmutter genau vor meinem Versteck schimpfen: »Diesmal ist sie zu weit gegangen, ich halte es nicht mehr aus! Dieses unmögliche Kind will mich zum Wahnsinn treiben! Aber sie wird schon sehen! Diesmal kommt sie mir nicht so einfach davon!« Die Stimmen fuhren fort, nach mir zu rufen, jede in einer anderen Stimmlage. Ich rührte mich nicht. Bald darauf entfernten sie sich, und nur der Wind war noch zu hören.

Ich atmete tief durch. Es wurde schnell dunkel. Als hätte jemand ein schwarzes Tuch über einen Lampenschirm gelegt und würde nun rasch hintereinander weitere darüberbreiten. Im Handumdrehen war es völlig finster: Ich fror und hatte Hunger, aber um keinen Preis wollte ich zu meiner Stiefmutter zurück.

Ganz in der Nähe ertönte ein dumpfes Dröhnen über den Hausdächern, wie von Flugzeugen. Da es keinen Alarm gegeben hatte, hoffte ich, daß es nur ein Gewitter sei. Tatsächlich bekam ich einen dicken Regentropfen auf die Stirn und beschloß, irgendwo Unterschlupf zu suchen. Keine Stimme, kein Schritt war mehr zu hören. Die Bäume und Sträucher hatten sich in düstere Schatten mit schwarzen Umrissen verwandelt. Ich bildete mir ein, ich sei von Kobolden umgeben, die mich anstarrten, vielleicht waren sie mir wohlgesonnen, vielleicht auch nur neugierig.

Schließlich kroch ich aus dem Gebüsch und lief schnell über den Hauptweg. Ich rannte zu der Tür, die zum Treppenhaus führte, und holte tief Luft.

Alles war dunkel und verlassen. Ich drückte auf den Lichtschalter, aber der Strom war so schwach, daß man fast nichts sehen konnte. Unentschlossen blieb ich stehen: Was sollte ich tun?

Ich öffnete die Kellertür, die nicht abgeschlossen war, damit man bei Alarm leichter Zugang hatte, und tastete über die Wand auf der rechten Seite, bis ich die harte Erhöhung des Schalters unter meinen Fingern spürte, aber die Lampe warf nur einen gedämpften Schimmer.

Dumpfer Kellergeruch wehte mir entgegen. Ich ging die Zementtreppe hinunter, und ein eiskalter Hauch blies mir ins Genick. Am Fuß der Treppe verlief ein langer Gang in zwei Richtungen. Ich zögerte. Wenn Alarm war, gingen wir gewöhnlich nach links zum Schutzraum; ich beschloß, die rechte Seite zu erkunden.

In einigen Kellern sah ich Stühle ohne Beine und Puppen ohne Arme, verstaubte Koffer und eine vollständig erhaltene Schneiderpuppe. Das Licht war schwach und flakkerte.

Schließlich gelangte ich an das Ende des düsteren Schlauchs: in den Kohlenkeller. Ich erblickte einen Berg Eierkohlen und einen kleineren aus Koks. An der Wand lehnten zwei Schaufeln und ein Hirsebesen. Auf einem roh gezimmerten Regal lag ein Stapel Jutesäcke.

Kaltblütig beschloß ich, mich an Ursula zu rächen. Ich würde die ganze Nacht wegbleiben, und sie würde vor Angst sterben.

Zwischen dem Kohlehaufen und der Wand entdeckte ich einen schmalen, leeren Raum: genau das, was ich suchte! Ich ging zu dem Regal und hob alle Säcke herunter. Mit einem Teil richtete ich mir ein Lager, mit den anderen würde ich mich zudecken.

Als ich mein Werk betrachtete, wurde mir plötzlich bange: Was würde mit mir geschehen, wenn ich erst im Dunkeln lag? Aber mein Rachedurst war stärker. Also biß ich die Zähne zusammen und streckte mich auf meinem Lager aus. Ich deckte mich mit den Säcken zu und wartete, bis das Licht ausging.

Plötzlich stürzte die schwarze Nacht auf mich herab wie eine große Fledermaus. Ich stieß einen unterdrückten Schrei aus, während mir kalter Schweiß ausbrach.

Die Dunkelheit war undurchdringlich und bedrohlich. Ich hörte Zischen, Gemurmel, die seltsamsten Geräusche. Ich begann mir all die nächtlichen Besucher vorzustellen, die womöglich um mich herum huschten, Mäuse, Spinnen, Tausendfüßler, und war versucht, aufzustehen, das Licht anzumachen und heimzulaufen, um mich meiner Stiefmutter zu Füßen zu werfen. Aber ich hielt durch. Ich ballte die Fäuste und weinte vor Angst. Schließlich grub ich mich ganz fest in die Säcke.

Ich zitterte und roch den scharfen Geruch der Kohle, während durch die Fenstergitter die Feuchtigkeit der Nacht hereinkroch. So verging eine Weile.

Plötzlich hörte ich die Kellertür oben an der Treppe knarren und Schritte die Treppe heruntereilen. Gedämpfte Stimmen riefen nach mir: »Helga! Wo bist du?«

Ich rührte mich nicht, das Herz klopfte mir bis zum Hals. Schließlich kam jemand in den Kohlenkeller und knipste das Licht an. Es mußten vier oder fünf Frauen sein, dem Geräusch ihrer Schuhe nach zu urteilen. Eine sagte: »Hier ist sie auch nicht. Wo mag das arme Kind nur sein?« Ich hörte die Stimme meiner Stiefmutter: »Das wird sie mir büßen, oh, das wird sie mir büßen!« Dann gingen sie hinaus.

Nach und nach entfernten sich die Stimmen, die Schritte tappten wieder die Treppe hinauf. Ich hörte, wie die Tür geschlossen wurde. Wieder war ich in dieser rabenschwarzen Dunkelheit allein.

Ich versuchte zu schlafen, aber ich hatte ein Problem. Also stand ich auf und tastete mich ein Stück weiter weg. Dort hockte ich mich hin und pinkelte auf den Boden. Der Urin vermischte sich mit dem Kohlenstaub und roch scharf und bitter.

Dann kehrte ich zu meinen Säcken zurück, wickelte mich hinein und flüsterte ein kurzes Gebet, das Großmutter mich gelehrt hatte: »Lieber Gott, mach mich fromm, daß ich in den Himmel komm'. Amen.«

2

Ich schreckte aus dem Schlaf auf. Draußen auf dem Bürgersteig rief ein ganzer Chor von Stimmen nach mir: »Helga! Helga!«

Doch als ich mich von meinem Lager erhob, verschwamm plötzlich alles vor meinen Augen. Ich wartete, bis es vorüberging, dann befreite ich mich aus den Säcken: Ich war buchstäblich kohlrabenschwarz. Meine Arme waren von den Dornen zerkratzt, und ich war ganz schwach vor Hunger.

Durch die vergitterten Kellerfenster drangen Lichtstreifen, in denen die Kohle schwach schimmerte. Jetzt hatte dieser Ort seine düstere Atmosphäre verloren und war nichts als ein Kohlenkeller.

Während ich mich in eine Ecke hockte, um zu pinkeln, bemerkte ich über einer Zinkwanne einen Wasserhahn, den ich am Abend nicht gesehen hatte. Ich versuchte, das Wasser aufzudrehen, aber es kam nur ein schwaches Rinnsal, das mit Mühe gerade ein paar Tropfen in der hohlen Hand ergab. Schließlich verließ ich den Kohlenkeller und rannte durch den Gang zur Treppe. Ich lauschte, aber die Stimmen waren nun weiter weg. Da stieg ich die Stufen hinauf, öffnete die Tür, und als ich niemand sah, schlüpfte ich in den Torweg.

Aber dort war es zu kalt, also schlich ich gleich in den Hof. Das schräge Licht des frühen Morgens wärmte zwar nicht, aber es tröstete mich. Auf den Wegen begann der Rauhreif zu tauen.

In der Nacht hatte es keinen Alarm gegeben; später erfuhr ich, daß der Feind einen seiner Feiertage eingehalten hatte.

Ich streifte ziellos über die Wege und kämpfte gegen ein fürchterliches Hungergefühl. Am Himmel hing eine einzige lange Wolke, die aussah wie ein Ballen aus körnigem Bimsstein. Vor Schwäche war ich wie trunken, ich hätte sogar ein Stück Baumrinde gegessen.

Meine Erschöpfung war so groß, daß ich mir wünschte, jemand würde mich entdecken, und tatsächlich tauchte plötzlich, ich weiß nicht, woher, ein Grüppchen Frauen auf, das aufgeregt auf mich zulief. »Endlich haben wir dich gefunden! Gott sei Dank, daß du lebst! Was ist denn passiert?« Eine sagte zu mir: »Deine Mutter sucht dich seit gestern.«

»Sie ist nicht meine Mutter«, erwiderte ich finster.

»Jedenfalls bringen wir dich jetzt nach Hause«, sagte die Frau bestimmt. In diesem Augenblick kam meine Stiefmutter und schrie: »Da bist du ja! Darf man wissen, wo du dich herumgetrieben hast? Seit gestern sucht die ganze Nachbarschaft nach dir. Was wolltest du damit beweisen? Keiner von uns hat ein Auge zugetan, bist du dir dessen bewußt? Und jetzt kommst du mit nach Hause, dort werden wir uns erst einmal unterhalten!« Sie bedankte sich bei den anderen und zog mich weg, wobei sie nicht müde wurde, mir Vorwürfe zu machen. In unserer Wohnung stellte ich fest, daß auch Hilde, die Schwester meiner Stiefmutter, da war. Seit wir in der Friedrichsruher Straße wohnten, hatte ich sie ein-, zweimal gesehen. Sie war drei Jahre älter als meine Stiefmutter und arbeitete im Propagandaministerium. Peter warf mir einen erschrockenen Blick zu und versteckte sich hinter einer Tür. Ich mußte wirklich fürchterlich aussehen!

Ursula schob mich auf einen Stuhl und befahl mir mit teutonischer Strenge: »Und jetzt erzählst du mir alles haargenau! Wo warst du? Wo hast du heute nacht geschlafen? Beinahe hätte ich die Polizei benachrichtigt! Mach den

Mund auf, zum Donnerwetter!« Auf ihren Wangen zeichneten sich zwei kleine, kreisrunde rote Flecken ab.

»Ich habe Hunger«, war alles, was ich herausbrachte. Ich hatte so heftige Magenkrämpfe, daß ich nicht mehr klar denken konnte. »Ich habe auch Hunger!« schrie Peter und tauchte hinter der Tür auf. Aber meine Stiefmutter fertigte ihn mit ungewohnter Grobheit ab: »Du hast schon gegessen, junger Mann!« Peter verzog das Gesicht und schaute sie ungläubig an.

»Vielleicht solltest du ihr besser etwas zu essen geben«, schlug Hilde mit fester Stimme vor.

»Kommt nicht in Frage!« rief meine Stiefmutter. »Zuerst muß sie reden, dieses Aas!« Dabei schlug sie mit der Faust auf den Tisch. Aber ich konnte keinen vernünftigen Gedanken mehr fassen. Vor lauter Schwäche sah ich alles doppelt: Peter hatte vier Augen und Hilde zwei Nasen. Da ließ sich meine Stiefmutter überreden und gab mir das übliche Gebräu, das wie Milch aussah – diesmal hatte sie es nicht einmal warmgemacht – zusammen mit einer hauchdünnen Scheibe feuchten Brotes.

Unter den verlegenen Blicken der Anwesenden schlang ich alles gierig hinunter. Während ich noch kaute, beklagte sich unsere Stiefmutter bei ihrer Schwester. »Ich kann nicht mehr, Hilde, das mußt du mir glauben! Dieses Kind bringt mich noch um!«

»Warum läßt du sie nicht analysieren?« schlug Hilde kühl und praktisch vor. »Ich kenne eine Gruppe von Ärzten, die sich auf Kinderpsychologie spezialisiert haben. Warum suchst du sie nicht einmal auf? Wahrscheinlich hat das Kind Probleme und muß in Behandlung.«

»Vielleicht hast du recht«, meinte meine Stiefmutter. »Könntest du einen Termin für mich vereinbaren?« Hilde versprach, es zu tun.

Ein paar Tage darauf brachte meine Stiefmutter mich in ein Haus, wo man uns in einen großen Raum mit vielen Fenstern führte, von denen aus man auf einen Tannenwald sah. Zwei Ärzte, ein Mann und eine Frau, stellten mir eine ganze Menge Fragen und baten mich zum Schluß, einige Bilder zu malen. Ich fand das Ganze ziemlich lustig. Weniger lustig war, was meine Stiefmutter mir danach sagte. Sie teilte mir mit, daß die Psychologen bei mir eine Krankheit festgestellt hätten und daß ich für eine gewisse Zeit in eine Anstalt müßte, wo man mich behandeln würde. Ich erfuhr nie, um welche Krankheit es sich handelte, aber schon ein paar Tage später brachte meine Stiefmutter mich in jene Anstalt. Eines Morgens packte sie ganz früh meine Sachen in einen kleinen Koffer, bat Frau Gerlinde, auf Peter aufzupassen, gab mir einen Grießbrei, was mich beunruhigte, und erklärte: »Heute bringe ich dich dorthin.« Ich begann zu weinen, aber sie blieb ungerührt.

Es war ein nebliger Tag, und ich war müde. In der Nacht hatte es Alarm gegeben, und wir hatten in den Keller laufen müssen, daher hatte ich wenig geschlafen. Ich war deprimiert und verängstigt. Meine Stiefmutter bewies mir, daß sie in der Position der Mächtigeren war: Sie konnte sich von mir befreien, indem sie mich in eine Anstalt schickte, während ich es umgekehrt nicht geschafft hatte. Gerade als wir den Platz vor dem Bahnhof Steglitz überquerten, begannen die Sirenen zu heulen. Wir liefen zu dem nächsten Luftschutzkeller, aber zuerst wollte man uns nicht hineinlassen. Da fing meine Stiefmutter an zu schreien und drohte, den Vorfall der Staatspolizei zu melden, und so ließ man uns hinein.

Als der Angriff vorüber war, verließen wir den Bunker und nahmen den Zug, der zweimal wegen falschen Alarms anhielt.

In unserem Waggon hatte sich eine Gruppe der Hitlerjugend niedergelassen, die trotz des gerade überstandenen Angriffs lauthals sangen: »Auf der Heide blüht ein kleines Blümelein, und das heißt Erika ...« Sie waren laut und euphorisch, und ihre Fröhlichkeit wirkte ziemlich aufgesetzt.

Wir stiegen in einem Viertel aus, das auffallend stark von den Bomben zerstört war, und nach einem Marsch von etwa einer Viertelstunde gelangten wir an ein schwarzes Tor, das in eine dicke Steinmauer mit Stacheldraht eingezwängt war. Eine Frau in Uniform knurrte mit drohender Miene: »Ausweise!« und ließ uns dann in einen nebligen Hof, in dem das wütende Bellen einer Horde Wachhunde widerhallte.

Durch den Nebel erblickten wir ein großes, abweisendes Gebäude; kleine Fenster verbargen sich hinter schwarzen Eisengittern, aus dem Schornstein stieg kein Rauch. Genau wie auf jenem Bild, das ich vor ein paar Tagen für die Psychologen gemalt hatte.

Wir blieben vor einem Tor mit auffälligen Sichtfenstern stehen. Drinnen schrillte eine Glocke; jemand musterte uns lange. Inzwischen begann es zu regnen. Im Handumdrehen waren wir bis auf die Knochen durchnäßt; mein brauner Stoffmantel hing wie ein Fetzen an mir herunter, die Hochfrisur meiner Stiefmutter sackte in sich zusammen wie eine bröckelnde Pyramide. Endlich ließen sie uns hinein.

Meine Stiefmutter erkundigte sich bei einer Frau, die wie eine böse Eule in einem Käfig saß. Zwei eiskalte Augen musterten uns. »Erster Stock, bitte!« grunzte die Frau schließlich unwirsch. »Zweiter Gang rechts, Zimmer vier! Heil Hitler!«

Wir verließen die Empfangshalle, auf deren gebohnertem Parkett unsere tropfenden Mäntel Pfützen hinterließen, und stiegen die Treppe hinauf. Die Stufen waren glatt gewachst, und kaum hatte ich den Fuß auf die dritte Stufe gesetzt, da rutschte ich auch schon aus und schlug mir böse die Schulter an. Ich stieß einen Schrei aus, die Eule steckte den Kopf aus ihrem Käfig, und ich verspürte eine starke Übelkeit, die noch durch den Kohlgeruch verstärkt wurde, der wie eine giftige Wolke in der Luft hing. Meine Stiefmutter seufzte ärgerlich: »Warum paßt du nicht auf, wo du hintrittst?«

Wir fanden den Raum, den die Eule uns angegeben hatte. Mehrere Frauen paßten dort auf offenkundig behinderte Kinder auf: ein blindes Mädchen, einen Jungen, der sabbernd unzusammenhängendes Zeug vor sich hin brabbelte, zwei geistig behinderte Kinder und ein Mädchen in einem Rollstuhl. Ich war sprachlos.

Lange mußten wir in dem eiskalten Saal warten; schließlich empfing uns eine alte, knochige Frau mit schneeweißem Haar, das zu einem strengen Knoten zusammengefaßt war. Aufmerksam studierte die Frau die Dokumente, die ihr meine Stiefmutter gereicht hatte, und sagte dann, nachdem sie mich durch ihren Kneifer lange gemustert hatte, kurz angebunden: »Ich glaube nicht, daß dies der geeignete Ort für das Problem Ihrer Tochter ist.« Meine Stiefmutter wurde sichtlich nervös, und ihre Stimme war schrill, als sie erklärte, daß jene hervorragenden Psychologen, die mich untersucht hatten, ihr genau diese Anstalt wärmstens empfohlen hatten. Dann senkte sie die Stimme und fügte etwas hinzu, was ich nicht verstehen konnte. Die weißhaarige Frau blätterte noch einmal in den Unterlagen, dachte nach, putzte lange ihre Brille und sagte schließlich schroff: »Einverstanden, ich werde eine Ausnahme machen und Ihre Tochter nehmen.«

Meine Stiefmutter stieß einen Seufzer der Erleichterung aus, für den ich sie haßte, und ergriff voller Dankbarkeit die Hand der anderen. Aber diese entzog sie ihr mit einer barschen Bewegung, ging um den Schreibtisch herum, legte mir eine kalte, trockene Hand auf den Kopf und sagte: »Nun mußt du dich von deiner Mutter verabschieden, Helga, es ist spät geworden, und draußen warten noch andere Leute auf mich.« Aber ich wandte meiner Stiefmutter den Rücken zu, um ihr nicht die Genugtuung zu geben, die Tränen meiner Kränkung zu sehen.

3

Berlin, 1942

Dieser Ort entpuppte sich als die Hölle. Alles war unerträglich. Es war schlicht und einfach ein Lager.

In Wirklichkeit handelte es sich um einen Aufbewahrungsort für unerwünschte Kinder und für solche, die der arischen Rasse als unwürdig erachtet wurden, weil sie blind, taubstumm, verunstaltet, gelähmt, zwergwüchsig, geistig behindert oder ähnliches waren. Es herrschte die Atmosphäre eines Ghettos.

Als erstes schoren sie mir das Haar, damit ich keine Läuse bekam, wie sie behaupteten. Dann mußte ich eine Art Uniform mit schmalen schwarzen Streifen anziehen, ähnlich der von Sträflingen. Das Essen war knapp bemessen und schlecht, das Personal anmaßend und von eiskalter Förmlichkeit. Ich mußte verschiedene unangenehme Untersuchungen über mich ergehen lassen, unter anderem eine gynäkologische. Dabei gab man mir Tabletten, die mich betäubten.

Die Anstaltsordnung war sehr streng, jeder kleine Verstoß wurde sofort mit Nahrungsentzug, Prügel oder Dunkelkammer bestraft. Aber wirklich anormal fand ich die sogenannte Sozialisierungsstunde, der wir uns jeden Tag unterziehen mußten. Sie bestand darin, daß sie Kinder mit verschiedenen Krankheitsbildern auf engem Raum zusammenpferchten und sie quasi ihrem Schicksal überließen. Wenn es zu Raufereien kam, gab die einzige Aufsichtsperson vor, nichts zu sehen, und griff nicht ein. In dieser Stunde galt das Gesetz des Stärkeren.

Eines Tages biß mir ein blindes Kind – wahrscheinlich

durch den wilden Lärm um es herum in Panik geraten – derart fest ins Ohr, daß ich fürchtete, es hätte es mir abgebissen. Die Wärterin zuckte nicht mit der Wimper.

In jener Stunde wohnte ich unglaublichen Szenen bei, und nach und nach gelangte ich zu der Überzeugung, daß irgend jemand uns durch als Spiegel getarnte Fenster beobachtete. Es war ein schreckliches Gefühl.

Manchmal rief man uns einzeln in einen eiskalten Raum im Untergeschoß, um uns dort intimen und peinlichen Verhören zu unterziehen, so daß man sich fast vergewaltigt fühlte. Die Eltern durften uns einmal im Monat besuchen, aber es kam fast nie jemand. Am schlimmsten war es, wenn die Alarmsirenen heulten. Gewöhnlich brach dann ein unbeschreibliches Chaos aus: Das Gebäude hallte von wirren Befehlen und Rufen wider, alles stürzte zu der einzigen Treppe, schreiend, stoßend, um sich tretend, so daß eine Panik unvermeidlich war. Hinterher war ich jedesmal über und über mit blauen Flecken bedeckt.

Je mehr Zeit verging, um so schlechter ging es mir. War ich einigermaßen gesund hergekommen, hatte ich nun ständig Anfälle von Übelkeit, Apathie, Weinkrämpfe oder Asthma. Einmal bekam ich fast eine Minute lang keine Luft, da schlug man mir heftig auf den Rücken, man versetzte mir Ohrfeigen und preßte den Brustkasten zusammen.

Schließlich verpaßte mir eine Krankenschwester eine Spritze mit einer abgebrochenen Nadel. Als ich endlich wieder Luft bekam, spie ich einen Schwall Blut. Am nächsten Tag machten sie einen Tuberkulosetest, der allerdings negativ ausfiel.

Eines Morgens entdeckte ich, daß ich ins Bett gemacht hatte, und damit begann mein Leidensweg. Ich hoffte, es sei ein einmaliger Vorgang gewesen, aber schon bald wiederholte es sich. Ich zog mir den Unwillen der Pflegerinnen zu, die meine Missetat jedesmal schadenfroh der Direktorin meldeten. Sosehr ich versuchte, diese Schwäche zu überwinden, es wurde nur noch schlimmer. Während ich zuerst nur ein-, zweimal in der Woche ins Bett machte, passierte es schließlich jede Nacht.

Zu Anfang bekam ich zur Strafe kein Essen, aber da dies keinen Erfolg zeitigte, griffen sie zu drastischeren Maßnahmen. Sie schlugen mir ein blaues Auge, und ich hinkte ein paar Tage lang, aber ich machte weiterhin ins Bett. Die Bediensteten nannten mich Pißmarie, und dieser Name blieb an mir haften wie ein Markenzeichen. Da ich weiterhin Matratze und Bettücher vollpinkelte, beschlossen sie, mich mit der Dunkelkammer zu bestrafen.

Dabei handelte es sich um eine Einzelzelle im Untergeschoß. Sie war eiskalt und kahl, nur ein Feldbett und ein Nachttopf standen darin, und die Wände waren so dick, daß man weder das Bellen der Hunde noch das Heulen der Sirenen hörte. Der Mindestaufenthalt betrug zwölf Stunden, und in schlimmeren Fällen konnte er bis zu drei oder vier Tagen verlängert werden. Natürlich bekam ich fast nichts zu essen.

Aber nicht einmal die Dunkelkammer richtete bei mir etwas aus. Ich befand mich in einem Teufelskreis. Ich machte ins Bett, wurde in die Dunkelkammer geschickt und war dermaßen verängstigt, als ich wieder herauskam, daß ich wieder ins Bett machte.

Ich begann, um mein Leben zu fürchten, und zog die Möglichkeit einer Flucht in Betracht, aber dies erwies sich sofort als unmöglich. Der Hof war voller bösartiger Hunde, und ich wäre nicht lebend hinausgekommen. Was konnte ich tun? Meiner Großmutter schreiben? Ich zweifelte daran, daß der Brief die Anstalt verlassen würde. Meine Stiefmutter holen lassen? Das konnte ich von vornherein ausschließen, sie war nur froh, daß sie mich los war!

Also griff ich zu der einzigen Waffe, über die ich verfügte: Hungerstreik.

Ich weigerte mich systematisch zu essen. Anfangs versuchten sie, mich mit Gewalt zu ernähren; sie stopften das Essen in mich hinein, bis sie mir die Speiseröhre verletzten und ich mehrere Tage lang Blut spuckte. Schließlich gaben sie auf. Sie ließen mich im Bett, weil ich mich nicht mehr auf den Beinen halten konnte. Ich verbrachte meine Tage in einem todesähnlichen Dämmerzustand, und in den wenigen klaren Augenblicken dachte ich an meinen Vater und meine Großmutter. Aber eines Morgens stand meine Stiefmutter an meinem Bett. Sie schaute mich böse an und sagte: »Man hat mich gerufen, damit ich dich wieder mit nach Hause nehme. Sie sagen, du bist ein hoffnungsloser Fall!« Ich schwieg, auch weil ich sehr schwach war. »In den Hungerstreik treten«, sagte meine Stiefmutter, »was für ein niederträchtiger Einfall! Du zeigst immer mehr, daß du die würdige Tochter deiner Mutter bist!«

Aber die Aussicht, nach Hause zurückzukehren, wirkte stimulierend auf mich, und mit einem Schlag war ich wieder klar.

In der Zwischenzeit lief sie in dem leeren Schlafsaal hin und her und blieb schließlich am Fenster stehen. Eine Weile schaute sie in den Hof, wo die Hunde bellten. Diese Hunde bellten immer, Tag und Nacht, sobald auch nur eine Mücke vorbeiflog.

Ich betrachtete Ursulas Rücken: Er war mager, die Schulterblätter standen hervor. Sie trug ein Kopftuch und schien mir kleiner, weil sie auf ihre hohen Absätze verzichtet hatte. Sie sah älter und abgezehrter aus als damals, als sie mich in die Anstalt gebracht hatte. Ich verspürte ein absurdes Gefühl der Besorgnis. Plötzlich wandte sie sich um und sagte gereizt: »Wenn du mit mir kommen willst, mußt du dich jetzt aus diesem Bett erheben.«

Ich fürchtete, es nicht zu schaffen. Viele Tage lang war ich nur aufgestanden, um auf den Nachttopf zu gehen, und nun schien mir der Gedanke, mich anziehen und tatsächlich das Gebäude verlassen zu müssen, ein unvorstellbares Unterfangen. Nichtsdestotrotz bemühte ich mich. Ich blieb auf dem Bettrand sitzen und wartete, bis das Schwindelgefühl vorbeiging. Ich dachte an meine Großmutter und rief sie um ihre Hilfe an.

Endlich fand ich die Kraft, mich auf den Beinen zu halten, während meine Stiefmutter mir ungerührt zusah. Ich fragte mich, womit ich so viel Härte verdiente. Dann brachte eine Pflegerin meine Sachen und warf sie auf das Bett, wobei sie mit meiner Stiefmutter einen verstohlenen Blick des Einvernehmens wechselte. Zu guter Letzt warf Ursula meine drei Sachen in den kleinen Koffer. Dabei verrieten ihre Bewegungen ihre üble Laune. Vielleicht hatte ich ihre Pläne durchkreuzt. Ich zog mich alleine an und kämpfte gegen die Schwäche, während sie mir mit ärgerlicher Miene zusah. Vielleicht hoffte sie, daß ich es nicht fertigbrachte, hoffte, mich in dieser Anstalt lassen zu müssen, aber der Gedanke, dieser Hölle entrinnen zu können, spornte mich an, gab mir Kraft. Nachdem sie die letzten Formalitäten erledigt hatte, verließen wir das Gebäude und nahmen die S-Bahn. Ich bemerkte, daß sie sich wegen meines geschorenen Kopfes schämte. Die Leute starrten mich sonderbar an.

Zu Hause empfing Peter mich mit einem Schreckensschrei und versteckte sich hinter den Beinen seiner geliebten Mutti.

Die Anstalt hatte bei mir ein solches Trauma hinterlassen, daß mir das Leben bei meiner Stiefmutter paradiesisch erschien. Ich tat alles, um akzeptiert zu werden: Ich war freundlich und gefügig, bemühte mich, zu gehorchen, ohne zu denken, ohne zu diskutieren, aber wieder einmal war alles umsonst, sie wollte mich nicht. Der Winter verging, aber im Frühling schickte sie mich wieder weg: Diesmal handelte es sich um ein Internat für schwererziehbare Kinder. Als Ursula es mir sagte, war ich verzweifelt. Ich weinte und dachte mehr als einmal daran, von zu Hause wegzulaufen, aber sie ließ die Tür nicht aus den Augen, und Peter hatte sie beigebracht, auf mich aufzupassen.

Eines Tages sah ich meinen gepackten Koffer und wußte, daß es soweit war. Frühmorgens brachen wir auf. Am S-Bahnhof erklang aus den Lautsprechern Goebbels Gefasel von Sieg und Befreiung, während die Leute in dichtgedrängten Trauben herumstanden und schweigend zuhörten. Die Gesichter waren gespannt und verrieten eine nunmehr müde Skepsis.

Das Internat befand sich in Oranienburg-Eden, einem der äußersten Randbezirke von Berlin. Wir bestiegen einen überfüllten Zug. In Oranienburg sagte man uns, daß der Bus, der uns nach Eden hätte bringen sollen, nicht mehr verkehrte, weil es kein Benzin mehr gab, und so mußten wir zu Fuß gehen. Wir gingen durch eine Allee mit alten Bäumen. Auf der von Pferdeäpfeln übersäten Straße begegneten wir etlichen Fuhrwerken. Bangen Herzens trottete ich hinter meiner Stiefmutter her. Wie würde das Internat sein? Besser oder schlimmer als die Anstalt? Ich betrachtete ihren Rücken, ihre mit Haarnadeln hochgesteckte Frisur, und ich haßte sie. Wieder einmal schickte sie mich weg, weg von ihr und meinem Bruder. War es möglich, daß mein Vater wußte, was sie mir antat?

Es war ein warmer Tag, und über den brachliegenden Feldern hing noch ein Rest Morgennebel. Obwohl man den Feind am Horizont ahnte, strahlte die Umgebung eine unerschütterliche Heiterkeit aus.

Plötzlich konnte ich nicht mehr, ich war erschöpft vor

Müdigkeit und Hunger. Wir waren seit einer Ewigkeit unterwegs, und ich kam immer langsamer voran, mußte alle paar Schritte stehenbleiben. Auf einmal wandte meine Stiefmutter sich um und rief ungeduldig: »Willst du dich jetzt bewegen, oder muß ich dich schieben wie einen Esel?« Als sie sich so plötzlich umgedreht hatte, war ihre Tasche aufgesprungen, und der Verschlußknopf hatte mich an der Stirn verletzt, die nun etwas blutete. Das Ganze war so blitzschnell geschehen, daß ich erst begriff, was passiert war, als ich fühlte, wie mir etwas Warmes über die Wange herunterlief. Ich faßte an meine Stirn, betrachtete entsetzt den roten Finger und spürte, wie ich ohnmächtig wurde.

Als ich wieder zu mir kam, saß ich an einen Baumstamm gelehnt, während meine Stiefmutter mich bestürzt betrachtete. »Fühlst du dich besser?« fragte sie mit schwacher Stimme. Ich nickte, betrachtete die gelben Blüten des Löwenzahns und wünschte, nie mehr aufstehen zu müssen. Ich verspürte eine unendliche Müdigkeit. Irgendwann sagte meine Stiefmutter in einem völlig ungewohnten Ton: »Ich schaffe es nicht mehr mit dir, Helga. Zwei Kinder sind zuviel für mich, das habe ich mir nicht so vorgestellt.« Sie hatte so frei aus dem Herzen heraus gesprochen, daß ich ein lächerliches Gefühl der Solidarität empfand. Höflich sagte ich: »Ich werd' schon brav sein in dem neuen Internat«, weil ich wollte, daß sie zufrieden war. Da wandte sie ein wenig gerührt den Kopf ab. Schließlich machten wir uns wieder auf den Weg und kamen nach ungefähr einer Viertelstunde an.

Das Internat war ein zweistöckiges Haus mitten im Grünen. Vor dem Krieg war Eden ein Ort mit intensivem Obstanbau gewesen, aber nun waren fast alle männlichen Arbeitskräfte an der Front, und die Frauen konnten die Obstäcker nicht ganz allein bestellen. Und so blieben viele

Felder sich selbst überlassen. Es machte sofort einen guten Eindruck auf mich.

Wir wurden von der Direktorin empfangen, einer Frau um die Vierzig, mit gütigen Augen in einem strengen Gesicht, die ich auf den ersten Blick mochte. Sie stellte uns Frau Doktor Löbig vor, der Psychologin des Internats, und auch von ihr hatte ich einen guten Eindruck. Sie war rosig, rundlich, mit einem mütterlichen Lächeln.

Nach der ersten höflichen Begrüßung wurden wir in den Speisesaal geführt, wo etwa fünfzehn Kinder um einen langen Tisch saßen. Man wies mir einen Platz vor einem Teller mit irgend etwas Dampfendem an, das ich nicht definieren konnte, einer Art Kohl- und Kartoffelgemüse, bestreut mit einem Pulver, das, wie ich später erfuhr, Soja war. Der Geruch des Pulvers gefiel mir nicht sonderlich, aber ich verschlang trotzdem alles, ohne mit der Wimper zu zucken. Meine Stiefmutter wurde an den Tisch der Direktorin gebeten. Die Kinder starrten mich neugierig an, und sobald ich meinen Teller geleert hatte, starrte auch ich zurück. Nach dem Eintopf gab es noch einen Apfel, und ich fand, ich konnte mehr als zufrieden sein. Das war weit mehr, als der Speiseplan in Berlin geboten hatte. Dann klatschte ein größeres Mädchen in die Hände und rief: »Alle hinaus in den Garten!« Der Saal leerte sich augenblicklich. Nur meine Stiefmutter und ich, die Direktorin und Frau Doktor Löbig blieben zurück. Die Direktorin erledigte einige Formalitäten mit Ursula, und Frau Doktor Löbig stellte mir ein paar Fragen, wobei ich mich bemühte, sie richtig zu beantworten. Zum Schluß schenkte die Direktorin meiner Stiefmutter ein Säckchen mit Äpfeln und Kartoffeln. Dann sagte sie freundlich zu mir: »Nur Mut, Helga, jetzt mußt du dich von deiner Mutter verabschieden. Sie muß nach Berlin zurück.«

Ich wollte schon sagen: »Sie ist nicht meine Mutter«,

aber ich hielt mich zurück. Meine Stiefmutter umarmte mich und sagte: »Wenn es dir besser geht, werde ich dich wieder abholen.« Ich verstand nicht, wovon ich geheilt werden sollte, antwortete aber nicht. Ich nickte nur und versuchte, freundlich zu lächeln. Ursula ging, und trotz alledem spürte ich einen kleinen, absurden Trennungsschmerz. Da nahm die Direktorin mich an der Hand und führte mich in den Garten. Mein Blick fiel auf zwei Schaukeln und eine lange Rutschbahn. Zwei Mädchen spielten in einem großen Sandkasten. Die Direktorin sagte zu ihnen: »Das ist Helga. Sie wird bei uns bleiben. Seid nett zu ihr.« Die beiden schauten mich an, das eine reichte mir eine Schaufel und fragte: »Willst du mit uns spielen?«

Ich war so bewegt, daß ich in Tränen ausbrach.

4

Immer wenn ich an Eden denke, verspüre ich ein Gefühl warmer Dankbarkeit. Abgesehen von den täglichen Sitzungen mit Frau Doktor Löbig, die in einer freundlich eingerichteten Mansarde stattfanden, hatte ich nie den Eindruck, mich in einer Erziehungsanstalt zu befinden. Wir wurden mit liebevoller Strenge behandelt, und unsere Fehler besserten sich spontan, da wir in eine Gemeinschaft integriert waren, an deren pädagogischem Ziel alle mitarbeiteten. Verantwortung zu übernehmen kann manchmal Wunder bewirken. Wir bekamen Selbstvertrauen und schliffen von selbst die kantigsten Ecken unseres Charakters ab. Zu unserer Direktorin hatten wir ein offenes, loyales Verhältnis. Sie war eine überzeugte Nazi-Gegnerin und machte kein Hehl daraus. Sie verachtete Hitler wegen seines Fanatismus, seines Rassenhasses und antisemitischen Wahns. Aber trotz des guten Verhältnisses zu der Leitung war das Leben in Eden nicht einfach.

Vor allen Dingen war auch dort der Krieg präsent – mit seinen Ängsten, der Unsicherheit und dem Hunger. Die Direktorin scheute keine Mühen, das Überleben ihrer Gemeinschaft zu sichern, aber wir mußten alle daran mitarbeiten. Zwar hatten wir keine schweren Bombenangriffe zu überstehen, aber in der Luft lastete dennoch ein Geruch von Gefahr und bevorstehender Katastrophe.

Zusammen mit ihren alten Eltern und den Heiminsassen bewirtschaftete sie weiterhin ein paar Obst- und Gemüseäcker, aber sie beklagte die Tatsache, daß ein Gutteil der Ernte als Kriegsbeitrag abgegeben werden mußte und der Rest von der ausgehungerten Bevölkerung gestohlen wurde.

So vergingen Frühling und Sommer, und mittlerweile

hatte ich mich gut eingelebt, aber der Hunger blieb immer noch das größte Problem. Jeder von uns bekam ein einziges Stück Brot am Tag; die übrige Nahrung bestand aus nicht näher bestimmbaren Suppen, die mit Sojapulver angerührt waren. Ein mageres Ei mußte für fünf reichen. Unter den Heiminsassen war eine Tochter der Familie Bahlsen, die regelmäßig Pakete mit den leckersten Keksen erhielt, aber sie gab niemandem etwas ab. Sie benutzte ihren Schatz als Tauschware, um sich bestimmten Aufgaben zu entziehen. Einmal handelten wir aus, daß ich für sie den Hofdienst übernehmen und dafür zwei Schokoladenkekse bekommen würde, aber als die Direktorin es merkte, bestrafte sie mich ziemlich hart.

Der Reihe nach setzte uns die Direktorin im Gemüse- und Obstgarten, in der Küche oder im Schuppen zum Marmeladekochen ein, oder sie schickte uns auf die Chaussee, um Pferdeäpfel zu sammeln, die als Dünger dienten. Gewöhnlich ging ich zusammen mit Hans, der zwei Jahre älter war als ich und Ziehharmonika spielen konnte. Hans schob den Karren, und ich kratzte mit der Schaufel den Mist vom Asphalt. Manchmal sahen wir Panzer vorbeifahren oder hörten in der Ferne das Böllern der Flak, und dann fiel uns wieder ein, daß Krieg war.

Eines Tages überschritten wir die Grenze, die uns die Direktorin gesetzt hatte, und erblickten auf einmal auf einem Feld neben der Straße zwei Männer, die hemdsärmelig in großen Töpfen herumrührten. Hans hatte den Schubkarren abgesetzt und starrte die Männer wie hypnotisiert an, als einer uns plötzlich sah und etwas in einer Sprache rief, die wir nicht verstanden. Er winkte uns näher zu kommen, und mir stockte das Herz. Ich fürchtete, sie wollten uns etwas zuleide tun, uns totschießen. Mit zitternden Knien liefen wir gehorsam über das feuchte Gras des brachliegenden Ackers.

Die Männer sahen fremdländisch aus und waren seltsam gekleidet. Sie fragten uns etwas, aber wir verstanden sie wieder nicht. Hinter einer Böschung kamen weitere Männer hervor. Einer von ihnen sagte auf deutsch, wir sollten uns neben die Töpfe setzen, in denen Grießbrei kochte: Dann kippte der eine mit den komischen Kleidern Butter und Marmelade dazu und rührte kräftig um; schließlich fragte er uns durch Handzeichen, ob wir Hunger hätten. Automatisch nickten wir, vor lauter Angst konnten wir keinen klaren Gedanken fassen. Da füllte der Mann zwei Blechnäpfe mit diesem süßen, fetten Brei und reichte sie uns. Ungläubig schlangen wir das Mahl unter den belustigten Blicken aller Umstehenden im Handumdrehen hinunter. Ich kam mir vor wie im Traum, doch ich wurde satt! Schließlich gaben sie uns noch ein Stück Schwarzbrot und bedeuteten uns, nun zu gehen. Mit vollem Bauch fanden wir uns vor unserem Schubkarren wieder und hatten beträchtliche Mühe, unsere Verwirrung zu überwinden. Hastig schoben wir den Karren um die nächste Kurve, um auch in das Brot beißen zu können. Es war feucht und süß, so feucht, daß man Kügelchen daraus hätte formen können. Schweren Herzens beschlossen wir, der Frau Direktor ein bißchen davon mitzubringen.

Aber sie war keineswegs erfreut über unser Abenteuer und schickte danach keinen von uns mehr zur Chaussee, Pferdeäpfel aufzusammeln.

Später erfuhren wir, daß in der Gegend deutsche Truppen, unter denen sich auch russische Söldner befanden, stationiert waren. Diese sonderbaren Leute waren mir nicht böse erschienen.

Manchmal überfiel mich ein verzweifeltes Gefühl des Verlassenseins, und ich spürte, daß ich anders war als die anderen Kinder, die Post von ihren Verwandten und ab und zu auch einmal Besuch bekamen. Wenn die Frau Direktor oder Frau Doktor Löbig mich traurig sahen, gaben sie sich viel Mühe, um mich zu trösten. Manchmal versteckte ich mich im Schuppen und grübelte hinter der Tür zwischen Kochkesseln, Rechen und Hacken. Als einzige im ganzen Internat hatte ich noch nie ein Lebenszeichen von meinen Angehörigen erhalten, seit ich angekommen war. Ich fühlte mich unerwünscht und mir selbst überlassen. Wie dem auch sei, jedenfalls lernte ich damals, auf Stelzen zu laufen. Trotz schmerzhafter Stürze und aufgeschlagener Knie gab ich nicht auf, ich wollte die Beste von allen werden.

Im September 1943 kam ich in die Schule, aber obwohl ich sehr gerne lesen und schreiben lernen wollte, waren meine Leistungen vom ersten Augenblick an ziemlich kläglich. Ich konnte mich nicht konzentrieren, denn ich verspürte eine ständige Unruhe, zumal der große Saal, in dem drei Klassen von einer einzigen Lehrerin unterrichtet wurden und in dem immer die größte Verwirrung herrschte, mir angst machte. Die Lehrerin war schon älter und nervös, ständig bereit, uns mit ihrem Rohrstock auf die Finger zu hauen. Ich heulte immer lauter als die anderen, weil ich mich an die Prügel meiner Stiefmutter erinnerte; und so kam es, daß die Lehrerin mich nicht leiden konnte. Sie begann mir so viele Hausaufgaben zu erteilen, daß ich schon bald meine Pflichten im Garten oder in der Küche nicht mehr erfüllen konnte, mit dem Ergebnis, daß meine Kameraden mich eine Drückebergerin nannten. Ich fühlte mich zu Unrecht beschuldigt und wurde immer finsterer gelaunt. Eine Form nervöser Schlafstörungen verschlimmerte meine Lage. Nächtelang konnte ich kein Auge zumachen; manchmal stand ich auf, ging ins Bad, stieg auf die Kloschüssel, öffnete das Fenster und lauschte in das weite Dunkel jenseits der Obstgärten, das hin und wieder von den sich kreuzenden Lichtstrahlen der Flugabwehr zerrissen wurde.

Häufig schlief ich erst ein, wenn es Zeit zum Aufstehen war, aber zum Glück ließen sie mich schlafen. Wenn ich dann aufwachte und sah, daß die anderen ohne mich in die Schule gegangen waren, überfielen mich Schuldgefühle, und ich ging in den Garten oder in die Küche, um mich nützlich zu machen. Wenn die anderen aus der Schule kamen, wollte ich mich nicht blicken lassen, weil ich mich schämte. Dann versteckte ich mich unter dem alten Holunderstrauch hinten im Garten, getröstet von der feuchten Wärme, die von den Bohnenstangen und den Salatköpfen ausging.

Die Frau Direktorin verfolgte immer die BBC-Nachrichten, um über den Kriegsverlauf auf dem laufenden zu sein, und eines Tages hörte ich sie so schreckliche Dinge über Berlin berichten, daß ich erschrak. Sie sagte, die ganze Stadt sei nur noch ein Meer von Trümmern und die Bevölkerung sterbe vor Hunger. Ich dachte an meinen Bruder und war zutiefst geängstigt.

5

Berlin, Herbst 1944

Am Ende des Sommers 1944 kam eine Frau ins Internat, die behauptete, sie sei Tante Hilde. Ich hatte sie nicht wiedererkannt.

»Kann es sein, daß du dich nicht an mich erinnerst?« fragte sie streng und zog eine Augenbraue hoch. Ich betrachtete sie aufmerksamer: ein Hütchen mit Schleier (wie ich Hütchen haßte!), bleigraue Augen, ein Leberfleck auf der Nasenspitze, karminrot geschminkte Lippen, mager, ein elegantes Kostüm, das nicht zu der allgemeinen Katastrophenstimmung paßte. Ich stotterte: »Vielleicht ... das heißt ... also ... ich weiß nicht.« Mit einem kühlen, gleichgültigen Lächeln teilte sie mir mit: »Ich bin gekommen, um dich nach Berlin mitzunehmen.«

Das kam völlig überraschend, und ich warf der Direktorin einen verwirrten Blick zu, die verblüfft dreinschaute. Aber Hilde zog wieder die Aufmerksamkeit auf sich. »Möchtest du nicht deinen Bruder Peter wiedersehen?«

»Doch!« In meinem Herzen hütete ich meine Liebe zu Peter wie in einem Nest. Peter war meine einzige Gewißheit, Peter war die warme Stimme des Blutes.

»Dann mach dich fertig«, drängte Hilde, als ob sie einen schwachen Augenblick bei mir ausnutzen wollte.

Ich schaute sie an, unentschlossen, verwirrt, hin- und hergerissen zwischen Zustimmung und Ablehnung, zwischen dem Wunsch, Peter wiederzusehen, und der Angst, nach Berlin zurückzukehren. Schreckliche Dinge wurden darüber berichtet: Zerstörung, Hunger, Verzweiflung und Tag und Nacht Bombenangriffe.

Ich schielte wieder zu Frau Direktor, die sich ernst an Hilde wandte: »Sind Sie sicher, daß dies die beste Lösung für Helga ist?«

»Wie meinen Sie das?« fragte Hilde mit eisiger Überraschung.

»Ich meine zum Beispiel die Lage in Berlin«, erwiderte die Frau Direktor.

»Gnädige Frau«, sagte Hilde und kratzte sich an der Stelle der Nase, wo der Leberfleck saß, »ich bin hier im Auftrag meiner Schwester, Helgas Mutter. Was alles übrige betrifft, so glaube ich, daß weder Ihre noch meine Meinung in irgendeiner Weise von Bedeutung sind. Da stimmen Sie doch mit mir überein?«

Ohnmächtig zuckte die Direktorin mit den Schultern und sagte zu mir: »Geh und pack deine Sachen, Kleines. Inzwischen werde ich mit deiner Tante ein paar Formalitäten erledigen.«

Mit gesenktem Kopf stieg ich in mein Zimmer hinauf und packte mein Köfferchen; die anderen Kinder schauten mich an. Ich hatte einen Kloß im Hals und mußte weinen. Hans murmelte: »Du hast Glück, du darfst nach Hause, aber mir wäre es lieber, wenn du dableiben würdest.« Da weinte ich noch heftiger. Schließlich stand ich in dem kleinen Innenhof, in dem alle zusammengekommen waren, um sich von mir zu verabschieden. Auch die Köchin war da, die alten Eltern der Frau Direktor und Frau Doktor Löbig. Alle umarmten mich, während ich die Tränen hinunterschluckte und das Herz mir schwer wurde. Ich hatte Angst vor dem Unbekannten und vor Hilde, die so eiskalt und herrisch war! Plötzlich packte Hilde mein Köfferchen und erklärte entschlossen: »Nun müssen wir aber gehen, wir haben noch einen langen Weg vor uns.«

Im letzten Augenblick sagte die Direktorin: »Ich wollte

Ihnen ein wenig von unserer Marmelade mitgeben, Fräulein.«

Hilde stellte das Köfferchen wieder ab und antwortete lebhaft: »Oh, sehr gern, in Berlin gibt es jetzt überhaupt nichts mehr!«

Während wir warteten, zerriß es mir schier das Herz. Diese Marmelade war auch ein bißchen mein Werk, auch ich hatte lange in den Töpfen gerührt! Kurz darauf kam die Direktorin mit einem Töpfchen Pflaumenmus zurück, und als ich an die heißen Nachmittage dachte, an denen ich Marmelade gerührt, während Hans auf der Mundharmonika gespielt hatte, brach ich in Tränen aus. Hilde zischte: »Darf man wissen, was du andauernd zu weinen hast?«

»Ich weine nicht!« protestierte ich schluchzend, putzte mir die Nase, kniff die Augen zusammen und hörte auf zu weinen.

Schließlich traten wir in den Hof hinaus, wo ich meine Stelzen erblickte, die am Schuppen lehnten. »Ich will meine Stelzen!« heulte ich, da mir meine verheerenden Stürze und blutenden Knie, aber auch Momente des Glücksgefühls einfielen. »Ich will meine Stelzen mitnehmen!«

Hildes Augen blitzten mich entrüstet an. »Red keinen Unsinn, Helga!« rief sie und zog mich zum Tor.

»Ich will meine Stelzen!« beharrte ich und stemmte die Füße in den Boden wie ein störrisches Maultier. In Wirklichkeit wollte ich gar nicht die Stelzen, ich wollte im Internat bleiben. Alle sagten, daß Berlin die Hölle wäre, und ich wollte nicht aus Eden verjagt werden, um in der Hölle zu landen!

Wieder brach ich in wütendes, trotziges, ohnmächtiges Schluchzen aus. Hilde reichte mir ein Taschentuch und rief ungeduldig: »Jetzt ist es aber genug mit dem Geheule!« Sie war sehr ärgerlich. Sie schüttelte den Kopf mit dem Hütchen und zog mich zum Tor, das sich mit einem harten Geräusch hinter uns schloß. Das Echo hallte in meinem Herzen wider und ließ immer neue Tränen fließen. Noch bevor wir uns in Marsch gesetzt hatten, war ich vom Weinen erschöpft.

Wir bogen auf die Chaussee ein. Diese Straße erinnerte mich an Hans, den Schubkarren, den Pferdemist und die Begegnung mit den Russen, die Grießbrei aßen und schwarzes süßes Brot buken; wieder mußte ich weinen. Auf der Chaussee war viel Verkehr: Eine Kolonne Lastwagen voller Frauen und Kinder, Karren, Wagen mit Verdeck, Kutschen, beladen mit Bündeln und Koffern, zogen unaufhaltsam nach Westen. Das waren Vertriebene oder einfach Leute, die vor den Russen flohen.

Wir mußten lange laufen, und nach einem nicht enden wollenden Fußmarsch erreichten wir den S-Bahnhof, wo es hieß, daß der letzte Zug vor ein paar Stunden gefahren war. Während wir uns auf eine lange Wartezeit einrichteten, verzehrten wir die beiden Scheiben Brot, die uns die Frau Direktor als Reiseproviant mitgegeben hatte.

Endlich kam ein Zug. Er näherte sich langsam, beinahe ängstlich. Verbeulte Seiten, scheibenlose Fenster. Eine ungeduldige Menge nahm ihn im Sturm: Soldaten, Offiziere, Knaben der Hitlerjugend, ein paar wenige Privatpersonen. Es gelang uns, in einen Wagen zu steigen. Zwischen all den in Uniform und Stiefeln steckenden Beinen ging ich verloren. Hilde rief: »Wo bist du?« Und ich schrie zurück: »Hier bin ich!« Ich stieß gegen Hintern und bekam Tritte und Faustschläge, aber schließlich war ich wieder bei Hilde. Sie hatte ihr Hütchen verloren, und ihr Lippenstift war bis zu den Wangen verschmiert, so daß sie wie ein Clown aussah.

Der Zug setzte sich mühsam in Bewegung; im Wagen wurde es eiskalt durch die Zugluft, die durch die zerbrochenen Scheiben hereinwehte. Ich war verschreckt, erstarrt vor Kälte und hatte Durst.

Draußen zog ein trostloser Anblick vorbei: Die Stadt sah aus wie ein riesiger Scheiterhaufen.

Schon bald war der Wagen voller Rauch, und ich begann zu husten. Ich mußte Pipi und wollte nach Eden zurück. Wir stiegen zweimal um. Endlich erreichten wir den Bahnhof Steglitz, wo wir von der Menge mitgerissen wurden. Ein Offizier sammelte schreiend einen Trupp junger Soldaten um sich, einige euphorisch und ungeduldig, andere erstarrt in einer Grimasse ängstlicher Verwirrung. Auf dem Platz versuchte ich, tief durchzuatmen, aber in der Luft hing ein schwerer Brandgeruch. Ich nahm eine unnatürliche Hitze wahr, die mich schaudern ließ. Verwirrt starrte ich auf das mit Asche bedeckte Kopfsteinpflaster, ohne zu begreifen, wo sie herkam. Aber Hilde ermahnte mich: »Nicht träumen, Fräulein, machen wir, daß wir weiterkommen, bevor es Alarm gibt. Bisher hat alles nur zu gut geklappt!« Und sie packte meine Hand fester.

Wir gingen an langen Reihen ausgebombter, noch rauchender Häuserruinen entlang. Der Bürgersteig war mit Glasscherben übersät. Ich glitt aus und fiel hin. Unter meinem Gewicht zerbrach das Glas noch einmal, und ein paar Splitter bohrten sich in meinen Arm. Hilde schalt: »Kannst du nicht besser aufpassen?«

Dann teilte sie mir mit, daß wir nicht zur Friedrichsruher Straße gingen, sondern zu ihrem Elternhaus, wo sich Peter, meine Stiefmutter und ihr Vater befanden.

»Mein Keller ist sicherer als eurer«, erklärte sie und setzte ohne irgendeine Überleitung hinzu: »Vor einem Monat ist meine Mutter gestorben.«

»Deine Mutter?« fragte ich zerstreut.

»Deine Großmutter. Wir konnten sie auf dem Friedhof in Lichtenberg beerdigen.«

Großmutter? Ach so, sie meinte die neue Großmutter. Da rief ich trotzig: »Meine Großmutter ist in Polen!« Hilde blieb stehen und sagte in scharfem Ton: »Ob es dir gefällt oder nicht, meine Mutter war deine Großmutter.«

Ich wagte nicht, ihr zu widersprechen.

»Während eines Luftangriffs bekam sie einen Herzschlag«, erklärte Hilde, und ich nickte teilnahmslos, da ich diese Großmutter vielleicht drei- oder viermal gesehen hatte. Als Hilde meine Gleichgültigkeit bemerkte, schüttelte sie den Kopf, schaute forschend zum Himmel, sagte schließlich gekränkt: »Egal« und ließ meine Hand los. An der Ecke zur Lothar-Bucher-Straße fragte ich sie: »Wo ist dein Haus?« Ich sah nur Ruinen.

»Dahinten, das letzte Gebäude«, sagte sie.

»Ich muß Pipi«, maulte ich.

Wieder seufzte sie, schluckte schwer und meinte: »Dann mach doch. Worauf wartest du?«

»Wo?«

»Na hier, oder dort, wo du willst. Wo liegt das Problem?«

»Ich geniere mich.«

»Es kann dich doch niemand sehen!« Ich zögerte. Da verzog sie den Mund zu einem kleinen, müden, entwaffneten Lächeln, drehte sich um und schaute die Straße hinunter, zu ihrem Haus. Sofort hockte ich mich hin und pinkelte in ein nach Schwefel riechendes Loch. Gleichzeitig erregte etwas meine Aufmerksamkeit. Es war der Körper eines Plüschbären. Ich wollte ihn aufheben, aber Hilde donnerte: »Was machst du da? Du wirst doch nicht alles auflesen wollen, was du auf der Straße findest!« Dann zog sie mich fort.

Wir hatten fast das Tor erreicht, als uns plötzlich eine Frau entgegenkam und rief: »Weg hier! Schnell in den Bunker! Sie kommen!«

Ich hob den Kopf und sah eine Dreiecksformation Tiefflieger, denen in kurzen Abständen weitere Dreiecke folgten. Zur gleichen Zeit erhob sich ein Chor heulender Sirenen. Das Herz schlug mir bis zum Hals: Der Alarm war zu spät ausgelöst worden, die da oben hatten schon zu feuern begonnen, und plötzlich brach die Hölle los. Mir stockte der Atem, und ich fürchtete, das Herz bliebe mir stehen. Dann wurde ich von einem mächtigen Wirbel gegen das Tor geschleudert. Ich war überzeugt, in einen tiefen Abgrund zu stürzen, und verlor die Besinnung.

Als ich wieder zu mir kam, lag ich auf der Erde. Meine Ohren dröhnten. Alles um mich herum schien zu fliegen, Steine, Asphalt, die ganze Welt. Alles bebte, die Erde wölbte sich, fiel zusammen, brach auf, wie von einem verrückt gewordenen Pflug verwundet. Hilde lag zusammengesunken vor dem Tor, mit schlaffen Armen und geschlossenen Augen, während das Blut in einem Rinnsal vom Haaransatz bis zum Mundwinkel rann; sie sah aus wie tot. Um uns herum tobte immer noch dieser wahnsinnige Lärm, und während ich zu Tode erschrocken in Schluchzen ausbrach, prasselte ein peitschender Trümmerhagel wie ein Orkan auf mich herab. Sand und Staub drangen mir in Mund und Nase, und ich glaubte zu ersticken. Ich hustete, spuckte Erde, Blut und Steinsplitter. Ich versuchte aufzustehen, aber etwas drückte mich zu Boden. Eine brennende Hitze raubte mir den Atem. Meine Hände waren wie geröstet. Immer noch Blut spuckend, kroch ich zu Hilde. Plötzlich trat eine düstere Stille ein, die mich noch mehr erschreckte als der Lärm zuvor.

Ich erreichte Hilde, starrte sie entsetzt an. Vorsichtig streichelte ich ihr über das Kinn. Mit einemmal schlug sie die Augen auf und schaute mich mit einem leeren Ausdruck an. Endlich flüsterte sie: »Was ist geschehen?« Dann kam Leben in ihren Blick. »O mein Gott, bist du verletzt?«

»Ich weiß nicht ...« Ich betrachtete meine Hände, meine Arme. Da war Blut, ich sah es voller Entsetzen. Ich schluckte, um meine Übelkeit zu unterdrücken. Plötzlich wisperte Hilde: »Dreh dich nicht um, bitte ...« Aber ich drehte mich unverzüglich um, und da sah ich sie. Es war die Frau, die geschrien hatte: »Lauft in den Bunker!« Nicht weit von uns lag sie in einer Lache aus Blut, ohne Kopf. Ich würgte. Würgte mir die Seele aus dem Leib. Würgte das ganze Entsetzen über diese Welt heraus.

Inzwischen hatte Hilde sich mühsam aufgerichtet und trommelte mit den Fäusten gegen das Tor. »Verdammt ...«, fluchte sie. »Es muß von innen blockiert sein!« Endlich öffnete jemand, und irgendwelche Arme zogen uns hinein. Wir stiegen eine Treppe hinunter.

Der Keller war dunkel und voller Leute, die uns anstarrten; die Luft war unerträglich. Der erste Mensch, den ich wahrnahm, war mein Bruder, und auf der Stelle brach ich in Tränen aus. Mit vor Rührung gebrochener Stimme rief ich: »Peter, ich bin wieder da!«

In dem flackernden Licht einer Lampe schaute er mich an, ohne zu begreifen, dann sah er fragend zu unserer Stiefmutter empor, und diese erklärte: »Das ist deine Schwester Helga.«

Er fuhr fort, mich anzustarren, und kratzte sich mit den Schuhspitzen an der Wade. Peter, magerer und nicht mehr so viele Locken, Peter, größer und nicht mehr so pausbäkkig. Peter: mein Bruder. Er begriff immer noch nicht und steckte einen Finger in die Nase.

»Helga?« fragte er schließlich und senkte den Kopf. Da flog ich ihm entgegen und umarmte ihn. Er weinte, weil er merkte, daß ich schluchzte, und ich weinte mit ihm. Meine Hände berührten einen abgemagerten Körper. Das Herz wurde mir schwer.

Wir fielen einander in die Arme. Hilde und ihr Vater (mein neuer Großvater), Hilde und ihre Schwester (meine Stiefmutter), Hilde und Peter. Ich und mein neuer Großvater. Hilde fragte Peter: »Warst du auch brav, du Schlingel?« Er brummte: »Ich mußte mich übergeben.«

Ich freute mich, den Großvater wiederzusehen. Er war groß, vornehm, hatte helle, gute, kluge Augen, graues, gescheiteltes Haar und trug einen eleganten, wenngleich zerknitterten Anzug. Aber wer dachte im Krieg schon ans Bügeln?

Dann wurden wir von einem alten Mann sorgsam untersucht. »Es sind nur oberflächliche Verletzungen«, erklärte er. »Sie haben Glück gehabt, Fräulein Hilde, das hätte Ihren Tod bedeuten können!« Hilde sagte: »Es ist ein Skandal, sie geben erst Alarm, wenn die Bomber einem schon über den Kopf fliegen!« Aber in diesem Augenblick setzte die Sinfonie der Maschinengewehre wieder ein. »Die Schweine sind zurückgekommen«, sagte der Alte. »Gott möge sie zerschmettern!«

Die Gesichter waren vor Angst angespannt, während die Leute bei jeder Detonation den Mund aufsperrten und sich die Ohren zuhielten. Später sollte ich lernen, daß dies eine Vorsichtsmaßnahme war, damit das Trommelfell nicht platzte.

Als der Angriff vorüber war, aßen wir zu Abend: Brot und Rüben. Das Brot war hart und die Rüben verdorben. Das Marmeladenglas war zusammen mit meinem Koffer verlorengegangen, als draußen vor dem Tor die Hölle losgebrochen war.

Nach diesem mageren Mahl wies meine Stiefmutter mir den oberen Teil eines grob zusammengezimmerten Etagenbettes an und riet mir zu schlafen. Sie hatte mir wenige Fragen über das Internat gestellt, das interessierte sie nicht. Kurz darauf kam mein neuer Großvater, um mir gute

Nacht zu sagen. »Ich würde mich freuen, wenn du Opa zu mir sagen würdest«, sagte er freundlich. »Ich bin hier, falls du irgend etwas brauchst. Versuch, dich auszuruhen.« Aber ich war zu erregt. Mir war kalt, und ich zitterte, ich fühlte mich heimatlos und unglücklich. Mit weit geöffneten Augen schaute ich mich um, betrachtete Dinge und Menschen, arme Dinge und arme Menschen in einem armseligen Keller, der von einer einzigen Petroleumlampe erleuchtet wurde, die düstere Schatten auf die Wand warf. Eine alte Frau in einem absurden schwarzen Taftkleid murmelte Gebete. »Würden Sie bitte damit aufhören?« knurrte ein alter Mann und warf der Frau gereizt vorwurfsvolle Blicke zu. Aber die Alte erwiderte ruhig: »Es würde auch Ihnen guttun, Herr Hammer, zum Herrn zu beten.«

Der Mann antwortete verächtlich: »Ein Gott, der diesen Krieg zuläßt, verdient keine Gebete!« Damit spuckte er auf den Boden.

»Ich habe noch Hunger ...«, hörte ich Peter in dem Bett unter mir maulen.

»Schlaf«, erwiderte unsere Stiefmutter in liebevollem, mitleidigem Ton.

»Ich will ein bißchen Brot!« beharrte Peter.

»Schlaf ...«, wiederholte sie.

Obwohl ich mich schrecklich allein fühlte, fielen mir schließlich die Augen zu.

6

Wenn die Sirenen heulen, laufen wir in den Keller; sobald der Alarm vorbei ist, kehren wir in die Häuser zurück. Ein ständiges Auf und Ab auf den Treppen, und zu der Atemlosigkeit kommt die ewige Angst und die Erschöpfung durch den Hunger.

Trotz der in Fetzen hängenden Tapete und der beschädigten Wände bewahrt Hildes Wohnung noch einen Hauch vergangener Eleganz. Doch sind durch die Bombenexplosionen alle Scheiben zerbrochen und durch Holzbretter ersetzt worden.

Durch die Schlitze in einem Fenster zur Lothar-Bucher-Straße kann man die schwarzen Ruinen gegenüber sehen und den Blutfleck, der von dem Körper der armen Frau zurückgeblieben ist, die unweit unserer Haustür von der Granate getroffen wurde. Links dagegen erblickt man ein Stück Litfaßsäule, auf der die Parole DER FEIND HÖRT MIT zur Vorsicht mahnt.

Auch tagsüber ist es in der Wohnung eiskalt und dunkel. Wir müssen uns mit Petroleumlampen und Kerzen behelfen.

Obwohl ich mich immer matt fühle, leide ich sehr unter der aufgezwungenen Untätigkeit. In Eden ging ich zur Schule oder sammelte mit Hans Pferdeäpfel auf der Chaussee, sprach mit Frau Doktor Löbig, ging Ähren lesen oder übte auf meinen Stelzen, aber hier habe ich nichts zu tun, außer auf den nächsten Alarm zu warten. Man kann nicht in den Hof hinuntergehen, um sich die Beine zu vertreten, weil man Angst haben muß, von irgend etwas getroffen zu werden. Wir können uns nicht einmal ablenken, indem wir ein bißchen miteinander plaudern, weil Peter immer nur über Bomben oder den Führer reden will, und wenn ich darauf bestehe, lieber Versteck zu spielen, schaut er mich an wie eine Idiotin.

Wir vegetieren in einer Geisterstadt, ohne Strom, ohne Gas, ohne Wasser, gezwungen, persönliche Hygiene als Luxus und eine warme Mahlzeit als Abstraktum zu betrachten. Wie Gespenster leben wir in einem riesigen Trümmerfeld, wo sich vereinzelte Transportmittel vorsichtig voranbewegen, wie Tiere, die ergeben auf den Gnadenstoß warten, wo es Schulen ohne Schüler, Geschäfte ohne Waren, Theater ohne Schauspieler und Kirchen ohne Gläubige gibt, wo die weiten Kirchenschiffe als Leichenhallen benutzt werden und wo in den wenigen noch stehenden Krankenhäusern Wasser, Strom, Medikamente und Ärzte fehlen. Eine Stadt, in der nichts mehr funktioniert außer den Telefonen, die manchmal lange und vergeblich unter einem Trümmerhaufen läuten.

Die Toilette im Haus ist verstopft, und wir müssen den Eimer benutzen, der dann im Hof ausgeleert wird, wobei man ständig Gefahr läuft umzukommen, während man die Exkremente vergräbt.

Statt Essensduft hängt Brandgeruch in der Küche, vermischt mit dem eklig süßlichen Gestank der Leichen, die in den Straßen verwesen, ohne daß jemand sie bestattet. Über meinen Bruder bin ich richtiggehend bestürzt: Er zeigt keinerlei Interesse für irgendwelche Spiele, sondern ist krampfhaft von allem angezogen, was mit dem Führer zu tun hat. Er kennt die Namen seiner engsten Mitarbeiter, seines Leibarztes, seiner Lieblingsspeisen und seiner Hauptquartiere, die er mit seinem komisch lispelnden S aufzählt: die Wolfsschanze, den Adlerhorst, den Berghof, das Felsennest in der Eifel, natürlich die Reichskanzlei und so weiter – Informationen aus erster Hand, die Hilde ihm liefert.

Es ist ein regnerischer Nachmittag, und wir sind gerade nach einem schweren Luftangriff aus dem Bunker zurück. Peter zieht mich in das eiskalte Eßzimmer, um mir eine wichtige Mitteilung zu machen: »Weißt du, daß wir in den Bunker der Reichskanzlei gehen?« Mit gespreizten Beinen, in die Hüften gestemmten Fäusten und sprühenden Augen steht er da und wartet auf meine Reaktion.

»Wer geht in den Bunker?« frage ich nicht besonders interessiert.

»Du und ich!«

»Und warum sollten wir das tun?« Ich nehme ihn nicht allzu ernst. Gelegentlich macht er sich einen Spaß daraus, irgendwelche Märchen zu erfinden, um mich zu provozieren.

»Um Leberwurst zu essen und den Führer zu sehen!« ruft er erregt, mit seinem störrischen Schopf über der frechen Nase, seinem blassen Schlechte-Zeiten-Gesicht und ganz enttäuscht, weil ich nicht in Jubelgeschrei ausbreche.

»Wer hat dir das gesagt?« murmle ich und mache ungewollt sein Spiel mit.

»Tante Hilde.«

Ich werde aufmerksamer. Wenn Hilde das gesagt hat, könnte es wahr sein. Da sie im Propagandaministerium arbeitet, dürfte es für sie nicht schwer sein, uns eine Einladung für »besondere Gäste des Führers« zu verschaffen, wie jene Privilegierten genannt werden, die in den Genuß einer Erholungspause im Bunker der Reichskanzlei kommen; den Gerüchten nach soll es dort noch Nahrungsmittel im Überfluß geben.

»Wann denn?« frage ich, während ich mit dem Zeigefinger über die glänzende Oberfläche des Klaviers streiche, das wunderbarerweise keinen Kratzer abbekommen hat.

Er zuckt die Schultern: »Bald!« Meine geringe Begeisterung kränkt ihn.

»Kommt Opa auch mit?« erkundige ich mich.

»Wir gehen allein, ich und du und Mutti!« schnaubt Peter widerstrebend. Nun will er mich bestrafen, indem er mir nur tropfenweise Auskunft gibt.

Aber mein Entschluß steht fest: »Ich will nicht in den Bunker der Reichskanzlei, und den Führer will ich auch nicht sehen!« In Eden habe ich schreckliche Dinge über den Führer gehört; die Frau Direktor nahm nie ein Blatt vor den Mund. Sie behauptete, daß Hitler Deutschland in eine Katastrophe führe, daß er ein größenwahnsinniger Verrückter und schrecklicher Rassist sei; daß er Neger, Tänzer, Dichter und Priester hasse und die Bücher von Schriftstellern verbrennen ließ, die Nazigegner waren. Die Direktorin sagte, daß Hitler die Juden sogar außerhalb von Deutschland verfolge und sie zusammen mit ihren Kindern von der Gestapo verhaften ließ, um sie in Konzentrationslager zu deportieren. Das war auch ihrer Schwester widerfahren, einer jungen Witwe. Mit ihren beiden Töchtern, Zwillingen von nicht einmal drei Jahren, hatte man sie verhaftet und in ein Konzentrationslager in Polen gebracht mit der Begründung, sie habe durch ihre Heirat mit einem Juden die arische Rasse verunreinigt.

»Nein«, bekräftige ich. »Ich will nicht zum Führer in den Bunker!«

»Du bist blöd!« brüllt Peter.

»Du auch!«

Mein Bruder starrt mich ungläubig an, seine Miene verdüstert sich immer mehr. Er kann einfach nicht begreifen, daß jemand seine Leidenschaft für den Führer nicht teilen kann. Grollend sagt er: »Aber du wirst mitkommen müssen, Mutti wird es dir befehlen, du wirst schon sehen!«

»Ich komme nicht mit!« schreie ich voller Entrüstung über sein rechthaberisches Getue. »Ich komme nicht mit, weil der Führer böse ist! Ich will den Führer nicht sehen, weil er Kinder ins Konzentrationslager schickt und Bücher verbrennen läßt!«

Fassungslos schaut Peter mich an, als hätte ich ihm ein Idol kaputtgemacht, und protestiert wütend: »Nur Judenkinder kommen ins Konzentrationslager, aber wir sind keine Judenkinder!« Dann beginnt er das Buffet mit dem bereits zerbrochenen Kristall mit Fußtritten zu traktieren.

»Die Frau Direktor hat gesagt, daß gar keine Kinder ins Konzentrationslager geschickt werden dürfen!« rufe ich rot vor Zorn. »Die Frau Direktor hat gesagt, daß niemand dorthin geschickt werden darf! Und daß ein Mann, der Leute ins Konzentrationslager schickt, böse ist! Ich will nicht zum Führer in den Bunker, weil der Führer böse ist! Er schickt Menschen dorthin, sogar Mütter!«

Peter zieht das Genick ein und kreischt: »Mutti kommt nicht ins Konzentrationslager, weil sie keine Jüdin ist! Keiner von uns kommt ins Konzentrationslager!«

»Aber die anderen dürfen auch nicht dorthin geschickt werden!« beharre ich.

»Aber es kommen doch nur Juden dorthin!« greint er.

»Die Frau Direktor hat gesagt, daß man nicht einmal die Juden dorthin schicken darf! Niemand darf dorthin kommen, niemand!«

Entnervt blickt Peter mich an, weil er nicht begreift, worum es geht. Dann meint er schulterzuckend: »Gut, dann gehe ich eben mit Mutti in den Bunker, und deine Wurst essen wir dann auch mit auf!« Wie ein Affe beginnt er auf einem Sessel herumzuhüpfen und wiederholt heimtückisch: »Wir essen deine Wurst, und ich sage dem Führer, daß du eine Lügnerin bist!« Aber plötzlich hält er inne, deutet auf ein Bild, das schief an einer geborstenen Wand hängt, und brüllt boshaft: »Das hat Papa gemalt, und du hast es nicht gewußt! Bäh!«

»Wirklich?« flüstere ich niedergeschmettert.

»Du hast es nicht gewußt, du bist dumm!« Er dreht mir eine lange Nase.

Wie eine richtige dumme Liese breche ich in Tränen aus: endlich ein Zeichen meines Vaters! Ich starre auf das Bild, das zwei Löwen in der Savanne zeigt, spüre eine warme Erregung in mir aufsteigen und spreche das erste aus, das mir in den Sinn kommt: »Wie schön die Löwerin ist!«

Peter springt vom Sessel, runzelt die Augenbrauen, tritt zu mir, zeigt mit dem Finger auf mich und ruft verächtlich: »Es heißt Löwin, du Dummkopf!«

Wie überheblich er das sagt! Er hat recht, es heißt Löwin und nicht Löwerin, aber er dürfte mich nicht so gemein verbessern! Also reiß' ich die Augen weit auf, um ihn zu beeindrucken, und leugne dreist das Offensichtliche: »Du hast unrecht, es heißt Löwerin!«

»Löwin!« knurrt er.

»Löwerin!«

»Dumme Gans, es heißt Löwin!« brüllt er.

»Löwerin!« Tränen treten mir in die Augen.

Er gibt auf, gönnt mir aber den Sieg nicht. »Und du bist doch eine dumme Gans, Mutti sagt das auch!« ruft er mit kindlicher Verachtung und läßt mich in dem eiskalten Eßzimmer allein. Ich bleibe verletzt und entwaffnet zurück.

Die Wahrheit ist, daß mein Bruder mich nicht mag. Meine lange Abwesenheit hat uns getrennt, hat in ihm jegliche instinktive Zuneigung ausgelöscht, als hätten schwere, bedrohliche Ereignisse sie austrocknen lassen. Die Welt hat mir nichts mehr zu geben, weil sie mir bereits alles genommen hat: meine Kindheit, meine Mutter, meinen Vater, meine Großmutter, meinen Bruder. Was bleibt mir? Hunger, Durst, Angst, Kälte, Einsamkeit.

In dem kalten Zimmer trete ich zu dem Bild, das mein Vater gemalt hat, und starre es verzweifelt an. Am liebsten würde ich die Fingernägel in die Leinwand bohren und die Oberfläche zerkratzen. So tief, bis mir die Nägel abbrächen, nur um zu sehen, ob ich darunter etwas von meinem Vater fände, einen Widerschein, einen Ruf. Am liebsten würde ich dieses Bild von der Wand reißen und in den Farben graben, Rot von Grün trennen, um eine Geste meines Vaters zu entdecken, einen Widerhall seines Atems, seines Herzschlags. Und so steig' ich auf einen Stuhl, entschlossen, mich des Bildes zu bemächtigen, das Gras dieser friedlichen Savanne zu durchwühlen, den Löwen zuzurufen: »Sagt mir etwas über den Mann, der euch mit so viel Liebe gemalt hat!« Aber im letzten Augenblick beherrsche ich mich und streiche nur sacht und ehrfürchtig über das Gemälde. Die Oberfläche unter meinen Fingern ist rauh, und ich glaube zu spüren, wie eine sanfte Wärme in meine Fingerspitzen strömt. Ich muß weinen. Aber all das bilde ich mir nur ein. Das Bild schweigt, und die Löwen schauen weiterhin unbeirrt in die Sonne.

Da verlasse ich das eisige Zimmer und gehe in die Küche, wo Peter sich vor unserer Stiefmutter in einer seiner gewohnten Vorführungen produziert, bei denen er in komisch leierndem Ton die Reden Goebbels nachahmt, als ob es Kinderreime wären, die er im Hof gelernt hat: »... wir werden es den imperialistischen Aufwieglern zeigen, diesen bolschewistischen Untermenschen ... die endgültige Niederlage für den Feind ... Auge um Auge, Zahn um Zahn ... Endsieg ... Kameraden!« Er liebt es, seinen Vortrag mit affektierten Gesten zu begleiten, wie es gewisse größenwahnsinnige Politiker zu tun pflegen, und mit leiser, heimtückisch aufrührerischer Stimme zu sprechen; natürlich darf zum Schluß der Ruf »*Heil Hitler!*« nicht fehlen. Wie sehr unterscheidet er sich doch von den Kindern, die ich im Internat in Eden kennengelernt habe!

Als die Vorführung beendet ist, klatscht meine Stiefmutter belustigt Beifall in dieser düsteren Küche voller Brand- und Leichengestank, der durch die Ritzen zwischen den Holzbrettern hereindringt. Meine Stiefmutter findet Gefallen an Peter, weil es ihr gelungen ist, ihn so zu formen, wie sie sich ihren eigenen Sohn vorstellt; wahrscheinlich war er der Sohn, den sie sich gewünscht hat, während ich bestimmt die Tochter war, die sie niemals bekommen wollte. Aber ich kann ihr nicht verzeihen, was sie aus meinem Bruder gemacht hat! Sie hat ihn erzogen, indem sie ihm das Gedankengut einer vermeintlichen Herrenrasse eingetrichtert hat, deren vollkommener Vertreter das Engelchen Peter zu sein glaubt.

»Jetzt habe ich Hunger!« erklärt Peter und stemmt die kleinen Fäuste in die Seiten.

»Es ist noch nicht Abend«, erinnert ihn Stiefmutter. »Wenn ich dir jetzt deine Brotration gebe, bleibt dir nichts mehr zum Abendessen.«

»Aber ich habe jetzt Hunger!«

»Ein wahrer Deutscher weiß sich zu beherrschen, Peter!«

Ein anderes Thema, für das Peter ein ungesundes Interesse zeigt, sind Bomben. Sie scheinen eine unheimliche Faszination auf ihn auszuüben, obwohl er sich im Luftschutzraum wie wir anderen vor ihnen fürchtet! Zu Hause vergnügt er sich damit, in allen Einzelheiten ihre Zerstörungskraft zu beschreiben, wobei er aus einem Schatz von Begriffen schöpft, den er von einem Deserteur gelernt hat, der einige Monate zuvor in den Keller der Lothar-Bucher-Straße eingedrungen ist und ein paar Tage lang alle mit seinem Maschinengewehr in Schach gehalten hat. Seit damals erzählt er jedem, der es hören will oder auch nicht, alles, was er über die verschiedenen Todeswerkzeuge weiß, wie Brandbomben, Sprengbomben, Phosphorbomben (eine Spezialität der Engländer) oder die sowjetischen Granatwerfer, die sogenannten Stalinorgeln, die wegen ihres quälenden Pfeifens zu traurigem Ruhm gelangten.

Ein weiteres Thema, das Peter, wenn auch auf etwas unklare Weise, beschäftigt, sind die Juden, aber dieses Thema verwirrt auch mich.

Unsere Kindheit ist von einer wilden, judenfeindlichen Propaganda verseucht worden, und täglich sind wir Zeugen von Auswirkungen des Antisemitismus gewesen. Von klein auf haben wir die eingeschlagenen Schaufenster jüdischer Geschäfte und die mit dem Wort *Jude* beschmierten Läden gesehen. Die Leute sprechen dieses Wort vorsichtig aus, argwöhnisch, verlegen oder furchtsam, als handele es sich um eine ansteckende Krankheit; manchmal mit blinder Verachtung, der natürlichen Frucht einer Propaganda, nach der »das internationale Judentum alle Völker vergiftet«. Wir alle wissen, daß Juden den Judenstern auf der Brust tragen müssen, daß Hitler die Synagogen hat in Brand stecken lassen, daß es den Juden verboten worden ist, sich einen Bart wachsen zu lassen. Alle wissen unterschiedslos, daß die Gestapo überall nach Juden sucht, um sie zu verhaften und ins Konzentrationslager zu schicken, und alle sind ausführlich gewarnt worden, daß man erschossen wird, wenn man einen Juden versteckt, während man sich Vorteile sichern kann, wenn man einen Juden denunziert. Die Leute verleugnen jüdische Verwandte und brechen engste Freundschaften ab, wenn es sich um Menschen handelt, bei denen auch nur der entfernteste Verdacht besteht, daß sie jüdisches Blut in ihren Adern haben. Man hört sogar von Kindern, die ihre Eltern verleugnen oder, schlimmer noch, bei den Behörden denunzieren, aber auch von Leuten, die ihr Leben riskieren, um Juden zu beschützen oder zu verstecken. Warum öffnet mein Bruder nicht die Augen?

Mein Vater gilt als vermißt, und von den anderen Verwandten wissen wir nichts. Mehrmals hat meine Stiefmutter versucht, in der Villa in Tempelhof anzurufen, aber es antwortet nie jemand.

Der Hunger zehrt uns aus, wir sind alle nervös und bis auf die Knochen abgemagert. Die Leute durchkämmen die Stadt auf der Suche nach den Lagern, aus denen die Wehrmacht, die SS, die Umgebung des Führers und ein paar reiche Bürgerfamilien ihre Lebensmittel beziehen. Sobald eines aufgespürt ist, wird es erbarmungslos geplündert, auch um den Preis eines Mordes, wenn sich jemand dem Ansturm entgegenstellt. Die Bevölkerung ist fatalistisch geworden, mißachtet die Gefahr, bereit, das Leben für einen Laib Brot oder ein Löffelchen Zucker zu riskieren. Aber manchmal vergehen Wochen, bis die Suche erfolgreich ist. Alle Katzen der Stadt sind im Kochtopf geendet. Mit den lächerlichsten Gegenständen wird auf die armen Spatzen geschossen, die in den Höfen oder zwischen den Trümmern herumflattern. Fast ist man versucht, selbst Ratten zu essen, die sich von den Leichen ernähren und widerwärtig fett sind.

Eines Tages kommt meine Stiefmutter mit einem guten Dutzend Rüben zurück, und wir essen drei Tage lang nichts als Rüben, mit dem Ergebnis, daß wir Ruhr bekommen. Gelegentlich bringt Hilde etwas aus der Kantine des Ministeriums mit, aber das wird immer schwieriger.

Als Opa vor ein paar Tagen den Eimer im Hof ausleerte, wurde er von einem Granatsplitter getroffen und verblutete beinahe, weil wir keinen Arzt fanden. Als meine Stiefmutter ihn ins Krankenhaus brachte, wurde sie von dem Personal ausgelacht, das ihr sagte, man könne seine Zeit nicht mit solchen Kleinigkeiten verplempern. Zum Glück kam die Blutung schließlich von selbst zum Stillstand, aber Opa war noch lange danach sehr schwach.

Zum Wasserholen müssen wir zu Brunnen oder Pumpen gehen, wo sich endlose Schlangen ängstlicher Menschen bilden, die dem Feind ein allzu leichtes Ziel bieten. Häufig werden Wartende von einer Granate oder einem Blitzangriff der Artillerie niedergemäht. Angriffe ohne Voralarm sind äußerst gefährlich.

Zu Hause lauschen wir ständig nach den Sirenen. Sobald sie zu heulen beginnen, lassen wir alles stehen und liegen und laufen in den Schutzraum. Die Koffer mit den Dingen, die jeder in Sicherheit bringen will, falls das Haus einstürzt, stehen immer bereit. Hilde will ihren Nerz und den Staubsauger retten, meine Stiefmutter ihren Pelzmantel, das Silberbesteck und ihren Schmuck, Opa die Papiere, ein Fernrohr, einen wertvollen Fotoapparat, einen Reisewecker, eine goldene Uhr, den Schmuck seiner verstorbenen Frau, zwei kleine Ölgemälde, die er 1936 auf einer Versteigerung in London gekauft hat, und ein paar Kleider. Peter seinen Teddybären – ein weicher Zug, der nicht so recht zu dem Motto »Ein deutscher Junge kennt keine Schwäche und kein sentimentales Getue« paßt.

Es ist hart, die meiste Zeit im Keller zu verbringen, wo wir aufeinanderhocken. Zumal es nicht einmal eine Toilette gibt und man durch einen langen, finsteren Gang nach hinten gehen muß, wo man einen Eimer aufgestellt hat, aus dem ein ekelerregender Geruch aufsteigt.

Es ist jedoch ein alter Mann dabei, der sich lieber in die Hosen macht, als bis zum Eimer zu gehen, was er mit wirklicher oder angeblicher Inkontinenz oder plötzlichen Ruhranfällen entschuldigt, so daß wir einen unbeschreiblichen Gestank einatmen müssen. Da es ständig an Wasser mangelte, konnte dieser Unglückselige nicht einmal Abhilfe schaffen, indem er sich gründlich wusch.

In letzter Zeit folgt ein Alarm auf den anderen, ohne Kampfpausen. Wir sind alle am Ende. Opas Knie sind geschwollen und tun weh, aber wir haben keine Schmerzmittel, nicht einmal Hilde kann welche auftreiben, obwohl sie sie direkt beim Ministerium anforderte. Meine Stiefmutter leidet an Gallenkoliken und schlägt sich durch, indem sie sich Wollschals um den Bauch bindet und Linderung in Massagen sucht, die ihr Frau Köhler, die Hausmeisterin, verabreicht. Ich habe Schorf auf dem Kopf, und Peter erbricht oft gelben Schaum. Jedesmal, wenn ich von einem Stuhl oder meinem Bett aufstehe, wird mir schwarz vor Augen.

Obwohl es verboten ist, besitzt Opa einen Empfänger. Heimlich hören wir die Nachrichten von der Front und die, die von BBC in deutscher Sprache gesendet werden: Auch die Berichte der Flugabwehr kann man empfangen. Abends herrscht Verdunklung und Ausgangssperre.

Ich fühle mich schwach, allein und unglücklich. Niemand hat mich lieb. Ich wollte bei meiner Großmutter bleiben, statt dessen haben sie mich gezwungen, bei meiner Stiefmutter zu leben, die mich unerträglich findet. Ich wollte in Eden bleiben, aber sie haben mich nach Berlin zurückgebracht, wo man vor Angst, Kälte und Hunger umkommt. Ich will wieder nach Eden zurück! Ich will zur Frau Direktor und Frau Doktor Löbig! Ich will auf meinen Stelzen laufen und Marmelade kochen.

Ich will einen blauen Himmel, an dem keine schwarzen Vögel fliegen: Ich will frische Luft atmen, die nicht nach Leichen riecht, und Nächte, die nicht über meinem Kopf explodieren. Ich will einen Gott, der Schluß macht mit dem Krieg!

Ich will das Meer sehen. Sie sagen, es sei groß, blau und rein. Ich will einen Strand sehen. Sie sagen, die Strände an der Ostsee sind weiß, mit weichen Dünen, hinter denen grüne Reihen Pinien stehen. Sie sagen, daß in Friedenszeiten die Leute dort Ferien machen. Ich will auch Ferien machen! Ich will ans Meer fahren! Und statt dessen kommt die Bestätigung, daß wir in den Bunker der Reichskanzlei gehen. Unter der Erde! Maulwurfsferien!

Ich will da nicht hin. Ich habe es Hilde gesagt, aber sie wurde wütend. Sie antwortete, daß mir nicht bewußt sei, wie glücklich ich mich schätzen dürfe; meine Stiefmutter hat mich undankbar genannt. Sogar Opa hat etwas Gutes daran gefunden: »Wenigstens könnt ihr euch satt essen«, hat er gesagt.

Peters Begeisterung ist etwas gedämpft worden, als er gehört hat, daß unsere Stiefmutter uns nicht begleiten könne, weil Opa eine Mandelentzündung hat und sie ihn nicht allein im Keller lassen will, zumal auch Hilde ihm nicht beistehen könne, da sie mit einem Sonderauftrag des Ministeriums unterwegs ist (sie erzählt, in Wirklichkeit habe sie eine schwierige Sekretariatsarbeit an Ort und Stelle zu erledigen). Letztendlich hat jedoch die Aussicht auf die Leberwurst den Sieg davongetragen; Peter ist bereit, auch ohne seine Mutti in den Bunker mitzukommen. Man sagt uns, daß auch noch andere Kinder da wären, und Marianne, eine Jugendfreundin von Hilde, werde sich während unseres ganzen Aufenthalts im Bunker um uns kümmern. Ich will nicht da hin, aber ich habe nichts zu sagen.

7

Berlin, Dezember 1944

Die Lothar-Bucher-Straße liegt völlig verlassen. Die blasse Wintersonne bescheint eine lange Reihe von Ruinen. Auf der Straße und den Bürgersteigen Krater in allen Größen. Überall Trümmerhaufen, schwarze Mauerreste, Fassaden mit blinden Fensteraugen. Die Luft ist eisig, es friert Stein und Bein.

Opa trägt einen Wollmantel von guter Vorkriegsqualität. Er ist zerknittert, denn ohne Strom kann man nicht bügeln, und mit zerknitterten Kleidern schwindet die Eleganz.

Meine Stiefmutter hat ihr Kopftuch zu einem Turban gebunden, um ihr schmutziges Haar zu verbergen; ohne Wasser kann man sich nicht waschen, und schmutzig verliert man seine Würde.

Peter steckt in langen Hosen und einer gefütterten Jacke. Helle Jacke, finsteres Gesicht: ohne seine Mutti will auch er nicht mehr in den Bunker.

»Ein richtiger Deutscher beweist in jeder Lage seinen Mut«, sagt meine Stiefmutter. »Wovor fürchtest du dich?«

»Du sollt auch mitkommen«, brummt Peter und schiebt verärgert die Unterlippe vor.

»Ich habe dir mindestens schon tausendmal erklärt, warum ich nicht mitkommen kann«, erwidert meine Stiefmutter mit leicht verrutschtem Turban.

Ich dagegen trage ein schweres Samtkleid, das ich hasse, Lederschuhe zum Schnüren und Wollstrümpfe, die ich ebenfalls hasse. Mein Mäntelchen ist zu klein. Ein ausgehungertes Mäusegesicht unter widerspenstigem Haar, das meine ebenfalls verhaßte Stiefmutter zu einem Pagenkopf geschnitten hat.

Wir sind auf dem Weg in den Bunker der Reichskanzlei, aber ich will nicht. Dort gibt es Leberwurst, haben sie uns gesagt, und wir werden den Führer sehen. Wie sollte man nicht froh sein, wenn man das Glück hat, ein paar Tage in nichts Geringerem als dem großen Führerbunker unter der Reichskanzlei zu verbringen, einer unterirdischen Stadt, in der Hunderte von Menschen aus Hitlers Gefolge leben und arbeiten, wo es Büros, Küchen, eine Wäscherei, eine Krankenstation, Schlafsäle und Räume gibt, die den besonderen Gästen des Führers vorbehalten sind, zu denen auch wir gehören werden?! Es ist ein Privileg, haben sie gesagt. Eine einmalige Gelegenheit, auf die wir nicht verzichten dürfen.

Meine Stiefmutter erinnert den kleinen Deutschen nochmals: »Du kriegst frisches Brot und Leberwurst!« Aber Peter zuckt mit den Achseln.

»Und Zahnpasta«, fügt Opa hinzu. »Überleg mal, wie schön es sein wird, wenn du dir die Zähne mal wieder mit Zahnpasta putzen kannst.«

»Ich mag lieber Wurst!« plärrt Peter.

»Und dann ist Marianne ja immer bei euch«, versucht meine Stiefmutter ihn unermüdlich zu überzeugen. »Das ist Hildes Freundin, sie wird sich um euch kümmern. Du wirst sehen, es wird dir gefallen.«

»Nein!« beharrt Peter und tritt nach einer Glasscherbe, die in ein Loch schlittert. Doch in diesem Augenblick biegt die Schnauze des Busses um die Ecke. Vorsichtig, verstohlen schleicht er voran. Mit Tarnanstrich, ein Bus, der sich als Panzer ausgibt, ein Bus, der Krieg spielt. Er weicht einem Krater aus und bleibt stehen. Qualmend. Lärmend. Neugierige Augen beobachten uns durch die Fenster. Weitere besondere Gäste des Führers, weitere Privilegierte. Peter schneidet ihnen Grimassen.

Eine junge Frau mit Gretelzöpfen steigt aus und begrüßt Opa und meine Stiefmutter kurz angebunden. Das muß Marianne sein, Hildes Schulfreundin: barsch, eine auffallende germanische Schönheit.

»Peter will nicht mehr mitkommen«, erklärt meine Stiefmutter und wirft dem undankbaren kleinen Ungeheuer, das sie böse anschaut, einen vorwurfsvollen Blick zu. »Was für ein Unsinn!« ruft die junge Frau, hebt Peter wie ein Postpaket hoch und setzt ihn in den Bus, ohne auf sein widerstrebendes Gestrampel zu achten. Dann steigt sie wieder aus und rät mir: »Steig auch schon ein, damit dieser Wildfang sich beruhigt.« Mariannes schroffe, rauhe Art gefällt mir, und so sage ich rasch »Auf Wiedersehen!« und winke Opa. »Halt die Ohren steif!« ermutigt er mich mit einem gerührten Blick, während er versucht, sich in seinem zerknitterten Mantel Haltung zu verleihen. Dann laufe ich zum Bus und kletterte die hohen Stufen hinauf, wobei ich vor Gretel-Marianne eine leichtfüßige Energie zur Schau trage. Sie hat sich in einen Militärmantel gewikkelt, der ihr einen herrischen Charme verleiht. Ich setze mich neben Peter, der gegen den Sitz tritt. Dann haucht er an die Scheibe und malt etwas, das wie eine Bombe aussieht. Schließlich steigt auch Marianne ein und fordert Peter auf, Opa und unserer Stiefmutter zu winken, aber er drückt das Kinn auf die Brust und schüttelt den Kopf. Ich dagegen schicke ihnen einen letzten Abschiedsgruß, und es geht los.

Ächzend setzt sich der Wagen in Bewegung – die Räder knirschen über Trümmer, Glasscherben, Steine und Schutt. Rumpelnd kriecht er über den aufgerissenen, geborstenen, verwundeten Asphalt. Wir biegen um die Ecke. Andere Ruinen und graue, traurige, staubige Trümmer; auf einem kurzen Weg zwischen zwei Reihen Buchsbaumhecken liegen Leichen nebeneinander wie Sardinen, zwei davon haben keinen Kopf mehr. Etwas Bitteres steigt mir aus dem Magen hoch, und ich schlucke, um den Brechreiz zu überwinden. Peter protestiert immer noch und zieht die Aufmerksamkeit der anderen Kinder auf sich, die ihn anstarren; er streckt ihnen die Zunge heraus. Zum Glück schläft er nach einem letzten »Und ich komme nicht mit« an meiner Schulter ein. Marianne sagt zum Fahrer: »Nun sind wir vollzählig. Wir können direkt zur Reichskanzlei fahren, Herr Klug.«

Ich schiele aus dem Fenster. Nach den Leichen möchte ich nichts mehr sehen, aber dieses unheimliche Spektakel zieht mich an wie ein Magnet. Wochenlang haben wir uns nicht aus der Lothar-Bucher-Straße weggerührt; Wohnung und Keller, in einem verrückten Kreis von Alarmen und Erwartungen, Schrecken und überstandenem Schrecken, so daß ich das dringende, unbezähmbare Bedürfnis verspüre, zu begreifen, was inzwischen anderswo passiert ist. Aber was ich sehe, bestürzt mich. Wo auch immer mein Blick hinschweift, überall stößt er auf düstere Ruinen und endlose Trümmerhaufen. Bald fahren wir durch eine völlig in Flammen stehende Straße unter einem violett gefärbten Himmel. Abrupt biegt der Bus nach links und fährt auf den Straßenbahnschienen entlang, um nicht von den einstürzenden Häuserfassaden getroffen zu werden. Der Wagen ist von Rauch und Brandgeruch erfüllt, der im Hals kratzt. Draußen regnet es Asche.

Wir fahren weiter. Die Aufregung im Bus wächst.

Überall Schrottfahrzeuge, umgestürzte Straßenbahnen, durchlöchert wie ein Sieb. Ein mageres Pferd zieht einen Karren voller Leichen.

Leichen, Leichen, Trümmer und brennende Häuser. Es scheint, als gäbe es in dieser Stadt nichts anderes; in diesem Bus voller erregter, ängstlich schreiender Kinder stockt mir der Atem vor Angst. Zwei haben ihre Mütter dabei, doch diese sind nur damit beschäftigt, ihre eigenen Sprößlinge zu beruhigen. Der Rest ist Mariannes Aufgabe. In all dem Lärm wacht Peter auf, schaut sich verstört um und beschließt, zunächst einmal Zuflucht unter meinem Mantelkragen zu suchen, wo er flüstert: »Ich komme nicht mit, ich will nach Hause ...«

Mit einem Arm umfasse ich die mageren Schultern meines Bruders, während ich wie hypnotisiert weiter aus dem Fenster schaue. In was für einer Welt lebte ich? Was ist aus dieser Stadt geworden, von deren vergangenen Wundern Opa so gerne erzählt? Eine herrliche Stadt, lebendig, mit Millionen von Einwohnern, die arbeiteten, etwas produzierten und ihr Leben mit jener Perfektion organisierten, für die die Deutschen bekannt sind. Eine reiche Stadt, mit immer taghell erleuchteten Straßen, prunkvollen Schaufenstern und eleganten Leuten, die über den Kurfürstendamm oder Unter den Linden spazierten. Leuten, die in Restaurants, Cafés, Kinos, Theater und Konzertsäle strömten; Leuten, die im Titania-Palast bei zahlreichen Sportveranstaltungen jubelten. Menschen, die liebten, heirateten, Kinder bekamen und sie nach gesunden Prinzipien erzogen. Eine moderne Stadt, mit einer funktionierenden U-Bahn und einer ebenso funktionierenden S-Bahn. Was war passiert, um das alles in einen riesigen Friedhof unter freiem Himmel zu verwandeln?

In der Nähe des Brandenburger Tors geraten wir in eine Kontrolle. Eine Gruppe SS-Leute winkt mit der Signalkelle. Der Fahrer flucht: »Scheiße!« Herr Klug ist schon älter und trägt eine abgetragene Uniform mit Lederflicken auf den Ellbogen. Sein Nacken ist weiß, hoch ausrasiert, und die schmächtigen Schultern beugen sich müde über das große Lenkrad. Ein SS-Mann tritt an die Tür, reißt sie auf, steigt in den Wagen und schreit: »Heil Hitler! Papiere und Passierscheine, bitte!« Marianne läßt sich nicht aus der

Fassung bringen. Ruhig steht sie auf und reicht ihm einen Umschlag. Der SS-Mann überprüft ihn sorgfältig. Er ist noch sehr jung, mit so hellen Augen, daß sie aus Eis zu sein scheinen, und so groß, daß er mit dem Kopf an die Decke reicht. Seine Uniform sitzt wie angegossen. Im Bus tritt ängstliche Stille ein.

Peter hebt den Kopf, mustert den SS-Mann, murmelt: »Ich komme nicht mit« und flüchtet sich wieder in meinen Kragen.

Der SS-Mann ist zufrieden. »Alles in Ordnung!« schreit er, »Heil Hitler!« und springt aus dem Wagen. »Schert euch zum Teufel!« platzt Herr Klug heraus.

»Halten Sie bitte Ihre Zunge im Zaum!« ermahnt ihn Marianne.

»Halten Sie diese Idioten im Zaum«, knurrt der Fahrer und fährt wieder los.

Der Bus setzt seinen Weg zum Brandenburger Tor fort, das sich vor einem schuppigen Himmel abhebt, dessen unschuldiges Blau dem Scharlachrot der Brände unterliegt. Nach einigen Minuten halten wir wieder. Wir sind da.

Neugierig spähen alle hinaus, um die berühmte Reichskanzlei zu sehen, aber vor mir taucht nichts auf, das meine Erwartungen erfüllt.

Der Bus spuckt Rauchwolken, die bis zu den Fenstern emporquellen. Zwei Wachposten sehen über uns hinweg. Große, blonde junge Männer, reine Arier, wie der Führer sie will.

Marianne steigt aus, nachdem sie uns befohlen hat, still zu sein, und verschwindet hinter einer großen Tür. Auch Herr Klug verläßt den Bus, um sich die Beine zu vertreten. Ich kann sehen, wie er um sich schlägt, um warm zu werden. Als er zurückkommt, bestürmen wir ihn: »Wo ist denn die Reichskanzlei?«

Er stützt die Ellbogen auf das Lenkrad und deutet mit dem Kinn auf einen schwer bombenbeschädigten Palast.

Vor uns liegt ein Trümmerhaufen, dessen Anblick sich in nichts von der übrigen zerbombten Stadt unterscheidet. Peter murmelt enttäuscht: »Ich will da nicht hin!« und beginnt zu plärren. »Ruhe!« schreit eine der Mütter. »Du bist ungezogen, mein Junge!« Woraufhin Peter nur noch lauter plärrt.

Von der alten Reichskanzlei steht nur noch die schwer beschädigte Vorderfront. Vor der Fassade und auf dem, was früher einmal Blumenbeete waren, erstrecken sich Schuttberge, auf denen emsige Spatzen picken. Ich bin enttäuscht.

Dagegen ist der imposante Bau der neuen Kanzlei stehengeblieben, mit den massiven quadratischen Säulen und dem Balkon, von dem aus der Führer sich der Menge zu zeigen liebte, die ihm Sieg Heil! schreiend Beifall klatschte.

Marianne kehrt zurück und winkt mit den Papieren, womit sie uns zu verstehen gibt, daß sie in Ordnung sind. Sie streckt den Kopf in den Bus und sagt: »Nur Mut, alle raus und im Laufschritt in den Bunker!« Wir sind wie elektrisiert. Ich greife nach Peters Hand, wir steigen aus dem Bus, folgen Marianne und starren verblüfft auf eine schwere Luke aus Eisenbeton, die sich langsam öffnet, um uns dann zu verschlingen. »Ich gehe da nicht rein«, erklärt Peter. Er hat seinen ganzen Mut eines echten deutschen Jungen abgelegt und tritt mir ans Bein.

Ich packe seine widerstrebende Hand fester, und während wir die Zementstufen hinunterschreiten, empfängt uns ein Schwall warmer Luft.

Die Treppe mündet in einen kalt beleuchteten Gang mit glänzendem Boden. Einige SS-Leute lehnen an der Stahlbetonwand oder sitzen mit dem Maschinengewehr auf dem Boden. Wir gehen weiter durch andere Gänge.

Knisternde Heizungsrohre, summende Ventilatoren. Aus allen Richtungen dringen undeutliche Stimmen zu uns. Wir hören gedämpfte Geräusche, die wir nicht erkennen können, sehen Stahltüren. Ich komme mir vor wie in einem Labyrinth.

Schließlich bleiben wir vor einem Kontrollposten stehen, an dem eine Gruppe von SS-Frauen stationiert ist. Marianne muß eine Liste unterschreiben, wechselt zwei Worte mit einer jungen Frau, die wie Gretel aussieht, und beide machen ein paar witzige Bemerkungen im Berliner Dialekt. Dann gehen wir weiter. Ich fühle mich entnervt.

An mehreren Stellen läuten Telefone. Leichte Panik überkommt mich, ein kleiner Anfall von Platzangst, der jedoch gleich wieder vorübergeht. Peter tritt nicht mehr um sich, sondern schaut sich mit großen Augen um. Dann kommen wir in eine Art Wartezimmer. Von einem riesigen Porträt starrt Hitler auf uns herab: akkurat geschnittener Schnurrbart, stechender Blick, als wolle er uns hypnotisieren. Von der anderen Wand blickt Goebbels mit amtlicher Miene – er ist für Hildes Sonderaufträge verantwortlich –; überall um uns herum hängen große Hakenkreuze.

Eine andere SS-Frau kommt hinzu und schreit: »Heil Hitler!« Wir antworten: »Heil Hitler!« Dann fragt sie Marianne: »Ist die Fahrt ohne Zwischenfälle verlaufen?« Marianne erwidert: »Wie geschmiert!«

»Kommt mit«, fordert die SS-Frau uns auf.

Sie führt uns in einen Raum voller Etagenbetten und Stahlspinde und befiehlt: »Räumt eure Sachen ein, bitte!«

Ich lege Schlafanzug und Nachthemd in ein Spindfach und hole die Zahnbürste heraus, die ich seit Eden nicht mehr benutzt habe. Opa hat gesagt, wir bekämen Zahnpasta. Ich bin neugierig, was Peter damit machen wird: Er weiß nicht einmal, was das ist. In ganz Berlin gibt es keine einzige Tube mehr.

»Hände waschen!« Dieser neue Befehl militärisch schroff, und so trotten wir in einen Waschraum mit vielen Becken wie eine Herde benommener Schafe. Zum Glück ist Marianne immer bei uns, bleibt unser Fixpunkt. Kaum hat Peter seine Zahnpastatube erhalten, quetscht er sie in der Mitte zusammen und ruft empört: »Ich will lieber Wurst!«

Marianne unterdrückt ein belustigtes Lächeln und sagt: »Die wirst du auch bekommen, aber nun putz dir die Zähne!«

Nach tausend Komplikationen und dem Versuch, die Zahnpasta zu essen, gehorcht mein anmaßender kleiner Bruder endlich und ruft dann: »Ich will den Führer sehen!« Ruhig antwortet Marianne: »Der Führer ist nicht da, und du sollst nicht so schreien.«

»Wo ist er?« Peter stemmt die kleinen Fäuste in die Seite. Er zieht ein finsteres Gesicht, blickt böse, stampft mit dem Fuß im Takt auf den Boden, seine Unterlippe bebt ärgerlich.

»Der Führer ist an der Front, Peter.«

»Aber ich bin gekommen, um den Führer zu sehen!« beharrt er enttäuscht, stößt einen gellenden Schrei aus und schlägt mit der Faust gegen das Waschbecken. Der kleine Despot tut, als sei er ein Riese.

»Du wirst den Führer sehen«, versichert ihm Marianne.

»Wann?«

»Bald.«

Von diesem Zeitpunkt an ist Peter sicher, daß er im Bunker bleiben will.

»Zu Tisch!« ertönt ein Befehl.

Wir gehen in einen Speisesaal mit langen Tischen und Bänken aus Holz. Zwischen dem Mauerwerk schimmert Feuchtigkeit. Endlich riecht es nach Essen!

Wir nehmen an den Tischen Platz und beginnen zu

essen, uns vollzustopfen, alles hastig zu verschlingen, als fürchteten wir, jemand könne uns plötzlich befehlen, aufzuhören. Hitler schaut von einem weiteren der unzähligen Porträts auf uns herab, auf Rindergulasch mit Nudeln, auf Pellkartoffeln, auf Schwarzbrot, Apfelsaft und Birnen aus der Dose. Während ich eine Birne koste, schreit jemand auf dem Gang: »Tausend Einheiten im Anflug auf Berlin!«

Enttäuscht murmelt Peter: »Hier auch?«

»Ganz ruhig«, sagt Marianne, die neben ihm sitzt. »Dieser Bunker hat eine meterdicke Betondecke, keine Bombe kann dir auch nur ein Haar krümmen.«

Peter entspannt sich und kaut weiter. Einige von uns müssen sich übergeben. Dann gehen wir zur Toilette, erleichtern uns und verlangen nach unserer Rückkehr einen Nachschlag.

Während des Essens tobt über uns der Angriff, aber der Widerhall der Schüsse dringt nur gedämpft zu uns herunter, und der Lärm der Flakgeschütze klingt wie der Donner eines fernen Gewitters.

Rasch vergehen die Stunden. In unserem Schlafsaal stehen zwei Reihen Etagenbetten; auch die beiden Mütter schlafen bei uns, während Marianne anderswo untergebracht ist.

Sofort nach unserer Ankunft hatte uns ein Arzt sorgfältig untersucht. Er kontrollierte unser Gewicht, verabreichte uns Vitamine und Medizin, je nach Bedarf. Er unterzog uns auch einem Tuberkulosetest. Man setzte uns sogar unter die Höhensonne, und wir Kinder wurden gezwungen, widerlichen Lebertran zu schlucken. Es gab auch einen Aufenthaltsraum mit Büchern für die Größeren und Spielen für die Kleineren. Peter und Marianne spielten Domino, während ich lieber zuschaute.

Am nächsten Morgen wird uns mitgeteilt, daß der Führer uns begrüßen werde, und Peter strahlt vor Freude. Er sieht aus, als hätte man ihm versprochen, er würde dem Weihnachtsmann persönlich begegnen!

Mit hartnäckiger Sorgfalt werden wir auf das Treffen vorbereitet. Vor allem darf man in Gegenwart des Führers nicht laut sprechen. Falls er uns etwas fragen sollte, haben wir mit »ja, mein Führer« oder »nein, mein Führer« zu antworten. Der Hitlergruß ist natürlich Pflicht.

Peter hält es kaum noch in seiner Haut. Den Führer zu sehen, das ist sein großer Traum. Für ihn ist der Führer der Bezugspunkt, der oberste Herr, der Vater aller, ja sogar ein Gott. Ich bin weniger begeistert. Was ich in Eden über den Führer gehört habe, gefällt mir nicht im geringsten. Es erschreckt mich.

Dann kommt der schicksalshafte Moment.

Peter und ich stehen in der ersten Reihe, beide sehr gespannt. Ein Mädchen bekommt Bauchweh und wird weggebracht. Peter springt von einem Bein auf das andere. Er ist kreidebleich.

Wir befinden uns in einem langgestreckten Raum mit großen Hakenkreuzen. An der Wand stehen ein paar Stühle. An der Rückwand hängt ein Hitlerbild, flankiert von einer Menge Nazifahnen mit Hakenkreuz. In dem Raum herrscht eine feuchte Wärme, die benommen macht. Ich bin nervös. Bis zum letzten Augenblick wiederholen sie immer dasselbe: leise sprechen, in Gegenwart des Führers nicht schwatzen, beim Hitlergruß nicht schreien. Reglos warten wir wie Zinnsoldaten. Es ist so still, daß man eine Stecknadel fallen hören könnte.

Aber dann hören wir Geräusche, und durch eine Tür auf der linken Seite kommt eine Gruppe junger SS-Leute herein und nimmt an der Wand Aufstellung. Ihnen folgt eine Frau in Uniform mit einem Korb.

Es wird ganz still, während mein Magen sich nervös zusammenzieht. Dann kommt er endlich: Adolf Hitler, der Führer des Dritten Reiches!

Ich bemerke eine leichte Wellenbewegung in den Reihen, während der Führer langsam voranschreitet. Alle stehen stramm, strecken den Arm aus und rufen: »Heil Hitler!« Wir haben viel zu laut geschrien, und die Miene des Führers verrät eine leichte Verstimmung.

Während Hitler auf uns zugeht, starre ich ihn atemlos an. Wie viele Dinge habe ich über ihn gehört, vom Begeistertsten bis hin zum Gemeinsten!

Er geht langsam, die Schultern leicht gebeugt, mit schleppendem Schritt. Ich kann es nicht glauben! Das soll der Mann sein, der die Massen ins Delirium versetzt? Statt dessen sehe ich einen alten Mann mit mühsamen Bewegungen. Mir fällt auf, daß sein Kopf leicht zittert und daß sein linker Arm bewegungslos an der Seite herabhängt, als sei er aus Gips. Ich kann es wirklich nicht glauben!

Hitler beginnt, den ersten Kindern in der Reihe die Hand zu geben, wobei er ihnen angelegentlich kurze Fragen stellt. Ich höre sie unterwürfig, eingeschüchtert, unbeholfen murmeln: »Ja, mein Führer. Nein, mein Führer.« Schließlich komme ich an die Reihe.

Mein Herz setzt ein paar Schläge lang aus, und ich erröte heftig. Ich fürchte ohnmächtig zu werden, zu Füßen des Führers zusammenzubrechen, auch wenn das das letzte ist, was ich mir wünsche.

Adolf Hitler reicht mir die Hand und sieht mir in die Augen: Sein durchdringender Blick verwirrt mich. In seinen Pupillen liegt ein seltsamer Schimmer, als würde ein Kobold darin tanzen.

Der Führer hat einen weichen Händedruck, und das bestürzt mich. Das soll die Hand des Mannes sein, der das Schicksal Deutschlands bestimmt? Die Hand ist warm und feucht, wie die eines Fieberkranken. Ich empfinde das als unangenehm und bin versucht, meine Hand zurückzuziehen, aber ich beherrsche mich. Dann zwinge ich mich zu einem Lächeln und schiele gleichzeitig nach der SS. Würden sie mich erschießen, wenn sie mein Unbehagen bemerkten? Vor dem großen Führer des Reichs darf man sich nicht unbehaglich fühlen! Das ist ein Verbrechen! Aber keiner achtet auf mich, alle schauen starr auf den Führer und halten ihr Maschinengewehr umklammert.

Adolf Hitler fragt mich: »Wie heißt du?«

»Helga«, antworte ich. Dabei vergesse ich ganz, »mein Führer« hinzuzufügen. Es folgt eine Pause. Ich habe den Eindruck, als versuche der Führer etwas zu sagen, etwas wie: »Leidet ihr sehr unter diesem Krieg?« oder: »Wie klappt die Lebensmittelverteilung in der Stadt?« Statt dessen fragt er mich: »Gefällt es dir im Bunker der Reichskanzlei, Helga?«

»Ja!«

Das ist eine Lüge. Es gefällt mir nicht im Bunker, weil ich unter Platzangst leide. Ich komme mir vor wie in einem Grab, wie in einem Sarg eingeschlossen. Das einzige, was dieses Gefühl des Gefangenseins kompensieren kann, ist, daß es regelmäßig Essen gibt, aber was alles übrige betrifft, so hätte ich fast den Keller in der Lothar-Bucher-Straße vorgezogen, obwohl ich ihn verabscheue. Erneut werfe ich einen Blick zur SS: Haben sie gemerkt, daß ich den Führer angelogen habe? Ja, ich weiß, ein besonderer Gast des Führers hat die Pflicht, sich im Bunker wohl zu fühlen, dankbar zu sein. Aber wieder ignorieren sie mich, und ich bin erleichtert. Da schaue ich hoch und mustere Hitlers Kopfbedeckung mit dem Adler und dem Hakenkreuz, dann gleitet mein Blick über graue Züge, die wahrhaftig wenig all den vielen Porträts gleichen, die im Bunker hängen. Das Gesicht vor mir ist abgezehrt. Um die Augen herum entfaltet sich ein dichter Fächer von Falten, und die Haut über den Wangen ist schlaff. Nur der gutgeschnittene Schnurrbart bewahrt diesem zerstörten Antlitz einen Schein von Festigkeit.

Als Hitler mir seine Hand entzieht, empfinde ich ein Gefühl der Erleichterung. Er greift in den Korb, zieht einen Marzipanriegel heraus und reicht ihn mir. Es ist vorbei. Der Führer geht weiter zu meinem Bruder. »Wie heißt du?«

»Peter!« antwortet er. Zu laut, bemerke ich ängstlich. »Wie geht es dir, Peter?«

Peter stößt einen nicht enden wollenden Seufzer aus und brüllt schließlich begeistert, spontan, ungestüm: »Mir geht es gut, Herr Hitler! Was für eine schöne Schnalle, Herr Hitler!«

Es darf nicht wahr sein, ich komme mir vor wie in einem Alptraum! Vernichtet schaue ich hinüber und sehe, wie Peters frecher Finger über die Gürtelschnalle des Führers streicht! Ich glaube, sterben zu müssen. Was wird geschehen? Wird die SS ihn mitten in sein kleines Herz schießen? Ängstlich schaue ich zu den SS-Leuten und sehe erleichtert, daß einer von ihnen insgeheim belustigt lächelt. Das beruhigt mich. Dann höre ich die Stimme des Führers antworten: »Wenn du groß bist, junger Mann, kannst auch du so eine Gürtelschnalle tragen.« Es folgt das Marzipanritual, dann geht er weiter. Als die erste Reihe zu Ende ist, sagt er etwas wie: »Viel Glück.« Wir rufen wieder: »Heil Hitler!«, wieder viel zu laut, und er geht hinaus, gefolgt von seiner Leibgarde. Nur die Frau bleibt zurück und verteilt das restliche Marzipan. Die Atmosphäre entspannt sich.

Deutschland, Deutschland über alles. Das also war der große Führer des Dritten Reichs, das Oberhaupt der deutschen Wehrmacht, unser aller Oberhaupt! Das war der

Mann, von dem unser Schicksal abhing. Er hat uns viel Glück gewünscht.

Heil Hitler!

8

Der Aufenthalt im Bunker ging seinem Ende zu. Wir hatten Energie gespeichert. Wir hatten uns an warme Räume gewöhnt – auch wenn der Stahlbeton des relativ neuen Bauwerks Feuchtigkeit ausschwitzte – und an die Sicherheit, die einem viele Meter Beton über dem Kopf verleihen. Ich hatte sogar gelernt, meine Platzangst in den Griff zu bekommen. In der Nacht hatte ich ziemlich ruhig geschlafen, denn man hörte die Sirenen nicht, und die Schüsse der Artillerie drangen nur gedämpft zu uns.

Wir waren mit Vitaminen vollgestopft, bis oben hin voll mit Lebertran und sogar gebräunt von der Höhensonne. Es ging uns sehr gut.

Der Aufenthalt im Bunker hatte die Erinnerung an die Wirklichkeit draußen geschwächt, und ich war sogar soweit, zu hoffen, daß sich inzwischen alles geändert hätte, daß der Krieg zu Ende ginge und alles besser würde.

Peter hatte endlich aufgehört, allen mit seinen Führer-Imitationen auf die Nerven zu gehen. Seit dem Tag seines Besuchs redete er von nichts anderem mehr als von Hitlers Kleidung: den Hosen in den glänzenden Stiefeln, der Kopfbedeckung mit dem Adler und dem Hakenkreuz, der eng anliegenden Uniformjacke und dem Gürtel mit der berühmten Schnalle!

Im Bunker hatte ich verschiedene Gespräche über den weiteren Verlauf des Krieges, die Person des Führers oder den Feind mitbekommen. Dabei fielen Worte, die mich beunruhigten, wie Gestapo, KZ, Judenfrage, Deportation. Oder Totenkopf-Verbände, bolschewistischer Feind, Geheimwaffe, Kampf um Berlin und Feind, Feind und nochmals Feind! Mit Haß und abgrundtiefer Verachtung redeten sie über die Russen, nannten sie einen Haufen primitiver Wilder, die nach Wodka stanken und die Frauen der Besiegten vergewaltigten. So merkte ich, daß die beiden Mütter, die mit uns im Bus gewesen waren und ihre Söhne in den Bunker begleitet hatten, begeisterte Nazi-Anhängerinnen waren und kein Geheimnis daraus machten.

Nachts, bevor ich einschlief, hörte ich die beiden Mütter noch einige Zeit plaudern. Sie hatten das Bett neben mir, und ich konnte jedes Wort hören.

Ich erfuhr, daß ihre Männer bei der allgemeinen SS waren (rangmäßig unter der Waffen-SS, zu denen aus bestimmten Gründen berühmte, repräsentative oder einflußreiche Personen gehörten), die dem Führer fanatisch ergeben waren. Sie redeten, als stünde der Plan, Europa zu erobern und die Untermenschen zu unterwerfen, kurz vor seiner Verwirklichung, und glaubten fest daran, daß Deutschland den Krieg schon gewonnen habe. Was mich jedoch am meisten beeindruckte, war der kalte Zynismus, mit dem sie von den Juden sprachen. Sie nannten sie drekkige Juden und spielten auf die Tatsache an, daß Hitler dabei wäre, die Judenfrage ein für allemal in den Konzentrationslagern zu lösen.

Ich hörte schreckliche Dinge und fragte mich, was die Juden wohl getan haben mochten, daß zwei Mütter so verächtlich von ihnen sprechen konnten. Dort vernahm ich auch zum erstenmal den Begriff Ausrottung der Juden, während der Ausdruck Konzentrationslager Auschwitz aus dem Mund der beiden Frauen wie ein Todesurteil klang.

Auch die Söhne dieser beiden Mütter waren Fanatiker. Nach allen Seiten erklärten sie, es kaum abwarten zu können, bis sie alt genug seien, um in die Hitlerjugend eintreten und dem Führer ihr Leben weihen zu können!

»Alles bereit?« fragte Marianne und musterte die Gruppe, während wir den Bunker verließen.

Wir waren bereit. Glänzende Schuhe, geputzte Zähne, im Mund den Geschmack des letzten Löffels Lebertran. Jeder von uns hatte ein Abschiedsgeschenk bekommen: Reiseproviant aus belegten Brötchen und einem Marzipanriegel.

»Ich will nicht mitkommen!« platzte Peter heraus. »Ich will auf den Führer warten!«

»Der Führer ist an der Front«, antwortete Marianne, »und kämpft gegen den Feind.«

Stirnrunzelnd dachte Peter nach. Schließlich warf er einen neidischen Blick auf die beiden SS-Männer, die gelangweilt in einer Ecke standen. »Die dürfen hierbleiben!« protestierte er.

»Deine Mutter wartet daheim auf dich«, erinnerte Marianne.

»Daheim gibt es keine Leberwurst!« gab Peter mit Feinschmeckermiene zurück.

»Schluß jetzt!« rief Marianne ungeduldig. »Wir müssen gehen!«

In einem letzten Versuch, den Abschied zu sabotieren, gab Peter noch eine Vorstellung: Wütend stampfte er mit den Füßen und wollte sich sogar auf den Boden werfen. Da drohte Marianne: »Wenn ich den Führer treffe, werde ich ihm sagen, wie ungezogen du bist!« Das genügte, um den kleinen Trotzkopf zu zähmen.

Wieder liefen wir durch das Labyrinth aus Gängen, und wieder mußte Marianne an dem Kontrollposten die Liste unterschreiben. Schließlich der letzte Trakt: summende Ventilatoren, Rohre, Feuerlöscher. Mariannes Absätze hallten hart auf dem Boden. Und zuletzt die Stufen, die ins Freie führten. Die Betonluke hob sich. Wir waren draußen!

Ich schauderte. Gierig atmete ich die frische Luft ein, auch wenn sie von Brandgeruch durchtränkt war, und schaute hinauf in den Himmel. Ich war zutiefst bewegt.

»Einsteigen!« befahl Marianne.

Am Steuer saß wieder Herr Klug, der uns auch hergefahren hatte.

»Saukalt!« beklagte er sich und rieb sich die Hände.

»Alle hinsetzen und still sein!« ordnete Marianne an.

»Wenn wir nur vom Iwan keine Kugel in den Kopf kriegen«, brummte Herr Klug.

»Der Bericht war negativ«, erwiderte Marianne. »Haben Sie doch nicht dauernd die Hosen voll, Herr Klug!«

Peter wollte am Fenster sitzen, hauchte an die Scheibe und malte mit dem Finger eine Bombe.

Der Bus fuhr ab. Peter verschlang sofort seine Brötchen und das Marzipan, und es war überflüssig, ihm zu raten, etwas fürs Abendessen aufzuheben. Als er alles aufgegessen hatte, schlief er ein.

Hermann-Goering-Straße. Der Wind fegte über den pockennarbigen Asphalt, ein rotgestreifter Himmel wölbte sich über einer Reihe finsterer Ruinen. Vom Potsdamer Platz wehten schwarze Rauchwolken herüber. Der Bus schlich mühsam voran, alle paar Meter stieß er auf ein neues Hindernis. Die üblichen Fassaden zerbombter Häuser – leere Hüllen, vergewaltigt und eingestürzt – zogen vorüber. Überall aufgeschlitzte, durchsiebte Fahrzeuge. Zerstörte, umgestürzte, verrostete Straßenbahnen. Tierkadaver, vor allem Pferde, manchmal zum Teil schon verwest, und entlang der Mauern Leichen, soweit das Auge reichte.

Ich schaute hinaus, ungläubig, entsetzt, als wäre ich aus einem Traum erwacht und als hätte mich die Wirklichkeit brutal gepackt: Da war noch Krieg, und nichts hatte sich geändert! Wie hatte ich mir das nur einbilden können? Ich weinte still kleine Schluchzer, die ich wie bittere Bissen hinunterschluckte. Also erwarteten mich weitere Nächte im Keller, das atemlose Hetzen über die Treppe. Wieder Hunger, Durst, Kälte, Entsetzen! Diese unheilverheißende Aussicht erschien mir mit einemmal unerträglich: Woher sollte ich die Kraft nehmen, um all das erneut auszuhalten? Während ich gegen eine tiefe Niedergeschlagenheit kämpfte, schimpfte der Fahrer:

»Verdammte Hunde!«

»Was gibt's, Herr Klug?« fragte Marianne von ihrem Platz aus.

»Flugzeuge in Sicht, das gibt's!«

Marianne lief nach vorn. Nun konnte auch sie sie sehen: Eine verfluchte Dreiecksformation kam direkt auf uns zugeflogen!

Sofort brach Panik aus, aber Marianne befahl knapp und gebieterisch: »Fertigmachen zum Aussteigen!«

Alles drängte zur Tür, die beiden Mütter drückten die künftigen Mitglieder der Hitlerjugend an sich und schrien hysterisch: »Hilfe! Macht schnell! Hilfe!« Ihre Schreie hallten schrill in dem nun leeren Fond des Busses wider. Marianne fuhr sie an: »Bitte, beherrschen Sie sich, meine Damen!«

Ich riß Peter von seinem Sitz, wobei ich ihn unsanft weckte. Verständnislos schaute er mich aus aufgerissenen Augen an. Ich packte ihn an der Hand und zog ihn zum Ausgang. Er war störrisch wie ein Esel, und ich mußte ihn hinter mir her zerren. Irgendwann stieß ich mit der Stirn an eine Haltestange und verspürte einen stechenden Schmerz, ließ aber meinen Bruder nicht los.

Mit einem Ruck blieb der Bus stehen. Durch das Bremsen wurden wir nach vorne geschleudert und fielen übereinander.

Wenige Augenblicke später hatten wir den Bus verlassen, aber plötzlich machte Peter sich aus meiner Umklammerung los und warf sich auf den Boden. Da nahm Marianne ihn auf den Arm, deutete auf den Torweg eines Trümmerhauses und begann zu laufen. Alle stürzten hinter ihr her.

Wir liefen um unser Leben. Der Torweg war etwa dreißig Meter vom Bus entfernt, und um ihn zu erreichen, mußten wir an einem langen Schutthaufen vorbei, der keinerlei Deckung bot. Ich rannte, die Augen starr auf das Tor gerichtet, während heftige Seitenstiche mich quälten. Ich drückte eine Hand an die Seite, aber dadurch geriet ich aus dem Gleichgewicht, trat in ein Loch und stürzte, wobei ich mit dem Kiefer auf der Bordsteinkante aufschlug. Mit der Zunge spürte ich, daß ich einen Zahn verloren hatte. Ich spuckte ihn aus, stand auf und rannte verzweifelt weiter. Jetzt waren sie genau über mir. Sie kamen im Sturzflug und feuerten. Ich dachte, das sei das Ende. Die Seitenstiche wurden so schlimm, daß ich keine Luft mehr bekam. Es tat so weh, daß ich in die Knie gehen und auf allen vieren weiterkriechen mußte, aber dann fuhr mir ein noch bohrenderer Schmerz in die Wade. Ich weinte ohne Tränen. Dann konnte ich nichts mehr sehen, mir wurde schwarz vor Augen.

Ich war kurz davor aufzugeben. Etwas drängte mich, mich gehen zu lassen, stehenzubleiben und auf den Gnadenstoß zu warten; aber dann fühlte ich, wie zwei Arme mich unter das Tor zogen.

Die Gewißheit, es geschafft zu haben, belebte mich. Ich hörte Herrn Klug fragen: »Bist du verletzt?« Ich deutete auf meine Wade, und er untersuchte sie.

Um uns herum herrschte lautes Getöse, unter das sich das betäubende Brummen der Flugzeuge mischte. Wie durch einen Nebel erkannte ich Mariannes Gestalt. Sie beugte sich zu mir und sagte etwas, aber der Höllenlärm übertönte ihre Stimme. Herr Klug meinte: »Das ist nur ein Kratzer, Kleines. Wenn wir im Bus sind, werde ich dich verbinden.« Ich fragte fast tonlos: »Mein Bruder?« Herr Klug wies auf Marianne, und erst da sah ich, daß sie meinen kleinen Bruder im Arm hielt. Vor Erleichterung und Dankbarkeit mußte ich weinen, er war gerettet!

Leider gab eines der Kinder, Karl-Heinz, Anlaß zur Besorgnis. Er hatte einen Bauchschuß und verlor viel Blut. Er war eines der Kinder, die nicht von ihrer Mutter begleitet wurden. Herr Klug verband seine Wunde, so gut er konnte: »Wir müssen ihn ins Krankenhaus bringen«, sagte der Busfahrer zu Marianne.

Als der Lärm sich etwas legte, ließ sie uns antreten. Alle waren da. Einige hatten leichte Verletzungen, aber nichts Schlimmes. Die beiden Mütter, die keine einzige Schramme abbekommen hatten, heulten immer noch hysterisch.

Als der Angriff vorüber war, wagten wir uns vorsichtig aus dem Torweg hervor und gingen wieder zum Bus. Ich nahm Peter an der Hand, der nun brav war. Marianne und Herr Klug trugen Karl-Heinz. Der Wagen sah traurig aus, das Dach war durchsiebt und die Windschutzscheibe zerbrochen. Fast alle Fenster waren zu Bruch gegangen. Die Sitze waren mit Glassplittern übersät.

»Glauben Sie, Sie können dieses Wrack wieder in Gang setzen?« fragte Marianne Herrn Klug, während sie den Verband auf Karl-Heinz' Wunde preßte.

»Es muß, verdammt noch mal!« fluchte Herr Klug und setzte sich ans Steuer.

Der Motor holperte und polterte und wollte nicht anspringen. Alle hielten den Atem an.

»Mach schon, zum Donnerwetter!« schrie Herr Klug. Plötzlich besann sich der Motor eines Besseren, und wir konnten losfahren.

Alle waren verstört. Im Bus zog es wie verrückt. Es war sehr kalt. Peter hing zitternd an mir. Mein Bein schmerzte, obwohl Herr Klug meine Verletzung versorgt und ein großes Pflaster draufgeklebt hatte. An der Wunde war der Strumpf blutverkrustet, aber ich hatte nicht den Mut, nachzuschauen.

Im Widerschein der brennenden Häuser hatte der Bus tausend Hindernissen auszuweichen; es mußte ein ziemlich schwerer Angriff gewesen sein. Vor dem Krankenhaus angekommen, sahen wir, daß ein Flügel ebenfalls in Flammen stand. Einige Krankenschwestern liefen mit Tragbahren hin und her. Herr Klug steckte den Kopf durch die geborstene Windschutzscheibe und rief: »Wir haben einen Schwerverletzten, kann uns jemand helfen?« Aber sie antworteten: »Sehen Sie nicht, daß wir den brennenden Teil evakuieren?«

»Zum Teufel!« schimpfte Herr Klug und spuckte durch das Loch in der Windschutzscheibe. »Kind oder nicht Kind, sie scheren sich einen Teufel drum!«

Schließlich trugen Marianne und Herr Klug Karl-Heinz ins Krankenhaus hinein und blieben lange weg. In der Zwischenzeit erfroren wir fast in dem durchlöcherten Wagen mit den kaputten Fenstern. Als sie zurückkamen, war Herr Klug außer sich und fluchte wie ein Bierkutscher. Er sagte, sie hätten Karl-Heinz nicht aufnehmen wollen und Marianne hätte zuerst jemanden in der Reichskanzlei anrufen müssen, damit derjenige ein Machtwort sprach. Erst dann hätten sich diese Kanaillen überreden lassen, den Jungen aufzunehmen.

»Nur Mut«, sagte Herr Klug, nachdem er Dampf abgelassen und sich wieder ans Steuer gesetzt hatte. »Wer wird als erster aussteigen?«

Es war fast Mittag, und der Himmel war von einem scharlachroten Dunst verhangen. Ich legte den Arm um die schmalen Schultern meines Bruders und sagte in fast mütterlichem Ton: »Bald sind wir daheim.«

»Ich will wieder in den Bunker ...«, murmelte Peter an meiner Schulter.

9

Der Bus bog in verbotener Fahrtrichtung in die Lothar-Bucher-Straße ein, aber niemand achtete darauf. Die wenigen Fahrzeuge, die durch die verlassenen Straßen fuhren, kümmerten sich gewiß nicht um die Verkehrsbestimmungen, und Verkehrspolizisten gab es sowieso keine mehr, eine völlig ausgestorbene Spezies, wie auch die Feuerwehrleute verschwunden waren, die die von den Phosphorbomben verursachten Brände löschen sollten. Nichts funktionierte mehr: Es gab weder Postboten noch Milchmänner mehr, kein einziger Arzt war aufzutreiben, und die Arbeitstrupps, die noch bis vor kurzem die Leichen von den Straßen weggeschafft hatten, meldeten sich nicht mehr am Telefon. Eine einstmals funktionierende, organisierte Stadt hatte ihre Bevölkerung sich selbst überlassen: keine Rechte und keine Pflichten mehr.

Wir verabschiedeten uns von Herrn Klug, und Marianne brachte uns zur Tür. Sie grüßte uns wie zwei Soldaten, tippte an das Schild ihrer Uniformmütze, sagte: »Los, geht, ich warte, bis ihr im Haus seid.«

Einen Augenblick lang blieben wir wie betäubt stehen.

Dann faßte ich Peter bei der Hand, zog ihn die Treppen hinauf und klopfte im zweiten Stock an die Tür mit dem Schild Hilde Busch. Unsere Stiefmutter öffnete und nahm Peter sofort in die Arme; sie schien froh zu sein und führte ihn in die Küche, während ich wie ein armer Esel hinter ihnen herlief. »Wie hat sich dieser Schlingel benommen?« fragte mich meine Stiefmutter, schaute aber nur ihn an.

Peter streifte seine Benommenheit ab und rief: »Ich habe den Führer gesehen und die Schnalle!«

»Was für eine Schnalle?« fragte meine Stiefmutter.

»Der Führer hat gesagt, er schenkt mir seine Schnalle!« erklärte Peter.

»Das ist nicht wahr!« strafte ich ihn Lügen. »So hat er das nicht gesagt!«

»Doch, doch!« beharrte er und trat um sich.

»Was ist nun die Wahrheit?« fragte meine Stiefmutter und schaute mich an.

»Der Führer hat gesagt«, antwortete ich würdevoll, »daß Peter nach dem Krieg auch so eine Gürtelschnalle haben kann wie seine. Das hat er gesagt!«

»Das stimmt nicht!« stritt Peter ab.

»Marianne hat gesagt, ein wahrer Deutscher lügt nicht«, erinnerte ich ihn tadelnd. Aber er verzog den Mund, und meine Stiefmutter hielt ihm die Stange. »Schon gut, schon gut, wir glauben dir, mein Schatz«, und küßte ihn noch einmal. Ich fühlte mich überflüssig.

Von dem Lärm angezogen erschien Opa, der versuchte, sich in seinem verknitterten Anzug mit der Decke über den Schultern Haltung zu geben. »Da seid ihr ja endlich wieder!« rief er und schwenkte zufrieden lächelnd seine Pfeife. Sogleich bemerkte er das Pflaster an meinem Bein und fragte besorgt: »Lieber Gott, was ist geschehen, Helga?«

Nun schaute auch meine Stiefmutter auf meine Wade und echote ihrem Vater nach: »Ja, was ist geschehen?« Sie schien etwas verlegen, weil sie das Pflaster nicht bemerkt hatte. Da erzählte ich von dem Angriff, der uns mitten auf der Straße überrascht hatte, von dem Torweg, in den wir uns geflüchtet hatten, von dem Jungen mit der Bauchwunde, dem herausgefallenen Zahn und der Angst, Peter zu verlieren, kurz und gut, von dem ganzen Vorfall. Opa betrachtete mein Bein und bemerkte: »Vielleicht wäre es besser, ein Arzt würde sich die Sache anschauen.«

»Natürlich, es laufen ja haufenweise Ärzte herum!« spottete meine Stiefmutter. Ich versuchte Opa zu beruhigen, indem ich ihm sagte, daß es sich nur um einen Kratzer handelte, eine Kleinigkeit, und wurde mir bewußt, daß ich ein wenig Mariannes rauhe, männliche Art nachahmte. Ich schloß damit, daß der Fahrer mir die Wunde gut desinfiziert hatte und sie, wenn ich kein Fieber bekam, in zwei Tagen geheilt sein würde. Opa beruhigte sich und schaute mich aus seinen guten, klugen Augen an. Ich bildete mir ein, daß er mich ein bißchen lieb hatte und hätte gern vor Dankbarkeit geweint. Aber ich beherrschte mich.

Dann sagte Opa, daß er amerikanischen Zwieback habe auftreiben können, und fragte uns, ob wir etwas davon haben wollten. Von oben herab erklärte Peter, er habe keinen Hunger (natürlich nicht, er hatte ja schon alle seine Brötchen und auch das Marzipan aufgegessen, während ich mein Paket während des Luftangriffs verloren hatte!). Ich dagegen war hungrig und bat um ein Stück. Da begehrte Peter auf: »Ich will auch Zwieback!«

»Hast du nicht gerade gesagt, du hättest keinen Hunger?« fragte Opa verwundert.

»Das stimmt nicht, ich bin hungrig!« leugnete Peter frech. Opa warf meiner Stiefmutter einen bezeichnenden Blick zu. Aber sie ignorierte ihn und sagte: »Dann gib ihm den Zwieback, wenn er Hunger hat, der arme Bub!«

Plötzlich kam Hilde herein. Offensichtlich war sie schon von ihrem Sonderauftrag zurück, hatte aber Fieber. Sie erkundigte sich nach unserem Aufenthalt im Bunker, jedoch als sie von dem Luftangriff während der Heimfahrt hörte, wurde sie auf einmal besorgt, ging zum Telefon und rief im Bunker der Reichskanzlei an, um sich mit Marianne verbinden zu lassen. Diese war allerdings noch nicht zurück. Vielleicht wollte Hilde sich bei ihrer Freundin für das bedanken, was sie für uns getan hatte. Tatsächlich war sie uns fast nie von der Seite gewichen. In regelmäßigen Abständen wählte Hilde immer wieder die Nummer, und endlich wurde sie mit Marianne verbunden. Sie redeten lange, und ab und an räusperte Hilde sich, sie war heiser. Nach dem Telefongespräch kam sie wieder in die Küche, um mit ernster, enttäuschter Miene zu sagen: »Da habe ich ja schöne Dinge über dich gehört, junger Mann.« Dabei schaute sie Peter an.

»Über mich?« Peter riß die Augen auf.

»Ja, dich.«

»Das ist nicht wahr«, brummte Peter und fingerte an seinen Hosenträgern herum.

»Marianne hat gesagt, du seist frech und ungezogen!« bekräftigte Hilde streng. »Dafür verdientest du eine Strafe!«

Peter knetete seine Nasenspitze, verzog den Mund, schielte zum Bad und murmelte: »Ich muß mal« und war im nächsten Augenblick verschwunden.

Bei seiner Rückkehr forschte meine Stiefmutter: »Stimmt es, daß du frech und ungezogen warst?«

»Nein!«

»Marianne sagt das aber!«

»Nein!«

»Und dazu verlogen«, kommentierte Hilde und ging wieder in ihr Zimmer. Sie schien wirklich verärgert.

Peter blieb schmollend zurück, aber schließlich machte meine Stiefmutter dem ein Ende: »Nun gut, lassen wir das! Diesmal wollen wir nicht die Wahrheit wissen!« Augenblicklich lebte Peter wieder auf und begann, von der Begegnung mit dem Führer zu erzählen. Lächelnd hörte meine Stiefmutter ihm zu, hing an seinen Lippen, liebkoste ihn mit Blicken, während ich eifersüchtig daneben stand. Als Peter endlich zu der Stelle kam, als er sagte: »Mir geht es gut, Herr Hitler, was für eine schöne Schnalle, Herr Hitler!«, brach meine Stiefmutter in ein schrilles Lachen aus, bei dem das Loch einer herausgefallenen Plombe sichtbar wurde. Auch Opa lächelte. Wenn Peter wollte, war er ein hervorragender Schauspieler.

Meine Stiefmutter fuhr fort zu lachen, aber in dieser Küche mit dem Spülbecken, in dem kein Geschirr mehr gespült wurde, weil aus dem Wasserhahn kein einziger Tropfen Wasser mehr kam, und in der auch nichts mehr gekocht wurde, weil es kein Gas und außerdem nichts zu kochen gab, klang ihr Lachen künstlich. Peter hörte gar nicht mehr auf, vom Führer zu reden, daher verzog ich mich mit Opa in Hildes Arbeitszimmer.

Dort war es eiskalt, und Opa legte mir eine Decke um die Schultern. Die Fenster waren verdunkelt, und so zündeten wir eine Petroleumlampe an. Dann erzählte ich meine Version von dem Besuch des Führers, wie alt und in welch schlechter Verfassung ich ihn gefunden und wie unbehaglich ich mich gefühlt hatte. Schließlich meinte Opa: »Dank Goebbels stellen sich die Leute den Führer immer noch unversehrt vor. Die Nazi-Propaganda hat eine teuflische Wirkung.« Er hustete lange, und es war ihm anzusehen, daß es ihm nicht gutging, aber plötzlich heulte der Alarm los, und wir stürzten in die Diele. Hilde kam aus ihrem Zimmer und rief: »Schon wieder! Das hält man ja nicht aus!« und schickte sich an, in den Keller zu laufen. Opa griff nach seinem Koffer, desgleichen meine Stiefmutter. Peter holte seinen Teddy, und zusammen liefen wir die Treppe hinunter, die von Stimmen und eiligen Schritten widerhallte. Das übliche angstvolle Durcheinander.

Da war er wieder, der feuchte, dumpfe Geruch nach Keller, ungewaschenen Körpern, Urin, Petroleumlampe. Hilde legte sich auf ein Feldbett. Sie hatte Schüttelfrost, es ging ihr wirklich schlecht. Peter kauerte sich in eine Ecke, seinen Teddy unter dem Arm. Er gähnte, sank zur Seite und schlief ein. Sie legten ihn auf ein Etagenbett. »Er muß erschöpft sein«, sagte meine Stiefmutter gerührt, als ob sonst niemand erschöpft war. Die anderen Leute im Keller fragten mich, wie denn der Urlaub im Führerbunker gewesen sei; ich bemerkte eine gewisse Bosheit in der Frage. Jedoch mit einem Schlag setzte die Sinfonie ein. Zuerst ein starkes Brummen von Flugzeugen, dann eine heftige Explosion, auf die in rascher Reihenfolge weitere folgten. Der Keller bebte. Peter erwachte und schrie: »Ich will zu Marianne!«

Tödliche Müdigkeit überfiel mich, die mich sogar fast die Angst vor den Bomben vergessen ließ. Opa sagte: »Leg dich hin, Kleines, und vergiß alles, wenn du kannst.« Er half mir, auf das Bett über Peter zu klettern. Ich versuchte, nicht an die Jagdbomber zu denken, die dort draußen den Tod herabregnen ließen, und konzentrierte mich auf die Wand. Sie roch unangenehm modrig. Da war eine Wasserleitung, in der schon lange kein Wasser mehr floß, und in der Ecke hing ein riesiges Spinnennetz.

Die Atmosphäre war gespannt, die Petroleumlampe warf zitternde Schatten auf die Wände, Schatten von Geistern. Der Keller war überfüllt, wir saßen dichtgedrängt. Ein Mädchen schluchzte, ein alter Mann greinte. Ein anderer fluchte. Die Gesichter waren von einer Angst gezeichnet, an die man sich nie gewöhnen würde. In diesen von Hunger, Entbehrung und Schlaflosigkeit gezeichneten Körpern lag eine starre Verzweiflung. Armselige Gestalten mit schlaffen Muskeln und wangenlosen Gesichtern, Schatten von Menschen.

Nach einer besonders lauten Detonation erklang das markerschütternde Protestgeschrei eines Babys.

»Vater unser, der Du bist im Himmel ...« Die alte Fichtner nahm ihre Litanei wieder auf, und alle warfen ihr böse Blicke zu. Die Fichtner war Witwe und hatte zwei Enkel, die in Rußland vermißt waren. Ihr Gesicht war aschgrau und ihre Hände von dem Spinnennetz ihrer Venen überzogen. »Herr, mach, daß die 12. Armee unter General Wenck den Feind schlägt und Frieden schafft. Heilige Jungfrau ... die Frucht deines Leibes, Jesus ...«

»Schluß jetzt!« rief Frau Köhler drohend und baute sich vor der Fichtner auf. Die Alte verstummte, schaute die anderen mit einem Ausdruck starrsinniger Herausforderung an, die Finger mit dem Rosenkranz verflochten, dann betete sie weiter.

»Aufhören!« Frau Köhler war kreideweiß vor Zorn. Man hörte ein langes Artilleriefeuer, und die Fichtner schrie: »Vater unser, der Du bist im Himmel ...«

»Genug!« Die Köhler warf sich auf die Fichtner und hielt ihr mit einer Hand den Mund zu. Keuchend verdrehte die Alte die Augen. Niemand griff ein, während draußen der Angriff tobte. Aber kaum lockerte die Köhler ihren Griff, begann die andere unbeirrt um so eifriger: »Heilige Mutter, bitte für uns ...« Die Hände der Köhler legten sich um den Hals der Fichtner, bis diese blau anlief, während ein heftiges Beben durch ihren Körper ging. Ich fürchtete schon, sie würde jeden Augenblick sterben, aber zum Glück erholte sic sich. Mit einem Seufzer, der wie ein Röcheln klang, ordnete sie die Falten ihres Taftkleides und begann wieder zu beten. Frau Köhler schüttelte den Kopf und ging hinaus auf den Gang, um ihren Zorn zu kühlen. Als sie zurückkam, versuchte sie, die Fichtner zu ignorieren.

Während einer relativ ruhigen Kampfpause ertönte die Stimme eines alten Mannes mit dringlicher Schüchternheit: »Ich muß mal.«

Die Hausmeisterin erwiderte: »Im Gang steht ein Eimer!«

»Jemand soll ihn mir bringen ... bitte«, flehte er.

Wie eine Waffe richtete sich der Zeigefinger der Hausmeisterin auf die Stelle zwischen den Augen des Alten. »Sie gehen hinaus wie alle anderen!«

»Aber ich habe Angst«, protestierte er weinerlich.

»Alle hier haben Angst, verdammt!« schrie die Hausmeisterin ungeduldig. »Aber alle gehen auf den Eimer, selbst die Kinder!«

»Soweit schaffe ich es nicht ...«, jammerte der Arme.

Da fragte Frau Köhler sarkastisch: »Warum hängen Sie sich nicht auf?«

Schließlich erhob sich ein blondes, schmales Mädchen, ging hinaus, holte den Eimer und stellte ihn vor dem Alten ab. Die Hand auf seinen Hosenschlitz gepreßt, blickte dieser sie mit unsagbarer Dankbarkeit an, stand dann auf, ging etwas abseits in eine Ecke und urinierte mit peinlichem Prasseln hinein. Die Hausmeisterin beobachtete ihn mit erbarmungslosem Spott. »Da, schaut es euch an, dieses Musterexemplar eines deutschen Obermenschen! Etwas Erbaulicheres gibt es nicht!« Und sie brach in grausames Gelächter aus. Doch plötzlich erklang ein betäubendes Getöse direkt über unserem Kopf. »Jetzt haben sie das Haus getroffen«, dachte ich erschrocken und war darauf gefaßt, daß jeden Moment die Decke einstürzen würde, aber glücklicherweise geschah nichts. Statt dessen bockte das Licht. Die Flamme flackerte, reckte sich, dehnte sich, vollführte eine Reihe frenetischer Zuckungen, warf einen letzten, zackigen Schatten auf die Wand und erlosch. Panikgeschrei erhob sich. Jemand schaltete eine Taschenlampe ein und teilte in trockenem Ton mit: »Herrschaften, das Petroleum ist leer, ab jetzt müssen wir uns mit Talgkerzen begnügen.«

»Talgkerzen!« stöhnte jemand.

»Von Talgkerzen tränen mir die Augen!« beklagte sich Herr Hammer.

»Haben Sie zufällig einen anderen Vorschlag?« knurrte

eine Frau, deren Gesicht so abgezehrt war, daß es wie das eines Totenschädels aussah. Herr Hammer zog den Kopf zwischen die Schultern und schnaubte leise vor sich hin.

Nach und nach lernte ich die einzelnen Kellerbesucher kennen. Da war das Ehepaar Heinze, das nie etwas sagte. Aneinandergedrängt hockten sie in einer Ecke und nahmen nur wenig an den Problemen der Gemeinschaft teil. Frau Heinze litt unter Depressionen. Das Mädchen, das dem alten Mann den Eimer gebracht hatte, hieß Erika. Sie hatte Tuberkulose. Herr Hammer war ein aufbrausender ehemaliger Nazi. Einst ein Bewunderer Hitlers, saß er nun in seiner dunklen Kellerecke und verfluchte ihn.

Eines Abends legte sich Herr Hammer, der besonders nervös war, mit Opa an. »Ja, wir sitzen hier bei Talgkerzen, dabei ... sollen die Nazis in ihren Kellern sogar Notstromaggregate haben! Warum haben wir kein Notstromaggregat?«

Verständnislos blickte Opa ihn an. »Mein Wort, Herr Hammer, ich ...«

»Für Sie dürfte es doch ein leichtes sein, ein Notstromaggregat installieren zu lassen, Herr Busch, wo Ihre Tochter ja bei so einem wichtigen Ministerium arbeitet!«

»Ihre Anspielungen entbehren jeder Grundlage«, erwiderte Opa beschwichtigend.

»Von wegen!« sagte Herr Hammer feindselig. »Und ich bin noch nicht fertig, Herr Busch, ob es Ihnen gefällt oder nicht. Ich glaube, daß nur Leute, die ein Parteibuch in der Tasche haben, es fertigbringen, ihre Enkel in den Führerbunker zum Aufpäppeln zu schicken!«

Opa wollte gerade antworten, als Hilde ihm zuvorkam. »Keiner in unserer Familie besitzt ein Parteibuch, Herr Hammer, damit das ein für allemal klar ist!« Aber der Mann lachte böse: »Natürlich nicht! Und vor allem arbeitet auch niemand eng mit Goebbels zusammen! Wofür halten Sie mich, Fräulein Busch, ich bin doch nicht blöd!«

Die anderen zeigten wenig Interesse an ihrem Streit. Hie und da machte Herrn Hammer seine Arteriosklerose zu schaffen.

Aber Frau Köhler, die Hausmeisterin, goß Öl ins Feuer. »Ja, warum haben wir kein elektrisches Licht, Fräulein Busch? Das habe ich mich auch schon gefragt! Sie könnten sich ruhig ein bißchen stärker für uns einsetzen!«

Bestürzt verteidigte Hilde sich. »Von Ihnen hätte ich das nicht erwartet, Frau Köhler!«

»Und wieso kann ich meinen Rudolf nicht in den Führerbunker schicken, Fräulein Busch?« hakte Frau Köhler streitsüchtig nach.

Ohne sich aus der Ruhe bringen zu lassen, erwiderte Hilde: »Warum stellen Sie keinen Antrag, Frau Köhler?« Aber diese gab mit einem maliziösen Lachen zurück: »Ist das Ihr Ernst, Fräulein Busch, oder wollen Sie mich auf den Arm nehmen?«

Meine Stiefmutter schaltete sich ein: »Laß es gut sein, Hilde, du hast noch Fieber.«

Die Auseinandersetzung endete, weil Erika einen Hustenanfall bekam und Frau Köhler zu ihr trat, um ihr behilflich zu sein. Halb Engel, halb böser Geist, dachte ich. Frau Köhler ist wirklich ein seltsamer Mensch.

Eines Abends waren Erika und ihre Mutter, Flüchtlinge aus den Ostgebieten, im Keller aufgetaucht und hatten um Hilfe gebeten. Sie besaßen nur einen Koffer, in dem sich ihre wenigen Wertsachen befanden, unter anderem eine alte Suppenschüssel aus Familienbesitz, die sich für Erikas Krankheit als nützlich erwiesen hatte; und seitdem waren sie im Keller geblieben, weil Frau Köhler nicht den Mut gehabt hatte, sie fortzujagen, nicht zuletzt wegen Erikas schlechter Gesundheit.

»Die Schwindsucht hat uns gerade noch gefehlt!« schimpfte einer der Alten mit einem schiefen Blick auf das arme Kind, das sich die Lunge aus dem Leib hustete. »Das Mädchen müßte auf der Quarantänestation eines Krankenhauses liegen! Hier laufen wir alle Gefahr, uns anzustecken, das habe ich euch schon hundertmal gesagt!«

Über das Gesicht von Erikas Mutter ging ein unmerkliches Zittern; endlich antwortete sie gedemütigt: »Niemand will sie mir aufnehmen!«

»Dann werden wir alle noch die Schwindsucht kriegen!« gab der Mann böse zurück.

Da reichte es Frau Köhler: »Sie gehen mir auf die Nerven, Sie alter Trottel. Sie sollten doch wissen, daß Tuberkulose nur junges Gewebe befällt und nicht jemanden, der schon senil ist! Also regen Sie sich nicht so auf!«

»Ich bin erst neunundfünfzig!« krächzte der Alte.

»Mein lieber Mann, für neunundfünfzig sehen Sie aber schon ganz schön alt aus!« erklärte Frau Köhler sarkastisch und musterte ihr Gegenüber mit deutlicher Verachtung.

»Sie haben so viel Takt wie ein Elefant«, meinte dieser gekränkt und zog sich auf seine Matratze zurück. Aber in diesem Augenblick heulten die Sirenen, und zwei Minuten später setzte wütender Beschuß ein. Kalk rieselte auf die Wasserleitung, die Wände bebten. Würde ich Zeit haben, erwachsen zu werden? Würde Opa Zeit bleiben, alt zu werden?

Das Baby begann wieder mit seinem Protestgeschrei, und Frau Fichtner – versunken in die schwarzen Falten ihres Taftkleides – kreischte hervor: »Jemand soll diesem kleinen Ungeheuer das Maul stopfen! Als ob wir hier drinnen nicht schon genug Krach hätten!«

»Bravo!« rief Herr Hammer und klatschte ironisch in die Hände. »Bravo! Da steht unsere Betschwester! Ist das

Ihre christliche Güte und Nächstenliebe, Frau Fichtner?« Empört spuckte er auf den Boden. Die Mutter des Kindes, eine junge, zurückhaltende, schüchterne Frau, blickte sich bestürzt um. Das klagende Pfeifen einer Stalinorgel kündigte den gewohnten Krach an. Ich beugte mich zu Peters Bett hinunter, und sah ihn mit dem Teddy unter dem Arm mit weit aufgerissenen Augen dasitzen. Ein Bild ungläubigen Trotzes. Und während über uns ein Granatwerfer ohrenbetäubend hämmerte, senkte Peter den Kopf und ballte die Fäuste mit einer herzzerreißenden Geste.

10

Berlin, Anfang 1945

Hunger, Durst, Kälte, Schrecken, Schlaflosigkeit, Dreck, Schwäche, Apathie, Verlassenheit, Ohnmacht: Daraus bestand unser Leben, das wir Tag und Nacht im Keller verbrachten.

Eines Tages hörte Opa, daß es in einem Lager am Anhalter-Bahnhof noch Lebensmittel geben sollte; und so beschlossen er und zwei Frauen aus unserem Keller, zusammen mit einer Frau und einem alten Mann aus einem anderen Haus, sich selbst davon zu überzeugen. Meine Stiefmutter wollte nicht, daß Opa sich irgendeiner Gefahr aussetzte. Aber er hörte ihr nicht einmal zu.

Frühmorgens brachen sie auf, und den ganzen Tag über ängstigten wir uns um sie. Es hatte ein paar Luftangriffe gegeben, und wir fürchteten schon, sie würden nicht zurückkommen. Kurz vor der Verdunklung kehrten sie schließlich mit ihrer Beute zurück. Die beiden anderen aus dem Nachbarhaus gingen hinüber, die Beute unter ihren viel zu weit gewordenen Kleidern verborgen. Unsere Leute teilten die Lebensmittel unter allen Anwesenden im Keller auf, es wurde ein richtiges kleines Fest. Später berichtete Opa, wie das Ganze gelaufen war.

Um in das Lager zu gelangen, hatten sie zuerst über einen Schutthaufen klettern müssen, aber da es schneite, waren die Trümmer glitschig, und Opa hatte sich sofort den Fuß verstaucht. Dann hatte der Alte aus dem anderen Haus, der auch bewaffnet war, eine doppelte Eisentür aufgebrochen, plötzlich jedoch hatten sie vor einem Mann mit vorgehaltener Maschinenpistole gestanden. Noch bevor der andere schießen konnte, hatte der Alte ihn mit einem Schuß ins Herz umgelegt. Soweit war es mit ihnen gekommen: für ein bißchen Essen zu töten! Und nun sprach Opa, der ehemalige Rechtsanwalt, mit selbstverständlichem Fatalismus von diesem Mord.

Wer in den Keller zurückkehrte, brachte schlimme Nachrichten über die Barbarei der sowjetischen Truppen mit. Aus den Ostgebieten geflohene Frauen berichteten von furchtbaren Vergewaltigungen durch die Soldaten. Furcht breitete sich aus. Außerdem hatte Goebbels eine wilde antisowjetische Propaganda entfesselt, indem er die Russen als ein Volk primitiver Vergewaltiger bezeichnete. Dadurch wurde die Angst nur noch geschürt, insbesondere bei den Frauen, die heranwachsende Töchter hatten. Bei uns waren das Erika und Gudrun. Erika war vierzehn, Gudrun knapp sechzehn Jahre alt. Gudrun hatte noch zwei Brüder im Keller, Egon, der in Peters Alter war, und Kurt, knapp achtzehn. Außerdem gab es bei uns auch erwachsene Frauen, und keineswegs alte!

Die Bevölkerung Berlins war erschöpft und wartete resigniert auf die bevorstehende Katastrophe, doch aus den öffentlichen Lautsprechern dröhnte immer noch Goebbels' Stimme von einer geisterhaften 12. Armee, die den Berlinern den Sieg und die Freiheit bringen sollte. Ein paar Träumer klammerten sich immer noch an diese Lügen. Dann ging das Gerücht um, die Russen seien schon am Brandenburger Tor, und die Leute begannen, auf den Straßen Barrikaden und Panzergräben zu errichten, auch wenn das alles noch ziemlich verfrüht war.

In dieser wirren Atmosphäre bekamen wir Hilde wenig zu sehen. Häufig hielt sie sich im Bunker der Reichskanzlei auf, aber ich hatte den Eindruck, daß sich die Zeit ihrer Privilegien im Ministerium dem Ende zuneigte.

In zermürbender Monotonie verging die Zeit. Jeder Tag glich dem anderen: der kalte, dunkle Keller, der Uringestank, die qualmenden Kerzen, das Warten, der Alarm, der Schrecken, die Entwarnung, die Traurigkeit, die Gespräche, die Reizbarkeit, das Mißtrauen, die Schlaflosigkeit, der Hunger, der Durst.

Eines Tages sah ich in einen Spiegel, aber das, was mir entgegenblickte, erschreckte mich. Ich sah ein ausgezehrtes Gesicht mit eingefallenen Wangen, weißgrauer Haut, dunklen Augenringen: wie furchtbar! In schmutzigen Strähnen klebte mein Haar an meinem Schädel, und in meinem Blick lag ein derart apathischer Schatten, daß ich mich selbst verabscheute. Entsetzt fragte ich mich: Das bin ich? Ich mußte meiner Stiefmutter recht geben: Wie konnte man so eine widerliche Person wie mich gernhaben? Sie hatte nur Peter lieb, der trotz der Entbehrungen sein zorniges Engelsgesicht bewahrte. Schließlich versuchte ich mich zu trösten: Auch die anderen waren keine Schönheiten! Meine Stiefmutter war nur noch Haut und Knochen, und ihr einst aschblondes Haar hatte eine unbestimmbare Staubfarbe angenommen. Von dem sonderbaren Fieber hatte Hilde, die schon zuvor mager gewesen war, eine gelbe Hautfarbe zurückbehalten. Opa hatte schon befürchtet, sie habe die Gelbsucht, aber ein ausgemergelter Arzt, den er an der Wasserpumpe getroffen hatte, war gekommen, hatte sie untersucht und dies ausgeschlossen.

Erika, das Mädchen mit der Tuberkulose, war so zerbrechlich und durchscheinend, daß ich jedesmal, wenn sie einschlief, befürchtete, sie würde nicht mehr aufwachen. Und das Gesicht Frau Mannheims, der alten Frau des ehemaligen Journalisten Herrn Mannheims, war so eingefallen, daß es aussah, als seien nicht nur die Muskeln, sondern auch die Knochen ausgezehrt. Opa schließlich war so abgemagert, daß er aus Luft zu bestehen schien. Seine Finger waren lang und weiß wie die eines Toten, und es schien, als würden seine Kleider ihn spazierentragen und nicht umgekehrt. Häufig litt er unter trockenem Reizhusten, aber wir hatten natürlich keine Medikamente, die ihm Linderung hätten verschaffen können. Eines Tages sah ich ihn mit so einem weggetretenen Ausdruck auf einem Stuhl lehnen, daß ich glaubte, er sei tot. Zutiefst erschrocken rüttelte ich ihn, das Herz klopfte mir bis zum Hals, und als er die Augen aufschlug, war ich so erleichtert, daß ich zu weinen begann.

Manchmal prüfte Opa, inwieweit ich mich an das erinnerte, was ich in der Schule gelernt hatte. Er kontrollierte meine Schreibfehler und fragte mich das Einmaleins ab: Das machte mir viel Spaß. Aber er ermüdete rasch und war nicht so streng, wie ich es mir gewünscht hätte. Ich fürchtete, daß er zu dem Schluß gekommen war, alles sei nutzlos, wir müßten ja sowieso sterben.

Auch Peter machte mir Sorgen. Früher waren mir seine Lebhaftigkeit und seine Frechheit in gewissem Sinne ein Trost gewesen. Solange einem Frechdachs wie ihm der Kamm schwoll – dachte ich –, bestand kein Anlaß, allzu niedergeschmettert zu sein. Aber auch Peter war auf einmal klein geworden. Während unseres Aufenthalts im Führerbunker hatte er noch arrogant den Kopf gehoben und mit unbezähmbarem Trotz angegeben, aber nun machte er den Eindruck, als sei etwas in ihm zerbrochen. Das konnte ich nicht ertragen! Eines Tages hatte ich ihn auf die Probe gestellt.

Ich hatte die alte Geschichte von der Löwin auf dem Bild meines Vaters wieder ausgegraben, die ich als Löwerin bezeichnet hatte, um ihn zu provozieren. Aber er hatte nur gleichgültig genickt und mir recht gegeben. Er besaß nicht einmal die Kraft, mir zu widersprechen! Das schmerzte mich tief. Allerdings benutzte er, wann immer er konnte, die bedingungslose Liebe meiner Stiefmutter als Schutzschild.

Eines Tages – ich weiß nicht einmal, wie er es angestellt hatte, da immer jemand im Keller war – hatte er ein Stück trockenes Brot aus dem mageren gemeinsamen Vorrat gestohlen, und als dies entdeckt wurde, zögerte er nicht, mich zu beschuldigen. Er behauptete sogar, ich habe es ihm bereits gebeichtet. Sogleich zerrte meine Stiefmutter mich auf den Flur, um mich zu bestrafen, aber Opa war uns gefolgt und hielt sie zurück. Lange redeten sie oben an der Treppe miteinander, und als sie wieder herunterkam, warf sie mir einen Blick zu, den ich nicht deuten konnte. Schließlich rief Opa auch mich zu sich. Im Schein der Taschenlampe spiegelte sein Gesicht einen Ausdruck ohnmächtiger Zärtlichkeit wider. Er schaute mich lange an und fragte dann seufzend: »Wer hat das Brot genommen, Helga?«

Ich war verlegen, ich wollte meinen Bruder nicht verraten.

»Du mußt die Wahrheit sagen«, mahnte Opa. »Wer immer es auch war.«

Ich schwieg. Da lächelte er und ersparte mir den Rest. »Es ist gut. Reden wir nicht mehr darüber.« Von diesem Augenblick an war unsere Beziehung fester denn je.

11

Berlin, Februar 1945

Wie Maulwürfe lebten wir in unserem Keller, steif und leer von der erzwungenen Untätigkeit. Wir warteten. Wir vegetierten dahin. Wir verrohten. Manchmal benahmen wir uns wie Tiere.

Eines Tages knabberte Egon an einem armseligen Stück Brot, das seine Mutter sich vom Mund abgespart hatte. Er saß auf einem Hocker, hielt das Brot mit beiden Händen und kaute so laut, daß mich ein absurdes Gefühl der Verdrossenheit überkam. Gerade versuchte ich, mich abzulenken, als etwas Seltsames geschah. Mein Bruder, der bis dahin mit seinem Teddy unter dem Arm in jener gewohnten schlappen, apathischen Haltung, die mich so ängstigte, in einem Winkel gehockt hatte, sprang mit einem Satz auf die Füße und stürzte sich auf Egon, um ihm das Brot aus der Hand zu reißen. In diesem Moment erfaßte mich ein bestialischer Impuls. Anstatt die beiden zu trennen, warf ich mich ins Handgemenge. Ich begriff nichts mehr, hörte weder Stimmen, noch verspürte ich körperliche Reaktionen, es war, als ob mein Gehirn jeglichen anderen Befehl blockierte und nur dieser absoluten Notwendigkeit gehorchte, mich dieses Stückes Brot zu bemächtigen. Ich war wie hypnotisiert. Erbittert stürzte ich mich auf die beiden Jungen, und als ich endlich das Brot in der Faust hielt, rannte ich die Treppe hinauf, als sei der Teufel hinter mir her. Auf dem ersten Treppenabsatz blieb ich keuchend stehen. Ich lauschte, ob mich jemand verfolgte, aber alles war still. Nichts als Staub und kaputte Fenster. Ich stieg weiter hinauf bis zum obersten Stockwerk und hielt schwer atmend inne.

Hier gab es nur ein Fenster ohne Scheiben mit einem eisernen Gitterkreuz davor. Dort verschlang ich das Brot, indem ich es zwischen den Kiefern zermalmte wie ein ausgehungertes Nagetier.

Als ich den letzten Krümel hinuntergeschluckt hatte, war mir, als erwache ich aus einem bösen Traum, und erst da wurde mir bewußt, was ich getan hatte. Ich war so bestürzt, daß ich weinte, aber es waren keine Tränen der Reue, sondern tiefster Angst. Einen Augenblick lang hatte mich der Hunger jegliche Moral und allen Anstand vergessen lassen! Das war grauenhaft, das war unbegreiflich. Angeekelt von mir selbst, schaute ich aus dem kleinen Fenster und sah auf die brennende Stadt. Dieser unermeßliche Scheiterhaufen hatte Berlin in einen riesigen scharlachroten Rauchmantel gehüllt. Ein schrecklicher, geisterhafter Anblick, der einem das Blut in den Adern gefrieren ließ. Entsetzt fragte ich mich, warum die Menschen Städte bauen, um sie dann in Brand zu stecken.

Kurz darauf hörte ich Schritte und hielt den Atem an. Schließlich sah ich Opas weißes Haar am letzten Treppenabsatz auftauchen und spürte, wie mir das Herz bis zum Halse schlug. Er machte ein trauriges Gesicht. »Es ist alles in Ordnung, Kleines«, sagte er, und ich umarmte erleichtert seine Beine.

Wir gingen wieder hinunter, doch im Keller starrten uns alle an. Opa sagte: »Vergessen wir den Vorfall, Helga hat keine Schuld. Wenn man überhaupt von Schuld sprechen kann, dann geben wir sie lieber demjenigen, der uns all unsere Würde genommen hat. Nämlich Adolf Hitler.«

Niemand antwortete, aber jemand räusperte sich geräuschvoll. Ich dagegen wollte mich bei Peter und Egon entschuldigen. Egon hatte ein anderes Stück Brot bekommen. Er hielt es ganz fest in der Hand und schaute mich an. Als ich jedoch murmelte: »Entschuldige, ich wollte nicht ...«, brach er es und reichte mir die Hälfte. Das Herz wollte mir zerspringen.

Während wir noch alle etwas verlegen herumstanden, ertönte Alarm. Damals waren wir fast ständig unter Beschuß, so daß wir das Heulen der Sirenen fast schon als normal betrachteten. Jeder ging zu seinem Lieblingsplatz. Wenn wir schon sterben mußten, dann wenigstens an dem Ort, der uns am meisten zusagte! Dann das gewohnte drohende Brummen, dunkel und dröhnend wie tausend Gewitter zusammen, und gleich darauf die Detonation einer Bombe und noch einer. Plötzlich knallte es so nahe, daß wir fürchteten, unser Haus sei getroffen. Frau Fichtner betete immer aufgeregter, Herr Hammer fluchte auf Hitler, Peter ballte die Fäuste und rührte sich nicht, und die alten Leute weinten. Als der Angriff vorbei war, ging jemand hinauf, um nachzusehen. Er berichtete, daß ein Teil des obersten Stockwerks weggerissen, der Rest aber unversehrt sei. So mußten die beiden Witwen, deren Wohnungen betroffen waren, sich damit abfinden, auf unbestimmte Zeit im Keller zu wohnen.

Der Nachrichtenaustausch zwischen den Kellern unseres Bezirks funktionierte recht gut. Über den Führer waren seltsame Gerüchte in Umlauf: So wurde, zum Beispiel, vermutet, er sei ins Ausland geflohen oder habe sich in einem seiner fünfzehn Hauptquartiere verbarrikadiert, um das Kriegsende abzuwarten. Ende Januar hatte das deutsche Volk die Stimme des Führers zuletzt vernommen, anläßlich des zwölften Jahrestages der Machtergreifung. Danach hatte niemand mehr Hitler in der Öffentlichkeit gesehen, und nur diejenigen, die im Bunker der Reichskanzlei verkehrten, wohin der Führer sich definitiv mit seinem Gefolge zurückgezogen hatte, konnten bestätigen, daß er sich tatsächlich in Berlin befand, wo er sich Tag für

Tag mehr der Wirklichkeit außerhalb des Bunkers verschloß.

Aus offiziellen Quellen verlautete zum Beispiel, daß sich im Bunker bis zuletzt große Lebensmittelvorräte befanden, während die Bevölkerung, vor allem in Berlin, buchstäblich verhungerte; wenn allerdings jemand es wagte, den Führer darauf hinzuweisen, geriet dieser in Zorn.

Man wußte auch, daß Hitler darauf bestand, daß die Truppen sich weiterhin in unnütze Angriffe stürzten, obwohl das deutsche Heer am Boden zerstört war. Wer die Befehle nicht befolgte, dem drohte Strafe durch Erhängen. Nicht selten konnte man Soldaten an Bäumen oder Straßenlaternen baumeln sehen – Exekutionen im Schnellverfahren –, die dem Szenario in Berlin einen noch gespenstischeren Anstrich verliehen.

Hilde arbeitete immer noch im Propagandaministerium, und wenn sie sich nicht im Bunker der Reichskanzlei aufhielt, hörte ich sie nachts mit Opa und meiner Stiefmutter wispern. Manchmal bemerkte ich in ihren Erzählungen offenkundige Widersprüche. Eines Tages bekam einer der Alten im Keller einen Verzweiflungsanfall. Er weinte, biß sich in die Hände und stöhnte: »Ich habe Angst, wir sind verloren, die Russen werden kommen und uns alle umbringen!« Hilde tröstete ihn mit der Gewißheit, daß die 12. Armee kommen und uns retten würde. Der Alte faßte wieder Mut. Dabei hatte ich Hilde sagen hören, daß General Wencks Armee in Auflösung begriffen und Berlin unweigerlich verloren sei.

Inzwischen hatte sich einiges in unserem Keller verändert. Vor allem waren die Heinzes nicht mehr da, jenes schweigsame Ehepaar, das stundenlang in einer Ecke gesessen hatte, ohne mit jemandem zu sprechen. Sie hatten sich mit einem Revolver erschossen, als sie die Nachricht erhalten hatten, daß ihr einziger Sohn an der Ostfront gefallen war. Frau Fichtner, die alte gebetsbesessene Frau, hatte einen leichten Herzinfarkt gehabt, und da sie ihn ohne jegliche ärztliche Hilfe überstanden hatte, schrieb sie ihre Rettung der Muttergottes zu. Seitdem betete sie Tag und Nacht ohne Pause.

Die Hausmeisterin Frau Köhler dagegen, eine waschechte Berlinerin, die immer, wenn sie in Erregung geriet, in tiefsten Dialekt verfiel, ließ sich immer öfter zu gefährlichen Betrachtungen über den Führer hinreißen, insbesondere seit ihr zwölfjähriger Sohn Rudolf es sich in den Kopf gesetzt hatte, zu den Werwölfen zu gehen; so hieß die letzte Initiative Hitlers, die er sich zusammen mit Goebbels ausgedacht hatte, um dem Vorrücken des Feindes Einhalt zu gebieten. Es war eine Organisation, zu der Greise, Frauen und übermütige Knaben eingezogen wurden, um in einem ebenso aussichtslosen wie absurden Untergrundkampf eingesetzt zu werden. Frau Köhler hatte nicht gezögert, ihrem Sohn zwei schallende Ohrfeigen zu verabreichen, und geschworen, daß sie ihn eher bis zum Kriegsende im Keller anketten würde, als ihn dem Führer für eine verlorene Sache auf dem Silbertablett zu servieren. Sie war wirklich schlecht auf ihn zu sprechen, und jedesmal, wenn jemand den Führer nur erwähnte, geriet sie in Wut. Ihre Ausbrüche hätten unheilvoll für sie werden können, wenn sie einem fanatischen Nazi zu Ohren gekommen wären, der sie gewiß stehenden Fußes wegen Defätismus bei der Gestapo angezeigt hätte. Aber zum Glück ging alles gut.

Eines frühen Morgens trommelte jemand an die Kellertür. Mit klopfendem Herzen erwachte ich und fürchtete sofort das Schlimmste. Alle erhoben sich erschrocken von ihrem Lager, jeder verspürte ein stechendes Gefühl der Gefahr.

Frau Fichtner in ihrem Taftkleid, über dem sie den Mantel und ihre abgewetzte Nerzstola trug, richtete sich auf ihrem Strohsack auf und begann sogleich zu beten. Erika versuchte, einen plötzlichen Hustenanfall zu unterdrücken. Die Alten weinten still. Jemand schluchzte. Meine Stiefmutter war zu Peters Bett geeilt, um bei ihm zu sein. Schließlich ging Frau Köhler zur Tür. Sofort stürmten zwei SS-Leute herein, brüllten in schroffem, militärischem Ton: »Bewegt euch, alle mit dem Gesicht zur Wand, die Kinder auch!« und fuchtelten mit ihren Maschinengewehren herum.

Der Schreck war mir so in die Glieder gefahren, daß ich glaubte, nicht aufstehen zu können. Dennoch erhoben wir uns alle von unserem Lager, um uns zur Wand zu begeben; aber die Wände unseres Kellerraums reichten nicht aus, so daß einige sich an die Flurwand unter die Wasserleitungen stellen mußten.

Neben mir flüsterte Opa: »Nur Mut, das ist nur eine Formalität.« Sein Gesicht war vor Schreck ganz weiß, und eine blaue Ader pulsierte auf seiner Stirn. Aus dem Augenwinkel sah ich, wie Peter sich an die Beine meiner Stiefmutter klammerte. Ich spürte, wie die Angst mir durch alle Glieder kroch, eine schleimige, lähmende, erniedrigende Angst. Eine ungerechte Angst: Wir waren Kinder, wir waren unschuldig!

Die SS-Leute durchsuchten uns mit groben Handgriffen und verschonten nur das Baby, das in den Armen seiner Mutter schlief. Auf einmal fiel mir ein, daß im Keller Waffen versteckt waren; ich wußte, daß dies verboten war und mit Erschießen bestraft wurde.

Schnell schickte ich ein kurzes Gebet zum lieben Gott, damit die SS die Waffen nicht finden sollten, aber danach suchten sie gar nicht. Nachdem sie alle Papiere kontrolliert hatten, schickten sie uns auf unsere Plätze zurück und behielten nur Herrn Schacht zurück. Von meinem Bett aus beobachtete ich die Szene.

»Sie müssen mitkommen!« brüllte ein SS-Mann Herrn Schacht drohend an. Dieser stotterte: »Was habe ich denn getan?«

»Ruhe, verdammter Jude!« schrie der SS-Mann barsch.

Herr Schacht geriet in Erregung, wrang die Hände, versuchte krampfhaft, die SS zu überzeugen. »Das muß ein Irrtum sein ... Ich heiße Schacht und bin kein Jude ...«

»Halt's Maul!« drohte der andere SS-Mann und rammte ihm den Griff seines Maschinengewehrs in den Bauch. Der Ärmste krümmte sich vor Schmerz und schluchzte wie ein Kind.

»Wer ist für dieses Haus verantwortlich?« brüllte der eine. Frau Köhler trat vor.

»Warum befindet sich dieser Jude hier im Keller?«

Frau Köhler schwieg, verwirrt und bestürzt.

»Antworten Sie!« drohte der SS-Mann und richtete sein Gewehr auf ihren Bauch.

Da berichtete sie widerstrebend und mit vor Angst gebrochener Stimme, daß Herr Schacht ein paar Tage zuvor an die Kellertür geklopft und um Hilfe gebeten hatte. Er war verwundet, hatte Fieber, und sie hatte Mitleid mit ihm gehabt.

Sie befragten sie lange, verhörten auch die anderen Erwachsenen. Zum Schluß befahlen sie Herrn Schacht, sich umzudrehen, hielten ihm das Maschinengewehr in den Nacken und stießen ihn zur Treppe. In zwei Sekunden waren sie verschwunden.

Wie erstarrt blieben wir zurück. Nach einem langen Schweigen sagte Frau Köhler: »Wenn er wirklich Jude ist, dann helfe ihm Gott.«

Herr Hammer bemerkte mit einem Schimmer Optimismus: »Vielleicht haben sie sich ja geirrt.« Aber Frau Köhler spuckte auf den staubigen Boden: »Die irren sich nie, das wissen Sie doch!«

Eines Morgens wurden wir von dem schrillen Geschrei der Hausmeisterin geweckt. »Da liegen Köpfe und Beine in meinem Kohl!« schrie sie aufgeregt. Noch mehrmals wiederholte sie diesen Satz und fügte jedesmal andere Einzelheiten hinzu: »Da liegen abgerissene Köpfe, Hände und Eingeweide zwischen meinen Kohlköpfen!« Sie war sichtlich fassungslos. Geschehen war folgendes: Im Herbst hatte Frau Köhler im Innenhof Kohl gepflanzt, ohne große Hoffnung, daß er vor Dieben sicher sei. Jedenfalls hatte sie, als sie sah, daß die Pflanzen prachtvoll wuchsen, diese mit Wachstüchern abgedeckt, um sie den Augen der Diebe zu entziehen, in der Nacht jedoch war jemand in den Hof gekommen, um zu stehlen, war aber durch eine Granate zwischen den Kohlköpfen ums Leben gekommen.

»Es müssen zwei Frauen gewesen sein«, stöhnte Frau Köhler und lief hinaus, um sich zu übergeben.

Als nächstes mußte das Problem der sterblichen Überreste gelöst werden. Frau Köhler rief den Leichenbeseitigungsdienst an, aber eine Frau antwortete ihr am Telefon, daß niemand mehr da sei, weil alle Männer an der Front oder zu irgendwelchen Sondereinheiten eingezogen seien. Was man denn mit den Überresten der beiden Frauen machen könne, fragte Frau Köhler. Ob man sie vielleicht im Hof begraben könne? Nein! Verboten! Strengstens verboten! Man konnte doch nicht jeden x-beliebigen Berliner Hinterhof in einen Friedhof verwandeln! Also ging sie mit Herrn Mannheim, dem einzigen unter uns, der den Mut dazu besaß, hinauf, um die Überreste der Armen zu bergen und so gut es ging neben dem Schuppen zu sammeln. Nicht drinnen, denn dort waren Werkzeuge und Geräte untergestellt, die man vielleicht noch brauchen konnte. Jedenfalls war das Ganze absurd, denn binnen kurzem würden die Leichen zu verwesen beginnen und der Gestank in den Keller dringen!

Aber das war nicht der einzige wahnwitzige Vorfall an jenem eisigen Morgen. Ungefähr eine halbe Stunde nach der Entdeckung der zerfetzten Leichen im Kohlbeet bemerkte die junge Mutter des Babys, das während der Bombardements ununterbrochen weinte, daß ihr Sohn nicht mehr atmete. Sie begann, das kalte Gesichtchen zu streicheln, schüttelte ihn krampfhaft, rief ihn mit zuerst besorgter, dann zutiefst erschrockener und schließlich flehender Stimme, aber alles war vergeblich: Er war tot. Fassungslos wurde ich Zeugin des entsetzten Schmerzes dieser Mutter, ihrer Verzweiflung. Ohne jemanden zu stören, war dieses Kind, das die alte Fichtner als kleines Ungeheuer bezeichnet hatte, weil es gegen eine Welt rebellierte, die ihm sogar die Nachtruhe verweigerte, auf Zehenspitzen von uns gegangen.

Einen Tag und eine Nacht lang hielt die junge Mutter ihr Söhnchen im Arm, ohne ein Wort zu sprechen, eingeschlossen in zu Eis erstarrter Qual. Ihr Blick war gläsern, ihre Glieder steif, sie schien versteinert. Am darauffolgenden Morgen, sobald Entwarnung gegeben wurde, stand sie auf, ging in den Hof, begrub ihr Kind unter einem Fliederbusch und stieg in ihre Wohnung hinauf. Als sie nach geraumer Zeit immer noch nicht zurückgekehrt war, ging jemand hinauf in ihre Wohnung, um sie zu suchen. Sie hatte sich im Badezimmer erhängt.

An diesem Morgen war ich zutiefst erschüttert: Ich verstand nicht, wollte nicht mehr verstehen! So wollte ich nicht mehr leben, ich war erschöpft. Auf einmal wurde mir übel, und ich eilte zum Eimer.

Als ich mich erleichtert hatte, stand ich angeekelt in dem eiskalten, stinkenden Gang. An der Wand verliefen die nutzlosen Leitungen, die schon lange kein Wasser mehr führten, während die Decke vor Feuchtigkeit schwitzte. Aus dem Keller hörte ich leblose Stimmen, demütige Töne. Zu lange schon hatte das anmaßende Geschrei meines Bruders aufgehört.

Plötzlich sah ich eine Ratte, die mich reglos beobachtete. Ein ekliges Tier, fett und vollgefressen, eines von denen, die sich von Leichen ernährten. Es starrte mich aus seinen roten Augen aufmerksam an, zwei brennende Stecknadeln, die mich hypnotisierten. Mir war, als würde es jeden Augenblick auf mich springen, und so versuchte ich, einen Schrei auszustoßen, aber er blieb mir im Halse stecken und hallte wie ein verrücktgewordenes Echo in meiner Brust wider. Da gab ich dem Eimer einen Tritt, der mit einem dumpfen metallischen Geräusch an die Wand stieß. Dann wurde mir schwarz vor Augen.

Als ich wieder erwachte, befand ich mich bei den anderen im Keller, und Opa kniff mir in die Wangen. Schließlich reichte er mir ein Glas mit einem Fingerbreit Wasser, das Höchste, was man einem Unglücklichen anbieten konnte, um ihm nach einem Unwohlsein zu helfen. Ich blickte zu meiner Stiefmutter, aber sie war mit Peter beschäftigt.

12

Wasser, Wasser, wir träumten von Wasser. Kaum kam derjenige, der gerade an der Reihe war, mit Kanistern zurück, war das kostbare Naß auch schon verschwunden. Am liebsten hätten wir uns damit betrunken, es mit allen Poren unserer Haut aufgesogen, uns gesättigt und sauber gefühlt. Es war unmöglich, seinen Durst zu stillen, wir waren zu viele in diesem Keller. Das Wasser in den Kanistern reichte kaum, aber zweimal pro Woche hatte jeder von uns Anspruch auf eine zusätzliche Ration für die persönliche Hygiene, kaum genug für eine oberflächliche Reinigung. Weder wurde dadurch der Hygiene genüge getan, noch war das Problem der schmutzigen Wäsche damit gelöst!

War der Durst die Hölle, weil er uns mit glühender Begierde aushöhlte und von sprudelnden Wasserhähnen und Brunnen träumen ließ, so war der Hunger es nicht weniger.

Und dann schlafen, schlafen. Ich hätte einen ganzen Monat lang oder vielleicht für immer schlafen können. Aber ein Alarm folgte auf den nächsten, und in den seltenen Ruhepausen, vor allem nachts, war man den Geräuschen der anderen ausgesetzt: dem röchelnden Schnarchen der alten Männer, dem eintönigen Gemurmel der alten Fichtner, dem pausenlosen Husten Erikas, dem Niesen des ewig erkälteten Herrn Hammer, den erregten Diskussionen der Eheleute Mannheim, um nur die weniger peinlichen zu nennen. Zu all dem kam noch das nervenaufreibende Knarren der primitiven Etagenbetten hinzu und das Knirschen der Feldbetten, auf denen Egon, Kurt und Gudrun schliefen.

Eines Morgens erwachten wir mit seltsamen roten

Schwellungen am Körper, und gleich darauf begriffen wir, daß unser Keller von Wanzen heimgesucht war.

Ein erbitterter Kampf gegen diese häßlichen Tiere begann. Zunächst untersuchten wir jeden Zentimeter unserer Betten, weil wir ja keine chemischen Mittel hatten, um sie zu vernichten. Ich entdeckte ein paar in meiner Matratze und schämte mich sehr, weil ich sie ausgerechnet in meinem Bett gefunden hatte; ich fürchtete, das könne ein Zeichen für besondere Unreinlichkeit sein, aber natürlich stimmte das nicht. Wir waren alle unterschiedslos schmutzig! Tatsächlich fand man bald darauf Wanzen in fast allen Matratzen. Uns blieb nichts anderes übrig, als sie in den Hof zu werfen. Danach stieg jeder in seine Wohnung hinauf, um schweren Herzens die guten Matratzen herunterzuschaffen, die jedoch mehr Platz einnahmen. Ein weiteres Problem für den engen Keller!

Die unfreiwillige Untätigkeit machte uns nervös, und jeder versuchte, so gut er konnte, die Zeit herumzubringen. Einige blätterten in dem flackernden Kerzenlicht in alten Fotoalben; Herr Hammer bewunderte immer wieder seine Schmetterlingssammlung, die er selbst auf langen Wanderungen oder auf der Wiese hinter seinem Haus in dem oberbayerischen Dorf, in dem er geboren war, zusammengetragen hatte. Frau Bittner strickte Strümpfe für die Soldaten an der Front, obwohl sie wußte, daß diese Mühe vergebens war. Zum einen wußte sie nicht, wo sie sie abgeben sollte, und dann brauchte das Heer in diesem Augenblick etwas ganz anderes als Strümpfe aus grober Wolle. Rudolf verdarb sich die Augen über seinen Karl-May-Büchern, eine Lektüre, die von den Nazis wärmstens empfohlen wurde.

Peter sprach nicht mehr vom Führer und war so sonderbar schweigsam geworden, daß man ihn fast nicht wiedererkannte. Wenn Opa versuchte, ihn abzulenken, indem er sich erbot, ihm eine Geschichte zu erzählen, lehnte er teilnahmslos ab und sagte, er wolle lieber schlafen. Doch am stillsten und abweisendsten war Gudrun, die gerade sechzehn geworden war, natürlich ohne Feier und Geschenke. Entrüstet hatte sie die Strümpfe abgelehnt, die ihre Mutter für sie gestrickt hatte. Stundenlang hockte sie in einer Ecke und starrte mit leerem Blick auf den Tisch unter dem die Koffer standen. Es kam nur Leben in sie, wenn ihr Bruder Egon sie ärgerte und wegen ihrer Brüste neckte, die innerhalb einer Woche rund und auffallend aufgeblüht waren, ein Phänomen, das sie verblüffte und zugleich ärgerte.

Nach Eden fühlte ich mich ständig neuen Ängsten ausgesetzt, die ich nach ihrem jeweiligen Schweregrad klassifizierte. Zuerst kam die Angst vor den Bomben, eine Angst, an die man sich einfach nicht gewöhnte. Das klagende Pfeifen der Stalinorgeln jagte mir Schauer über den Rücken. Außerdem schien mir jeder Luftangriff die absolute Feindschaft der Welt bestätigen zu wollen, und ich fragte mich immer wieder, durch welche Schuld ich diese verdient hatte.

An zweiter Stelle kam die schreckliche Vorstellung, daß wir nichts mehr zu essen haben könnten, nicht einmal verfaulte Rüben oder Kartoffeln oder verschimmeltes Brot, und wir in unserem stinkenden Keller Hungers sterben müßten; auch wenn Herr Hammer mir versicherte, daß der Hungertod nicht schmerzhaft sei.

Manchmal befiel mich die Furcht, daß aus den öffentlichen Pumpen kein Wasser mehr käme und wir verdursten müßten.

Doch diese Ängste beherrschten all meine Gedanken, weil sie mit den elementarsten Bedürfnissen zusammenhingen; eigentlich bestand meine größte Angst darin, Opa zu verlieren. Wenn ihn seine Hustenanfälle quälten und er blau anlief, fürchtete ich, er könne ersticken; und wenn er Wasser holte, betete ich, daß er von den Granaten verschont bleiben möge. Manchmal ging ich so weit zu hoffen, daß er nie sterben möge, wünschte mir, daß er auch in Zukunft an meiner Seite sei, daß er mich aufwachsen sähe.

Ich durfte ihn nicht verlieren!

Ich versuchte, nett zu ihm zu sein, brachte ihm seine Wasserration oder putzte ihm die Schuhe mit Spucke. Das hatte ich mir ausgedacht, aber er meinte lachend, ich hätte es mir von den Schuhputzjungen in Neapel abgeschaut. Er erzählte mir, wie diese Jungen lebten, die mir, wenn ich ihr Leben mit dem meinen verglich, weitaus glücklicher zu sein schienen.

Ich denke, ich war Opa gegenüber sehr lieb, auch wenn meine Stiefmutter sich immerfort über mich beklagte: »Mein Gott, es ist wirklich ein Kreuz mit Helga«, pflegte sie zu Opa zu sagen. »Dieses Kind will sich einfach nicht in die Familie einfügen.«

Frau Bittners dritter Sohn Kurt, der fast siebzehn war und dem schon die ersten Barthaare sprossen, war von einem auf den anderen Tag aggressiv und unleidlich geworden. Ständig hielt er seiner Mutter vor, er fühle sich zu nichts nütze, er wolle etwas für das Vaterland tun. In jenen Wochen rief die SS aus Lautsprechern und Megaphonen alle Männer von fünfzehn bis fünfundsechzig Jahren auf, sich bei einer Spezialeinheit zu melden, um die Stadt zu verteidigen: der letzte verzweifelte Versuch, um den Feind abzuwehren, dessen Atem Hitler schon im Genick spüren mußte. Sofort dachte Kurt daran, sich rekrutieren zu lassen, aber er sah sich dem harten Widerstand seiner Mutter gegenüber. Frau Bittner sagte ihm klipp und klar, solange sie am Leben sei, würde keine Nazi-Einheit ihren Sohn zum Abschlachten holen, und warnte ihn, sich ja nicht aus dem

Keller wegzurühren, und sei es bis zum Kriegsende. Kurt drohte, abzuhauen und sich dem nächsten Militärkommando zu stellen, sobald seine Mutter ihm den Rücken zuwandte, um Wasser zu holen. Die Arme kam fast um vor Angst, aber letztendlich blieb er doch im Keller und ging uns allen mit seiner Nervosität auf die Nerven. Unter uns gab es auch zwei Männer knapp unter fünfundsechzig, die in Panik gerieten: Sie wollten nämlich nicht zur Stadtverteidigung eingezogen werden und beschlossen, den Keller nicht mehr zu verlassen, nicht einmal zum Wasserholen. Also mußten die Älteren, darunter auch Opa, und die Frauen die Aufgabe übernehmen, Wasser und Lebensmittel herbeizuschaffen. Alles in allem waren wir eine kleine solidarische Gemeinschaft – wenn auch gezwungenermaßen –, um zu verhindern, daß einer verhungerte oder verdurstete. Auch Hilde war eine große Hilfe, weil sie uns ab und zu die wichtigsten Lebensmittel besorgte. Aber nun mußte sie es heimlich tun; es war verboten, aus dem Bunker der Reichskanzlei auch nur eine Stecknadel herauszubringen!

Eines Tages erhielten wir die Nachricht, daß mein Vater verwundet war und sich in einem Militärkrankenhaus bei Frankfurt befand. Ich weinte vor Freude, weil ich zumindest wußte, daß er am Leben war!

Hunger, Hunger, Hunger: Es gab Augenblicke, in denen man an nichts anderes denken konnte. Im Traum erschienen mir große Berge Brot, und beim Aufwachen schluchzte ich vor Enttäuschung. Eines Tages kam Herr Hammer mit einem halben Sack seltsamer Wurzeln zurück, von denen er behauptete, daß sie eßbar seien. Wir machten Feuer und kochten die Wurzeln, aber nachdem wir sie verzehrt hatten, bekamen wir alle Durchfall. Wir waren gezwungen, hinten im Gang zwei weitere Eimer aufzustellen, und ein paar Tage lang war eine regelrechte Prozession unterwegs.

Erschwerend kam hinzu, daß wir kein Toilettenpapier mehr hatten. Es gab nur noch alte Zeitungen – Tageszeitungen erschienen ja nicht mehr –, und man legte uns nahe, äußerst sparsam damit umzugehen!

Ungefähr eine Woche nach dem Mißgeschick mit den Wurzeln rief Frau Fichtner, als wieder einmal die Alarmsirenen zu heulen begannen: »Mein Gott, ich habe genug von dieser ganzen Geschichte! Warum darf ich nicht sterben?« Dann schloß sie die Augen, glitt zur Seite und seufzte tief. Zuerst dachten wir, sie schliefe, aber der Körper lag in einer starren, ungewöhnlichen Haltung auf der Matratze. Jemand schaute nach und stellte fest, daß ihr Herz stehengeblieben war.

»Ein schöner Tod«, meinte Herr Hammer. »Damit wäre ich sofort einverstanden.«

Wie gehabt, tauchte nun das Problem mit dem Leichnam auf. »Die stinkt bestimmt nicht«, meinte ein alter Mann säuerlich. »Die war viel zu scheinheilig.«

»Schämen Sie sich!« fuhr Frau Köhler ihn an. »Da sieht man wieder, daß Ihnen der Müßiggang nicht bekommt. Sie würden besser ab und zu Wasser holen gehen.«

»Ich bin herzkrank«, jammerte der Mann. »Ich darf mich nicht anstrengen.«

»Dafür lassen Sie Ihre Zunge ganz schön arbeiten«, erwiderte Frau Köhler trocken. »Hier mangelt es ja nicht gerade an Ausreden, wenn es ums Wasserholen geht!«

»Ich bin herzkrank ...«, klagte der Alte, wobei er zwei unnütze Tränen vergoß.

»Ein wahrer Deutscher weint nicht, haben Sie das nicht in der Schule gelernt?« fragte Frau Köhler erbost.

»Ich bin herzkrank ...«, wiederholte er wie eine kaputte Schallplatte.

»Dann halten Sie den Mund«, erwiderte Frau Köhler gereizt. »Statt dessen sollten wir lieber Frau Fichtner in den

Hof hinaufschaffen. Friede sei ihrer Seele.« Und so geschah es. Sie wurde neben das gelegt, was von den beiden Leichen übrig war, die im Kohlbeet von der Granate zerrissen worden waren, und man deckte alles mit einem Wachstuch zu.

Wir hatten eine ganze Reihe von gesundheitlichen Problemen. Meine Stiefmutter litt unter einer schmerzhaften Gallenkolik, und Frau Köhler versuchte ihr Bestes mit Massagen. Außerdem war ihr ständig übel, und sie konnte den Gestank jenes alten Mannes kaum ertragen, der immer in die Hosen machte; daher bat sie ihn eines Morgens, sich zu säubern und andere Hosen anzuziehen. Gekränkt nahm der Alte den Kanister, ging in den Flur und verbrauchte das ganze Wasser, um sich zu waschen. Dann stieg er in seine Wohnung hinauf, um eine andere Hose zu holen. Inzwischen gab es wieder Alarm, und in dem Durcheinander wurde er vergessen. Nach der Entwarnung bemerkte jemand, daß der Kanister verschwunden und der Alte nicht mehr da war. Als sie den leeren Kanister fanden, wurden viele zornig. Den Alten fand man in seiner Wohnung, wo er gerade einen ziemlich besorgniserregenden Herzanfall erlitten hatte. Sie versuchten, einen Notarzt zu erreichen, aber es antwortete niemand. Da brachten sie den Armen wieder in den Keller, wo er mit aller Rücksichtnahme behandelt wurde, und niemand wagte es, wegen der Wasserverschwendung mit ihm zu schimpfen. Bis zum nächsten Tag saßen wir auf dem trockenen; dem alten Mann ging es nun besser, aber die Stimmung im Keller war gesunken: unterdrückte Wut, ohnmächtige Bitterkeit, stumme Bestürzung. Ein Nichts, irgendein lächerlicher Vorwand konnte eine Tragödie mit unverhältnismäßigen Folgen auslösen.

Ein paar Tage später wurde der kleine Egon Opfer einer

Art Vergiftung; er war über und über mit Flecken bedeckt und litt unter starken Bauchschmerzen. Scharlach und Masern konnten ausgeschlossen werden, weil er diese schon gehabt hatte. Blieb der Verdacht auf Röteln. Aber die Flecken sahen nicht danach aus, und dann hatte er kein Fieber. Demnach konnte es sich nur um eine Vergiftung handeln, aber was konnte diese verursacht haben? Die faulen Kartoffeln? Das verschimmelte Brot? Die trockenen verwurmten Erbsen? Jedenfalls wurde Egon von einem Tag zum anderen wieder gesund, und kaum wieder auf den Beinen, teilte er uns unvermutet mit: »Wenn ich groß bin, werde ich Räuber und erschieße alle mit meinem Maschinengewehr.« Dabei schaute er uns drohend an.

Eines Tages folgte ich Opa, als er den Keller verließ, um Wasser zu holen. Wie ein Hündchen lief ich hinter ihm her, das der einzigen Wärmequelle folgt, die es auf der Welt hat; die anderen dachten, ich hätte den Eimer aufgesucht.

Als ich auf die Straße trat, sah ich ihn um die Ecke biegen und ging hinter ihm her, ohne ihn zu rufen. Auf einmal stand ich vor einer Barriere brennender Häuser. Eine Hitzewelle und jener starke Brandgeruch schlugen mir entgegen, der einem den Atem nimmt und lange in den Kleidern hängenbleibt. Ich hielt mich mitten auf der Fahrbahn, um zu vermeiden, daß ein Stück Mauer auf mich stürzte. Dunkler Rauch hing in der Luft, so daß ich fürchtete, Opa aus den Augen zu verlieren, und zu rennen begann. Plötzlich rutschte ich auf einem Haufen gefrorenen Schnees aus. Meine Strümpfe sogen sich voll Wasser und wurden schwer und eisig. Mein Mut ließ nach, aber ich setzte nichtsdestotrotz meinen Weg durch den Rauch fort. Ich kam an einem staubfarbenen, von Schüssen durchsiebten Volkswagen vorüber, in dem ein schon halb verwester Toter hinter dem Steuer saß. Der Anblick dieses zerschmetterten Gesichts schlug mir auf den Magen, und ich mußte mehrmals schlucken, um mich nicht zu übergeben und dadurch kostbare Zeit zu verlieren.

Weiter lief ich durch die von Hindernissen übersäte Straße: verrostete Motorräder, verbogene Fahrräder, ein Lieferwagen mit der Aufschrift Metzgerei Emmerhasen, ein Porzellanklosett, Bettroste, Überreste einer aus dem Weg geräumten Barrikade. Ich kam an einen Platz, dessen Häuser fast alle von den Bomben dem Erdboden gleichgemacht worden waren und von dem vier baumbestandene Straßen ausgingen. Die Bäume waren nackt und verkohlt, als seien sie mit Öl angestrichen worden, als habe man ihnen Gewalt angetan.

Das mußte einmal ein schöner Platz gewesen sein, man konnte es ihm noch ansehen: barocke Laternen, die nun beleidigt schief in der Luft hingen, verbogene Eisenbänke, breite, aufgerissene Bürgersteige. Auf einer Litfaßsäule die üblichen Nazi-Parolen, die Haß schürten. Alles war furchtbar traurig und trostlos. Eine fette Ratte überquerte die Straße mit ihren Jungen im Gefolge. Auch das war eine Familie!

Da ich bemerkte, daß Opa innehielt, blieb auch ich stehen. Er betrachtete die Reste dessen, was einstmals eine Reihe sehr eleganter Geschäfte gewesen und nun nur noch eine armselige Ansammlung schwarzer, rauchender Höhlen war, in denen der Wind mit einem herabhängenden Stromkabel spielte oder die riesigen, verwickelten Spinnennetze zerzauste.

Plötzlich hörte ich ein fernes Brummen, das viel zu schnell näher kam! In letzter Zeit hatten wir immer häufiger Luftangriffe ohne Voralarm. Von Panik ergriffen, sah ich, wie Opa zu laufen begann. Gleichzeitig donnerte eine Artillerie über meinen Kopf und schlug in den Balkon eines bereits ausgebombten Hauses ein, der mit Riesengetöse auf dem Boden zerschellte. Außer mir vor Angst rannte ich zu

Opa, der sich in einen Torweg geflüchtet hatte. Ich zog ihn am Mantel; er beugte sich herab und rief bestürzt: »Mein Gott! Was machst du denn hier?« Und er drückte mich an sich, ohne weiter zu fragen, während Granaten über die Straße hinwegfegten. Wir verkrochen uns noch tiefer in dem Torweg.

Im nächsten Augenblick verschwand die Straße in einer dicken Staubwolke, und wir wurden unter einem Schutthagel begraben. Ich glaubte ersticken zu müssen. Der Staub drang mir in Mund und Nase, und ich mußte so schlimm husten, daß ich irgendwann keine Luft mehr bekam. Ich stöhnte und keuchte schmerzerfüllt und spürte, wie meine Augen aus den Höhlen traten. Immer wieder klopfte Opa mir auf den Rücken und schrie: »Atme, Helga, bitte atme, mein Schatz!« Endlich konnte ich wieder durchatmen und sah, wie Opa vor Erleichterung aufschluchzte.

Als die Flieger sich schließlich entfernten, packte Opa mich an der Hand, und wir hasteten aus unserem Torweg zu einem U-Bahn-Eingang in etwa dreißig Meter Entfernung. Die Stufen waren glatt vom Schnee, und natürlich rutschte ich aus und schlug mir ein Knie auf, aber ich tat, als sei nichts geschehen.

Der Tunnel war voller Leute: alte Männer, Frauen und Kinder, Volksmiliz, einfache Soldaten, SS. Die Luft war feucht und verbraucht. Überall hörte man Kindergeschrei, während gleichzeitig eine Frau niederkam. Sie lag auf dem Boden, und die Leute standen entsetzt um sie herum und wußten nicht, was sie tun sollten. Nicht einmal Opa kannte sich aus. Wir setzten uns auf die Fliesen und warteten, daß dieses wilde Bombardement über uns aufhörte. Eine Frau wiederholte wie besessen: »Seit gestern brennt der Hohenzollerndamm!« Sie versuchte die Aufmerksamkeit einer Mutter zu erregen, die sich um ihre zwei Kinder kümmerte. »Seit gestern brennt der Hohenzollerndamm!«

Die Mutter zog dem einen Kind die Hose herunter und hielt es über die Schienen ab.

»Seit gestern brennt der Hohenzollerndamm, und ich habe nichts mehr!«

Mit einer unvermittelten Geste der Solidarität wandte sich die Mutter um, drückte der anderen den Arm und antwortete: »Auch ich habe nichts mehr, kein Haus, keinen Mann und nicht einmal ein Bett für meine Kinder.«

»Seit gestern brennt der Hohenzollerndamm!«

Die Mutter zuckte mit den Schultern und zog ihrem Kind die Hosen hoch. »Ich weiß, ich weiß. Die Stadt ist ein Scheiterhaufen, und wir können nichts daran ändern!«

Eine alte Frau saß an die weiße Fliesenwand des Tunnels gelehnt und strickte. Strümpfe, dachte ich, Strümpfe für die Soldaten an der Front. Über uns tobte ein Höllenlärm, dann explodierte die x-te Stalinorgel. Zuerst hörte man ein langes, scharfes Zischen – bedrohlich und durchdringend –, während die Leute sich die Ohren zuhielten, weil sie schon wußten, was kam. Zuletzt die Explosion, die in dem Tunnel widerhallte wie ein wildgewordener Donner. »Die U-Bahn ist der unsicherste Ort, den es gibt«, krächzte ein alter Mann mit einem amputierten Arm. »Selbst das kleinste Geschoß kann von oben durchschlagen.«

Opa flüsterte mir ins Ohr: »Wie du siehst, sind wir hier richtig.« Das sollte ein Scherz sein. »Wenn das Konzert vorbei ist, machen wir, daß wir hier wegkommen«, fügte er hinzu und gab mir einen sanften Stoß in die Seite.

Kaum ertönte die Entwarnung, beeilten wir uns, aus dieser Falle herauszukommen, aber draußen empfing uns ein übler Brandgeruch, und vor dem Eingang stießen wir auf einen Haufen von Toten, die kreuz und quer übereinander lagen, mit abgerissenen Beinen, ohne Köpfe oder Arme, eine wirre Masse aus zerstückeltem, blutigem Fleisch. Opa zog mich weg: »Schau nicht hin, Kind, du brauchst nicht hinzuschauen!« Wir überquerten den Platz. »Ich habe Durst«, sagte ich. Ich war so furchtbar durstig, daß mir die Zunge am Gaumen klebte. »An der Pumpe kannst du trinken«, versprach Opa. Gleich darauf gelangten wir an eine Straßensperre. »Stop! Stehenbleiben!« Eine Gruppe junger SS-Leute richtete ihre Maschinengewehre auf uns: »Wo wollt ihr hin?«

Opa deutete auf die Kanister. »Wasser holen.«

»Papiere!«

Opa stellte die Kanister ab und zog seinen Ausweis aus der Manteltasche. Eine Frau überprüfte ihn sorgfältig. Die Stadt wurde durchkämmt nach Leuten, die zu den verschiedenen improvisierten Einheiten eingezogen werden konnten, aber Opa war schon zu alt. »Alles in Ordnung!« rief die Frau schließlich und bedeutete uns weiterzugehen.

Unter einer schief hängenden Ampel, die schon seit geraumer Zeit ihren Geist aufgegeben hatte, blieb Opa stehen, schaute mir in die Augen und sagte: »Du hättest nicht mitkommen dürfen, Helga. Warum hast du das getan?«

Da stand er in seinem zerknitterten Mantel und versuchte, sich eine strenge Haltung zu geben, während seine hellen Augen durch einen Schatten der Besorgnis getrübt wurden. »Ich wollte bei dir sein ...«, murmelte ich verwirrt.

Einen Augenblick lang schaute er mich forschend an, aber schließlich wurden seine Züge weich. »Es ist gut«, meinte er gutmütig. »Um deine Mutter werde ich mich kümmern.« Und er nahm die Kanister wieder auf.

Langsam wurde ich müde, aber nun war es nicht mehr weit bis zur Pumpe. Eine lange Schlange stand schon bis zur Hausecke, meistenteils Frauen, die darauf warteten, bis sie an die Reihe kamen, mit den Füßen im Matsch, angespannten Gesichtern und unendlich matten Blicken. Auch wir stellten uns an. »Ich habe Durst«, wiederholte ich, aber

Opa erwiderte: »Du mußt warten, Kind, es tut mir wirklich leid.«

Nach einer gewissen Zeit geriet eine alte, zahnlose, in Lumpen gekleidete Frau vor uns in Zorn. Sie begann auf Hitler zu fluchen, auf den Krieg und die Regierung, und gebrauchte so beleidigende Worte, daß eine andere Frau sich verpflichtet fühlte, sie zu warnen, daß jemand sie hören und bei der Gestapo anzeigen könnte. Aber sie schwenkte nur verbittert ihren Emailletopf: »Sollen sie mich doch verhaften, das ist mir jetzt auch egal!«

So lange mußten wir warten, bis wir an die Reihe kamen, daß ich meine Füße nicht mehr spürte. Meine Schuhsohlen waren in dem Schneematsch völlig durchnäßt, und meine Füße kamen mir vor wie zwei Eisklötze. Als wir endlich dran waren, stürzte ich blind zu dem Wasserstrahl, um zu trinken. Mit der hohlen Hand versuchte ich, möglichst viel Wasser aufzufangen, aber die anderen fingen gleich an zu schimpfen. Eingeschüchtert hörte ich auf, und Opa begann die Kanister zu füllen; aber das Wasser floß nur spärlich, und es verging wieder viel Zeit.

Schließlich machten wir uns auf den Rückweg. Was für ein langer Weg und wieviel Mühe für zwei Kanister Wasser!

Wir gingen langsam, weil die Kanister schwer waren. Ich sah, wie Opas Gesicht sich unter der Anstrengung spannte, und wie gerne hätte ich ihm geholfen, aber das konnte ich wirklich nicht. Ab und zu blieb er keuchend stehen und schaute in den Himmel. Er tat mir leid.

Plötzlich schrillten die Sirenen, und Opa rief aufgebracht: »Mein Gott, schon wieder!« Suchend blickte er sich nach einem Luftschutzraum um, aber es gab keinen in der Nähe. Daher flüchteten wir in eine Kirche.

In das große Kirchenschiff drang ein eiskalter Luftzug; ein Schwarm Vögel flog auf und verschwand in der Kuppel. Das Weihwasserbecken lag in Stücken auf dem Boden, und über einem kahlen Altar hing schief ein rumpfloser Christus. Plötzlich erblickte ich an einer Wand eine lange Reihe von Leichen, und ein Schauder des Widerwillens durchlief mich: Ich hatte genug von all den Toten!

Inzwischen hatte draußen ein wütender Beschuß eingesetzt, der unheimlich in dem Kirchengewölbe widerhallte. Ich verspürte ein dringendes Bedürfnis. Eine Weile versuchte ich mich zu beherrschen, aber es gelang mir nicht. Verlegen und mit einem leichten Schuldgefühl sagte ich es Opa, aber er meinte: »Mach nur, Kleines, du brauchst keine Gewissensbisse zu haben.«

Also hockte ich mich zwischen die Bänke, die noch nach Weihrauch rochen, und erleichterte mich. Gerade als ich aufstehen wollte, kündigte ein schreckliches Pfeifen die Tragödie an: Im nächsten Augenblick durchbrach ein Geschoß eines der großen Fenster, schlug in die gegenüberliegende Kirchenwand und legte ein Stuckgesims in Trümmer. Die Fenster barsten mit einem trockenen, betäubenden Knall, und ein Splitterregen ging über den Bänken und uns nieder. Überall konnte ich die Splitter spüren – auf den Haaren, auf den Brauen und im Nacken –, während ein aufdringliches kristallenes Echo zwischen dem glanzlosen Marmor und den gleichgültigen Gipsengeln widerhallte.

Opa hatte mich zu Boden gestoßen und mit seinem Körper einen Schutzschild über mir gebildet.

Als die Hölle vorüber war, schlug ich die Augen auf und erblickte unter der Bank ein Gesangbuch. Ich streckte die Hand aus, um es aufzuheben, aber da hörte ich Opa fragen: »Was habe ich da auf meiner Stirn?«

Ich schaute zu ihm empor und sah das Blut an seinem Haaransatz. Er keuchte, schien verwirrt, benommen, orientierungslos. Ich spürte, wie sich etwas in meinem

Magen bewegte, etwas, das Purzelbäume schlug, aber das war nicht der rechte Augenblick, um in Ohnmacht zu fallen.

Ich bat Opa um ein Taschentuch, benetzte seine Stirn mit ein wenig Wasser aus dem Kanister, reinigte die Wunde, sah, daß sie nur oberflächlich war, und sagte es ihm erleichtert.

»Du bist ein tapferes Mädchen«, lobte Opa mich, und ich war stolz. Wir machten uns wieder auf den Weg.

Direkt vor dem Tor lag ein Mann in Uniform, dem die Eingeweide aus dem Bauch hingen. »Schau nicht hin«, zischte Opa. »Der Arme ist tot, da ist nichts mehr zu machen.«

Ruinen über Ruinen. Weitere brennende Häuser. Und wieder Ruinen, andere Ruinen und andere brennende Häuser. Die Straßen lagen verlassen, die Leute hockten in den Kellern, müde, verzagt, ergeben. Die Straßen waren leer, vergessen. Man konnte die Toten nicht zählen, aber ihnen ging es gut – jetzt. Viele beneideten sie.

Ab und zu blieb Opa schwer atmend stehen. Seine Augen waren klar und würdevoll. Der Schweiß rann ihm von der Stirn über die Augenbrauen, über die Wangen. Seine mageren Schultern beugten sich unter der Anstrengung. Ich hatte ihn so lieb. Ohne weitere Zwischenfälle kehrten wir nach Hause zurück.

Kaum erblickte uns meine Stiefmutter, schrie sie: »Wo bist du gewesen, du verdammtes Mädel? Wirst du denn niemals diese schlimme Angewohnheit ablegen, abzuhauen?«

Beschwichtigend sagte Opa: »Es ist meine Schuld, ich habe sie gebeten, mitzukommen.«

Meine Stiefmutter war verblüfft, wagte aber nicht, weiter zu fragen, und erkundigte sich nach Opas Verletzung: »Was ist mit dir passiert?«

»Nur ein Kratzer«, erwiderte er. »Es ist nichts. Helga hat mich verarztet. Sie ist ein braves, tapferes Mädchen.«

Und er strich mir übers Haar.

Peter schaute mich finster an: »Wenn ich groß bin, erschieße ich alle Leute. Ich habe dich hinter der Treppe gesucht.«

»Wir alle haben dich gesucht«, fügte meine Stiefmutter mit einem grollenden Blick hinzu.

»Es ist meine Schuld«, wiederholte Opa.

»Wo wart ihr, als es Alarm gab?« fragte meine Stiefmutter.

»Welchen?« fragte Opa mit zerstreuter Miene, um uns zum Lachen zu bringen. »Den ersten oder den zweiten?«

»Den zweiten«, antwortete meine Stiefmutter. »Es heißt, der zweite Angriff sei schwer gewesen.«

»In einer Kirche«, antwortete Opa. »Einer Kirche mit Vögeln und Leichen. Wir haben uns ein Glas Wasser verdient!«

»Ich auch, ich auch«, plärrte Peter und holte sein Glas. Die anderen Kellerinsassen hielten ebenfalls ihre Gefäße hin.

Wasser. Wasser. Um so kostbarer, da es unter Lebensgefahr erkämpft worden war.

13

Berlin, April 1945

In unserem Keller brach die Grippe aus, und das enge Zusammenleben begünstigte die gegenseitige Ansteckung. Wir boten einen apokalyptischen Anblick; dicht gedrängt, fiebernd und hustend. Abgemagert und in schmutzige, abgetragene Lumpen gewickelt, glichen unsere Körper auf den Feldbetten nur noch reglosen Hüllen. So warteten wir, daß ein barmherziger Gott uns von unserem traurigen Leben erlöste, während eine schwelende Kerze diesem schon begräbnishaften Szenario eine pathetische Melancholie verlieh.

Opa erkrankte ziemlich ernst durch das Wiederaufleben seines alten Asthmas, das er eigentlich überwunden zu haben glaubte. Er bekam heftige Anfälle, die mich sehr beunruhigten: Man mußte jedesmal fürchten, er würde ersticken.

Es gelang Hilde, uns einen Vorrat an Aspirin zu besorgen, aber dann blieb sie uns fern, damit sie sich nicht ansteckte. Tatsächlich wurde sie nicht krank. Dagegen bekam Erika die Grippe, mit ganz hohem Fieber und tödlicher Schwäche. Sie fantasierte und wurde von schrecklichen Hustenanfällen geschüttelt.

Peter kam mit zwei Tagen Unwohlsein davon.

Meine Stiefmutter dagegen erkrankte an einer Art Magen-Darm-Grippe, so daß sie gezwungen war, ständig zwischen Bett und Eimer hin- und herzulaufen. Erschwerend kam hinzu, daß wir kein Toilettenpapier hatten. Herr Mannheimer hatte eine wertvolle Sammlung Berliner Tageszeitungen vom Anfang des Jahrhunderts geopfert und in viele Rechtecke zerschnitten, mit der Mahnung, sparsam damit umzugehen. Dieser Rat war fast schon komisch, vor allem wenn jemand von Durchfall gequält wurde.

Auch ich wurde krank, Erbrechen und Husten plagten mich; und erneut bedeckte sich meine Kopfhaut mit häßlichen, juckenden Krusten. Opa sagte, das hinge mit dem Vitaminmangel zusammen. Wenn es sich nur darum gehandelt hätte! In diesem verfluchten Keller mangelte es an allem, einschließlich frischer Luft!

Alle zusammen stellten wir ein armseliges Krankenlager dar, und ich wollte nur noch schlafen, um nicht mehr aufzuwachen. Nichtsdestotrotz wurde einer nach dem anderen gesund. Wir hatten Tonnen von Bomben überlebt, wäre es da nicht absurd gewesen, an einer Grippe zu sterben?!

Als mein Husten geheilt war, überkam mich eines Tages das krampfhafte Bedürfnis, etwas frische Luft zu schnappen. Ich bat meine Stiefmutter um Erlaubnis, einen Augenblick in den Hof zu gehen, erhielt jedoch nur ein schroffes Nein als Antwort. Mir gegenüber war sie immer kurz angebunden, niemals machte sie auch nur den Versuch, meine Gemütsverfassung, meine innersten Ansprüche zu begreifen. Bei Peter dagegen war sie toleranter, trotz ihres mangelnden psychologischen Einfühlungsvermögens; sie war genau das Gegenteil ihres Vaters. Es war wirklich äußerst eigenartig, wie ein so preußisches Wesen Opas leibliche Tochter sein konnte, dieses außergewöhnlich einfühlsamen, menschlichen Mannes. Aber vielleicht hatte sie ihre Art von ihrer Mutter.

Kurz darauf nahm Opa, der meine Bitte und die daraufangehende Ablehnung gehört hatte, sie beiseite. Sie wechselten ein paar Worte, und zu guter Letzt gewährte meine Stiefmutter mir fünf Minuten.

»Ich begleite dich und werde an der Tür auf dich warten«, sagte Opa, und zufrieden ging ich vor ihm her. Als ich die Hoftür öffnete, war ich so aufgeregt, daß es mir den Atem nahm, aber plötzlich blendete mich das Licht, und ich mußte die Augen schließen. Als ich sie wieder aufschlug, erblickte ich die Sonne, und ich weitete meine Lungen und atmete tief die Frühlingsluft, auch wenn sie mit Rauch und, schlimmer noch, Leichengeruch durchzogen war. Aber es war doch frische Luft und kein feuchter Kellermief!

Dann sah ich mich an, und die Freude verflog. Ich betrachtete meine Hände mit den Trauerrändern unter den Nägeln, meine schwarz verschmierten Arme und schämte mich meiner. Ich schaute auf meine verdreckten, ausgetretenen Schuhe; man sah ihnen an, daß sie nur selten geputzt worden waren! Übrigens putzten wir uns seit langem nicht einmal mehr die Zähne, weshalb wir sicher starken Mundgeruch hatten. Und unter der strahlenden Sonne kam ich mir vor wie ein Maulwurf, der einen Augenblick aus seinem armseligen Loch hervorgekrochen war.

Endlich überwand ich diese Krise und blickte mich um. Der Himmel war karminrot, doch die Sonne drang durch die Rauchwolke, die über der Stadt hing, und ergoß sich mit mattem Glanz über die Ruinen; aber es war immerhin die Sonne! Ich betrachtete die Ruinen um mich herum. Von der dem Schuppen gegenüberliegenden Seite kam ein Lüftchen, das den Leichengeruch ein wenig vertrieb. Über allem lag eine Atmosphäre düsteren Zaubers. Es war warm. Der Fliederbusch war voller Knospen, die bald erblühen würden. Ein Weilchen bedauerte ich mich, weil ich dazu verurteilt war, in diesem verdreckten, engen Keller zu leben, mit diesem Alten, der immer in die Hosen machte, und den anderen Unglücklichen, die mein Schicksal teilten.

Dann zuckte ich die Schultern, schaute in den Himmel

und fragte mich, ob es wohl einen Gott gab, ob er mich in diesem Augenblick sah und ob er ein wenig Mitleid verspürte. Mitleid mit einem in Lumpen gekleideten Kind mit abgelaufenen Schuhen und einer vor Schmutz schwarzen Haut. Mein Gott, waren wir wirklich so schmutzig?! Unten im Keller sah man den Dreck nicht so, weil das Kerzenlicht einen barmherzigen Schleier über das ganze Grausen breitete. Ich schaute wieder zu den Ruinen und dachte, die Sonne sei das Neutralste, was es gebe. Die Sonne war unvoreingenommen, erhellte das Häßliche und das Schöne, das Pathetische und das Feierliche, Niedertracht und Tugend. Sie war unbestechlich. Die Menschen konnten Berlin zerstören oder vielleicht die ganze Welt, aber die Sonne würde über allen Greueln leuchten und schließlich dem Leben wieder Wärme geben!

Opa wartete an der Tür auf mich und verkündete, daß ich schon drei meiner fünf Minuten verbraucht habe, als sich plötzlich Widerstand in mir regte. Fünf Minuten Freiheit gegenüber einer ganzen, in der Gefangenschaft des Krieges verbrachten Kindheit, waren ein wahrhaft lächerliches Privileg.

Opa blickte forschend zum Himmel, diesem verräterischen Himmel. Von einem Augenblick zum anderen konnte über diesen Ruinen ein Flugzeuggeschwader auftauchen, auf uns schießen und uns den Tod bringen. Die Sonne würde unsere zerrissenen Körper bescheinen und unser Blut noch schrecklicher leuchten lassen.

»Du hast noch eine Minute«, meldete Opa. Da wurde ich wütend. Was konnte ich in einer Minute tun, zum Donnerwetter?!

Ich warf einen letzten Blick in die Runde, in diesen in blendendem Sonnenlicht liegenden Hof, in dem in ferner Vergangenheit glückliche Kinder gespielt und junge Mütter lächerliche Kinderwagen mit schreienden oder auch friedlich schlafenden Säuglingen in der warmen Frühlingssonne spazierengefahren hatten.

Ich warf einen Blick auf das Kohlbeet der Hausmeisterin, in dem zwei Menschen zerfleischt worden waren: Die Köpfe verwelkten kraftlos auf den zähen Stengeln und boten sich der Aufmerksamkeit einer Amsel dar. Auf einer üppigen Grasfläche wuchsen Gänseblümchen: Ich war versucht, eines zu pflücken, aber dann besann ich mich anders. Ein Gedicht von Goethe fiel mir ein, dessen Sinn uns die Direktorin in Eden erklärt hatte, überhaupt hatte man uns in Eden großen Respekt vor den Pflanzen gelehrt. Es handelte von einem Mann, der bei einem Waldspaziergang eine schöne Blume erblickt hatte. Er will sie pflücken, aber die Blume sagt ihm traurig, daß sie sogleich welken würde, wenn er sie bräche.

Plötzlich drehte der Wind, und der abstoßende Gestank der Leichen stieg mir in die Nase, die neben dem Schuppen verwesten; mir wurde so übel, daß es mir am liebsten gewesen wäre, die Erde hätte sich aufgetan und mich verschlungen. Verschwinden! Sterben! Wie ich alles haßte. Die Welt, mich, meine Unsauberkeit, mein Elend. Den Keller, in den ich in einer Minute zurückkehren müßte, und diesen Krieg, der mich zwang, so dahinzuvegetieren. Alle, ohne Unterschied, hatten mich verraten: meine Mutter, mein Vater, meine Stiefmutter, Deutschland, die ganze Welt. Das Leben. Gott!

Blind vor Haß lief ich zur Tür. Verständnislos rief Opa: »Ich wollte dir fünf Minuten Verlängerung erlauben, Schatz!« Aber ich antwortete böse, feindselig, trotzig, unwillig: »Ich will sie nicht! Ich will sie nicht, deine fünf Minuten! Ich will gar nichts mehr, ich will nur noch sterben!« Und zitternd kehrte ich in mein Gefängnis zurück.

Opa erreichte mich in dem dunklen Keller und drückte mich an sich. »Mein armes Mädchen ...«, murmelte er über meinen Kopf hinweg. »Mein armes Mädchen ...« Dann ließ er mich los und sagte etwas nüchterner: »Ich muß Wasser holen gehen.«

»Aber du bist nicht an der Reihe!« protestierte ich, und er antwortete mir, daß es meiner Stiefmutter nicht gut ginge und er lieber an ihrer Stelle gehen wolle.

Langsam sah ich ihn mit den Kanistern die Treppe hinaufgehen. Ich fühlte mich traurig und deprimiert. Als Peter kurz darauf aufwachte, sagte ich zu ihm: »Ich war im Hof und habe die Gänseblümchen gesehen.«

Er rieb sich die Augen und grunzte: »Ich will auch in den Hof.« Der Neid belebte ihn. »Ich will auch in den Hof!« rief er lauter und sprang aus dem Bett. Egon, der ebenfalls gerade sein Schläfchen beendet hatte, echote: »Ich will auch in den Hof! Ich auch!«

Meine Stiefmutter warf mir einen gereizten Blick zu. »Konntest du nicht den Mund halten? Du weißt doch, daß es immer so endet!«

»Dann kann ich in den Hof gehen?« fragte Peter und pflanzte sich vor meiner Stiefmutter auf.

»Nein, mein Schatz.« Hätte sie das doch nie gesagt! Egon und Peter inszenierten einen kleinen Aufstand, und wir brauchten ganz schön lange, um sie zu beruhigen. Schließlich schaute Peter mich haßerfüllt an und erklärte: »Mit dir rede ich in meinem ganzen Leben kein Wort mehr!« Seine Augen blickten böse, aber ich war zufrieden, denn – wenn auch nur für einen Augenblick – er hatte seine alte Frechheit wiedergefunden.

Nach der Auseinandersetzung mit Peter zog ich mich in eine Ecke zurück und behielt die Treppe im Auge. Kurz darauf bat Erika mich, ihr vom Hof zu erzählen. Ich kuschelte mich an sie und sprach von der Sonne, den Fliederknospen, dem grünen Gras, aber nicht von dem roten

Himmel, dem Brand- und Leichengeruch. Dann wollte sie über ihr Heimatdorf reden, einen Teich mit zwei Schwänen, blaubeerbewachsenen Hängen und einen Fluß, an dessen Ufer sich die Kinder im Sommer viele Geschichten erzählten. Und von ihrer Flucht wollte sie berichten; von diesen schrecklichen Russen, die ihren Großvater an die Stalltür genagelt und ihre Mutter vergewaltigt hatten. Wir unterhielten uns, bis sie einen Hustenanfall bekam und ihre Mutter zu mir sagte, ich solle lieber gehen.

Von neuem gab es Alarm, und das gewohnte Konzert setzte ein: das Rattern der Artillerie, das Feuern der Flakbatterien, und Menschen, die mit aufgerissenen Augen dasaßen, arme Wesen mit eingefallenen Gesichtern und schmierigen Haaren; und unter dem dumpfen Donnern der Detonationen vielleicht ein Gebet, ein Gedanke an den Sohn an der Front oder eine schüchterne Fürbitte an die, die schon im Himmel auf uns warteten. Wer weiß, vielleicht konnten sie ein gutes Wort für uns einlegen? Aber ich kannte niemanden, der schon gestorben war, außer Frau Fichtner; also bat ich Frau Fichtner, Opa zu beschützen, der mit den Kanistern irgendwo da draußen war.

Als der Angriff vorüber war, schauten wir uns alle erleichtert an, wieder einmal gerettet, wieder einmal der Gefahr entronnen. Peter öffnete die Fäuste, und Gudrun lockerte ihr Leibchen, das ihre jungen Brüste bedeckte. Herr Hammer seufzte: »Das ist noch einmal gutgegangen.« Der Alte verlangte nach dem Eimer. Sie gewährten ihm die Bitte, nach dem Motto »Täglich eine gute Tat«, obwohl die Hausmeisterin angewidert wegschaute. Der Alte war zufrieden.

Ohne sich zu scheuen, ließ er die Hosen herunter, und das Prasseln des Bächleins wurde respektlos von dem Metall des Eimers vervielfacht. Es war nur wenig Urin, weil wir fast nichts mehr tranken, weshalb uns allen Nierenbeschwerden drohten. Gleich danach bemerkten wir, daß einer der anderen alten Männer weinte; verzweifelt schaute er uns aus seinen hellen Augen an, Schweiß floß in Strömen über seine Wangen.

»Was ist?« fragte Frau Bittner. »Haben Sie nach all den Angriffen in den letzten Monaten immer noch kein dickeres Fell?« Sie trat zu ihm und legte ihm mitfühlend die Hand auf die Schulter. Der Alte schluchzte: »Wenn ihr alle schlaft, bringe ich mich um. Ich habe eine Pistole in der Hose.«

Einige lächelten ungläubig, Peter starrte ihn interessiert an, Herr Hammer sagte: »So ein Unsinn!«, und Frau Köhler gab sich geistreich: »Wenigstens etwas Hartes haben Sie in der Hose, herzlichen Glückwunsch, mein lieber Herr Spitzberg!« Der dritte alte Mann grinste, aber Herr Spitzberg war beleidigt. »Ich verlange Respekt, Frau Köhler!« sagte er ernst. »Ich war ein berühmter Schauspieler, mein Egmont hat Geschichte gemacht! Ich habe an den besten Theatern des Reichs gespielt, Frau Köhler, und auch in unserem Schloßparktheater, wenn Ihnen das etwas sagt!«

»Egmont!« bellte die Hausmeisterin, die, wenn es sein mußte, eine richtige Kanaille sein konnte. »Da hätten Sie sich lieber den Kopf abschlagen lassen sollen, Herr Spitzberg, dann wäre es Ihnen erspart geblieben, in diesem drekkigen Keller krepieren zu müssen!«

»Ich erschieße mich sowieso!« brummte der Alte und fuhr mit der Hand in die Hose.

»Was machen Sie da?« hänselte Frau Köhler, die ihn nicht ernst nahm. »Schauen Sie nach, ob Sie etwas Hartes in Ihrer Hose finden?« Aber plötzlich stand Kurt hinter dem Alten, fuhr blitzschnell mit der Hand in dessen Hosentasche und zog eine Pistole hervor. Herr Hammer rief: »Verdammt, Herr Spitzberg, sind Sie verrückt? Wer hat

Ihnen erlaubt, heimlich eine Pistole mitzunehmen? Wissen Sie nicht, daß Sie erschossen werden, wenn die Gestapo kommt und bei Ihnen eine Waffe findet?«

»Um so besser«, platzte der Alte heraus, und im nächsten Augenblick zog er die Nase hoch, streckte sich auf seinem Feldbett aus und begann zu schnarchen.

Herr Hammer nahm Kurt die Pistole aus der Hand: »Mach dir keine Illusionen, Kleiner, das Ding kommt wieder dahin, wo es hingehört, und zwar sofort!«

»Ich will die Pistole!« rief Rudolf, Frau Köhlers Sohn. Aber er bekam nur eine schallende Ohrfeige von seiner Mutter. »Dir werde ich die Pistole geben! Seid ihr denn alle verrückt geworden?«

Es war dunkel, als Opa endlich die Treppe herunterkam. Sogleich bemerkte ich, daß etwas nicht stimmte. Seltsam steif setzte er die Kanister ab, drehte die Augen zur Decke und sackte auf dem Boden zusammen. Meine Stiefmutter stieß einen Schrei aus, während mein Herz wie wild zu schlagen begann. »Lieber Gott, gib, daß er nicht tot ist!« dachte ich.

Alle stürzten zu Opa, aber Herr Mannheim schickte uns auf unsere Plätze zurück und befahl uns, Ruhe zu bewahren und still zu sein. Dann zog er Opa den Mantel aus, und von meinem Bett aus konnte ich sehen, daß das Kleidungsstück auf dem Rücken blutgetränkt war. Beinahe wurde ich ohnmächtig, mein Atem ging keuchend.

»Da ist ein Splitter«, verkündete Herr Mannheim, nachdem er ihn untersucht hatte. »Wir müssen um jeden Preis einen Arzt auftreiben, er verliert zu viel Blut.« Ungeachtet der Proteste seiner Frau schlüpfte er in seinen Mantel und verließ den Keller. Frau Köhler warf der Frau einen beredsamen Blick zu, sagte aber nichts. Sie wußten nicht, wie sie Opa helfen konnten. Im Keller lastete eine furchtbare

Spannung. Meine Stiefmutter hielt die Hand ihres Vaters und weinte. Peter fragte andauernd, warum sie weinte. Hilde war nicht da.

Vielleicht um die Spannung etwas abzubauen, sagte jemand: »Ihr werdet es nicht glauben, aber heute abend gibt irgendein Verrückter im Beethovensaal ein Konzert, und wißt ihr, was auf dem Programm steht?«

»Eine Sinfonie für Artillerie und Granatfeuer?« spottete Herr Hämmer.

»Nein. Die Ouvertüre zu *Egmont* von Beethoven und *Tod und Verklärung* von Strauss.«

Bei dem Wort Egmont erwachte der Alte, der sich hatte erschießen wollen, wie durch Zauberei und rief: »Wer spielt die Rolle des Egmont?«

»Schreien Sie nicht so!« sagte Herr Hammer. »Niemand. Niemand rezitiert Egmont. Sie spielen nur.«

»Wo?« fragte Herr Spitzberg plötzlich hellwach.

»Im Beethovensaal.«

»Sie geben ein Konzert im Beethovensaal?« wiederholte er und begann zu strahlen. »Dann ist der Krieg vorbei!«

»Von wegen vorbei!« zischte Herr Hammer. »Seien Sie leise, sehen Sie nicht, daß es Herrn Busch schlecht geht?«

»Schlecht?«

»Christus ...«

»Wem geht es schlecht?«

»Herrn Busch! Uff, ist der denn blind?«

Endlich schaute der Mann zu Opa und begann zu jammern. »Der arme Herr Busch, was ist passiert?« Oben auf der Treppe waren Schritte zu hören, und aus dem ungewissen Dunkel erschien Herr Mannheim, der einen abgemagerten Greis mit einem amputierten Bein stützte.

»Das ist Dr. Schreber«, verkündete er. »Er wird sich um Herrn Busch kümmern.«

Der Arzt bat um ein Glas Wasser, trank in langen Zügen

und hielt sich mit der anderen Hand auf seinen Krücken. Endlich ließ er sich seine Erste-Hilfe-Tasche reichen, die Herr Mannheim für ihn getragen hatte, und machte sich an die Arbeit.

Mit flinken Händen zog er einen langen Splitter aus Opas Schulter, versorgte die Wunde, vernähte sie mit ein paar Stichen, vergewisserte sich, daß die Lunge unversehrt war, und sagte: »Das war's, morgen geht es ihm schon besser«, glitt auf einen Stuhl und schlief ein. Ein paar Sekunden später wachte er wieder auf und erzählte ganz munter, daß er vierzig Jahre lang am Berliner Elisabethenkrankenhaus gearbeitet habe. »Das waren noch Zeiten ...«, sagte er. »Alles funktionierte einwandfrei ... Ich weiß nicht, wie die das heute dort machen, ohne Wasser, ohne Strom, ohne Narkosemittel, ohne Medikamente ... die Welt ist verrückt geworden ... wie gerne würde ich sterben!« Und schlief wieder ein. Im rauchigen Licht der Kerzen hatte sein Beinstumpf etwas unerträglich Düsteres, das Peter unheilvoll anzog. Er trat zu ihm, kratzte sich die Stirn, runzelte die Augenbrauen und fragte: »Wo ist das andere Stück vom Bein?«

Sie bedeuteten ihm, still zu sein: »Psst, was sagst du da? Der Herr Doktor könnte dich hören und böse werden!«

»Wo ist das andere Stück vom Bein?« wiederholte Peter lauter. Da wurde der Arzt wach und antwortete: »Das hat mir eine Granate abgerissen, mein Junge. Könntest du mir etwas versprechen?«

»Ja ...«, lispelte Peter überrumpelt.

»Du mußt mir versprechen, daß du nicht erlauben wirst, daß es wieder Krieg gibt, wenn du groß bist«, sagte der alte Mann.

»Warum?« fragte Peter und kniff sich in die Wangen.

»Weil der Krieg der Menschen nicht würdig ist.«

»Warum?«

»Weil im Krieg die Menschen gezwungen werden, sich wider ihrer Natur zu benehmen.«

»Warum?«

»Du, zum Beispiel, mußt immer in diesem Keller bleiben. Findest du das richtig?«

»Ja.«

»Warum findest du das richtig, mein Kind?«

»Wenn ich rausgehe, werde ich erschossen.«

»Und du findest es schön, daß ein kleiner Junge nicht aus dem Haus gehen darf, weil er sonst erschossen wird?«

»Das ist halt so ...«, murmelte Peter schulterzuckend.

»Aber du würdest doch gerne in den Hof spielen gehen?«

»Ja«, erwiderte Peter. »Um ein Gänseblümchen zu pflükken.«

»Nur deswegen?«

»Ja. Weil es im Hof stinkt. Da liegen die Toten.«

»Mein armes Kind ...«, murmelte der Alte mit glänzenden Augen.

Peter kratzte sich mit der Schuhspitze an der Wade und erklärte: »Wenn ich groß bin, werde ich Räuber und schieße alle tot.«

»Wirklich alle?« fragte der Arzt.

Peter dachte nach: »Mutti nicht«, gab er zu. »Und Helga und Opa und Hilde auch nicht.« Unseren Vater ließ er aus.

»Armer Junge!« wiederholte der Arzt und stand auf. Der Stumpf schimmerte beklemmend im Kerzenlicht und warf einen unheimlichen Schatten auf die Wand. »Gott schütze euch«, verabschiedete sich der Arzt, warf einen letzten Blick auf Opa und stieg die Treppe hinauf. Herr Mannheim erbot sich, ihn zu begleiten, obwohl er nicht recht wußte, wohin, denn in Wahrheit hatte er ihn im U-Bahn-Tunnel aufgetrieben. Zuerst hatte der Alte nicht mitkommen wollen, schließlich aber eingewilligt.

Frau Mannheim protestierte: »Kann nicht jemand anders gehen?« Herr Mannheim schaute sie vorwurfsvoll an: »Ich bitte dich, Gitte!« Als sie draußen waren, explodierte Frau Köhler: »Ihr Egoismus ist zum Kotzen, Frau Mannheim!«

»Immer muß mein Mann alles machen«, schalt diese.

»Immer müssen wir das Wasser holen«, wies Frau Köhler sie zurecht.

»Ich habe Arthritis in den Knien«, klagte Frau Mannheim.

»Von jetzt an sind Sie auch zum Wasserholen eingeteilt«, bestimmte Frau Köhler kalt. »Da Herr Busch ausfällt, sind Sie gleich morgen an der Reihe. Verstanden?«

Frau Mannheim versuchte, einen tränenreichen Protest zu inszenieren, aber Frau Köhler hatte das letzte Wort. Sie war wirklich ein Offizier!

Opa wurde rasch wieder gesund, aber er konnte die schweren Kanister nicht mehr tragen. Ob sie wollte oder nicht, Frau Mannheim mußte seinen Platz einnehmen, wenn auch unter tausend Klagen. Ich war froh: Opa mußte sich nicht mehr mitten auf der Straße der Gefahr der Granaten oder Luftangriffe aussetzen. Frau Mannheim war erzürnt. Sie hatte bei ihrem Mann Beistand gesucht, aber vergeblich. Als sie zum erstenmal mit den Kanistern losgegangen war, hatte sie ein Drama aufgeführt. Sie hatte ein Bein nachgezogen und gejammert.

»Nur Mut, mein Schatz!« hatte Herr Mannheim gesagt.

Da war sie unendlich langsam, laut schnaufend die Treppe hinaufgestiegen und hatte uns von oben herab gewünscht, daß uns alle eine Riesenbombe treffen möge. Dann war sie zutiefst gekränkt von dannen gezogen.

Die Geschichte mit Opas Splitter fiel mit der dramatischen Zeit vor Kriegsende zusammen. Zu allem Unglück schlug während eines Luftangriffs eine Bombe in die Trinkwasserleitung ein, und ganz Berlin war ohne Wasser. Als die Fässer, Eimer und Kanister leer waren, blieb nur noch die Spree. Notgedrungen begannen die Leute, dieses faulige Wasser zu filtern, auf dessen Oberfläche Leichen trieben. Seltsamerweise bekam niemand von uns Typhus oder Durchfall.

Irgendwann hatten die Kellerinsassen begonnen, Gegenstände, die einen gewissen Wert hatten, zu sammeln, um sie auf dem Schwarzmarkt gegen ein bißchen Milchpulver, Brot, Öl oder Kartoffeln einzutauschen. Aber das reichte bei weitem nicht aus, um uns satt zu machen. Für einen kleinen Perserteppich bekam meine Stiefmutter ein Kilo getrocknete Erbsen!

Eine Reihe von widersprüchlichen Nachrichten zerrte an unseren Nerven. Einmal teilte die BBC mit, daß die Sowjets die deutschen Linien im Osten zerstört hätten und auf die Vororte Berlins marschierten; andererseits versicherte der Deutsche Rundfunk, die offizielle Stimme des Reiches, den Deutschen immer wieder, daß General Wenck mit seiner 12. Armee dabei sei, dem Feind die endgültige Niederlage beizubringen.

In Wirklichkeit befand sich Berlin am 20. April, Hitlers Geburtstag, zum erstenmal unter dem direkten Beschuß der sowjetischen Armee.

Detaillierte Nachrichten brachten die Wasserholer mit. Sie berichteten, daß in der Stadt unbeschreibliches Chaos herrschte und es eine riesige Ratteninvasion gebe. Überall in den Straßen lagen Leichen, die schon lange niemand mehr wegschaffte, und der Gestank war so schrecklich, daß die ohnehin schon geschwächten Leute ohnmächtig wurden. Es funktionierten keinerlei Transportmittel mehr, weder Straßenbahnen noch Busse, U- oder S-Bahnen. Die

U-Bahn-Schächte waren vollgestopft mit Leuten, die vor Hunger und Durst schrien, einschließlich ganz kleiner Kinder. Es gab keinerlei ärztliche Hilfe, und Medikamente waren nicht aufzutreiben. Wasserholen war jedesmal ein äußerst riskantes Abenteuer, und es grenzte an ein Wunder, wenn man wieder in den Keller zurückkam. Als wollten sie den Tod herausfordern, stocherten die Menschen auf der Suche nach irgend etwas Brauchbarem in den Trümmern, das man auf dem Schwarzmarkt tauschen konnte, ohne auf die Sirenen zu achten. Massenweise wurden Selbstmorde verübt. Die Angst vor den Russen hatte viele Stadtteile dazu gebracht, Barrikaden und Panzergräben zu bauen, und die Leute waren von einer kollektiven Angst ergriffen.

Wer aus irgendeinem Grunde gezwungen war, seinen Keller zu verlassen, wurde wiederholt angehalten und durchsucht. Eifrige Streifen durchkämmten die Stadt auf der Suche nach Leuten, die sie zu den verschiedenen Spezialeinheiten einziehen konnten, aber die Überlebenden der im Todeskampf liegenden Stadt bestanden vor allem aus Greisen, Frauen und Kindern in denkbar schlechtester körperlicher Verfassung, die auf keine Weise zur Rettung des Vaterlandes hätten beitragen können.

Im Keller war die Moral auf dem Nullpunkt. Peter war immer schläfrig, Kurt fiel von Phasen offenkundiger Langeweile in Zustände unbeherrschbarer Aggressivität. Gudrun starrte stundenlang den Tisch an, unter dem unsere Koffer standen. »Dabei ist sie ein ganz normales Mädchen«, versicherte Frau Bittner immer wieder. »Sie hat noch nie Anzeichen für psychische Störungen gezeigt.«

Egon hatte ständig leichtes Fieber und beklagte sich über seltsame Rückenschmerzen; meine Stiefmutter litt an Gallenkoliken. Erika war seit der Grippe noch mehr geschwächt und hatte erhöhte Temperatur. Mit ohnmächtigem Schrecken mußten wir zusehen, wenn sie ihre schrecklichen Hustenanfälle bekam. Dann spuckte sie Blut in die Suppenschüssel, was ihr offensichtlich peinlich war, denn sie wollte uns nicht allzu sehr belästigen. Erika war schön. Ihre Haut war so durchsichtig, daß man darunter die Umrisse der Knochen sehen konnte. Sie hatte große, vergißmeinnichtblaue Augen. Sie war so schlank wie ein Lilienstengel und hatte auch dessen Farbe.

Erikas Mutter war eine nette, mutige Frau. Eines Abends verließ sie mit einer kleinen Pistole und einer Taschenlampe bewaffnet nach der Verdunklung den Keller und blieb fast bis zum Morgengrauen weg. Inzwischen mußten wir wieder zwei Luftangriffe über uns ergehen lassen, von denen einer sehr schwer war. Stundenlang lebten wir in der Furcht, sie würde nicht zurückkehren. Aber schließlich kam sie mit einer guten Nachricht wieder. Sie hatte ein Nachschublager der Wehrmacht entdeckt, in dem es noch große Lebensmittelvorräte gab. Sofort schlug meine Stiefmutter vor hinzugehen; und Herr Spitzberg, jener Alte, der sich hatte umbringen wollen, bestand darauf, sich ihnen anzuschließen. Opa wollte nicht, daß Ursula ihre Haut riskierte, aber sie war fest entschlossen. Hilde sahen wir damals nur selten, immer häufiger übernachtete sie im Bunker der Reichskanzlei.

Sie hatten beschlossen, am Abend zu gehen, wenn es dunkel war. Wir anderen blieben in banger Erwartung zurück.

Der arme Opa ängstigte sich um seine Tochter und lief die ganze Zeit im Gang auf und ab. Am Eimer machte er kehrt, die Hände auf dem Rücken gefaltet. Auch ich hatte Angst um meine Stiefmutter, obwohl ich insgeheim wußte, daß es mir lieber war, wenn sie ihr Leben an Opas Stelle riskierte.

Mitten in der Nacht kehrten sie mit einer ansehnlichen Beute zurück. Leider brachten sie auch eine schlimme Nachricht mit: Der alte Mann war dabei umgekommen.

Anscheinend wurde das Lager, als sie hinkamen, nur von einem Mann bewacht, den sie sofort erschossen. Aber als sie fliehen wollten, war ein zweiter Wachmann aufgetaucht, der bis dahin hinter einem Kartoffelhaufen geschlafen hatte. Der Alte hatte ihm von hinten eins über den Kopf gegeben, aber der Wachmann hatte ihm noch einen Bauchschuß verpaßt. Sie hatten ihn an Ort und Stelle zurücklassen müssen. Erikas Mutter hatte den Wachmann erschossen.

Sie machten Feuer und kochten einc Kartoffelsuppe. Für Erika gab es gezuckerte Kondensmilch, die ihr wieder das Leben einhauchte.

Ständig lauschten wir auf Geräusche von der Treppe, denn wir fürchteten, die Gestapo oder die SS könnten kommen, um nach Deserteuren zu suchen. Bei dem geringsten Verdacht verschwanden Kurt und der andere ältere Junge in einem so gut getarnten Geheimversteck, daß es nur schwerlich von jemandem hätte entdeckt werden können, zumal wenn er fremd im Keller war. Dort war auch der Empfänger verborgen.

Eines frühen Morgens hörte Opa im Radio, daß sowjetische Truppen die ersten Berliner Vororte besetzt hätten; ich dachte sofort an das Internat in Oranienburg-Eden. Opa sagte ernst: »Jetzt ist das Ende nicht mehr weit. Es ist nur noch eine Frage von wenigen Tagen.« Aber immer noch wurden wir Tag und Nacht mit Bombardements gequält.

Die letzten Vorräte hatten Erikas Gesundheitszustand verbessert. Ihre Wangen hatten wieder ein wenig Farbe bekommen, was ihrer Mutter neue Hoffnung gab. Ab und an warf Herr Hammer Erika einen ermutigenden Blick zu und sagte: »Auf, Kleine, bald haben wir die Scheiße hinter uns!«

Eines Tages tauchte ein junger SS-Mann bei uns im Keller auf. Er hatte die Treppentür so leise geöffnet, daß er plötzlich wie ein Geist vor uns stand. Er war kreideweiß im Gesicht und blickte verstört drein. Mit dem Ruf: »Es ist alles verloren, wir sind in der Hand der Bolschewiken. Heil Hitler!« schoß er sich mit seiner Pistole in den Mund. Er fiel zu unseren Füßen nieder, während das Blut ihm aus dem Mund schoß. Es war schrecklich, mir wurde schlecht. Ungerührt sagte Herr Mannheim: »Ich erledige das schon.« Er schleppte den Toten hinaus und legte ihn zu den Leichen, die sich bereits am Schuppen Gesellschaft leisteten.

Wir warteten auf die Russen. Daß sie kommen würden, war unausweichlich. Wir konnten an nichts anderes mehr denken. Gespannt, schmutzig, erschöpft verharrten wir. Noch dazu hatte jemand im Keller lästige Darmbeschwerden; aber wir wußten, daß es sich nicht um Typhus handelte, da er kein Fieber hatte.

Ein paar Tage später erfuhr Opa aus dem Radio, daß die Sowjets Tempelhof besetzt hatten; da stieg meine Stiefmutter in Hildes Wohnung hinauf, um in Tante Margarethes Villa anzurufen – die Telefone funktionierten bis zuletzt –, aber es antwortete niemand. Noch mehrere Male versuchte sie es, bis sich auf der anderen Seite eine Stimme in russischer Sprache meldete.

Wieder warteten wir. Wir warteten in der kleinen Hölle unseres Kellers, über dem alle zwei, drei Stunden ein wahres Inferno losbrach. Die Angst war nun schon zur Gewohnheit geworden, eine Begleiterin unserer Existenz; Hunger und Durst waren ein erzwungenes Tribut an eine

Sache, die sich schon lange als riesige Falle enthüllt hatte. Wir warteten.

Es war ein nervenaufreibendes Warten voller Furcht vor dem Unbekannten. Müde Witze in dem dunklen Keller, angstvolle Vermutungen über die Ankunft der Russen, dunkle Vorhersagen über eine ungewisse Zukunft. Und die ganze Zeit über urinierte unser Alter wie gewohnt in die Hosen, oder er suchte den Eimer auf – wo es längst schon kein Klopapier mehr gab!

Wir hatten alles getan, um diesem lächerlichen Mangel abzuhelfen. Wir hatten Bettlaken und Küchentücher in Stücke gerissen, zuletzt hatten wir zu Büchern gegriffen, wobei wir die mit dem weichsten Papier ausgesucht hatten. So gingen unter unseren Hintern kostbare Seiten von Shakespeare oder Nietzsche dahin. Anfangs hatten einige ihre Witze darüber gerissen, waren aber bald zum Schweigen gebracht worden. »Wenn Kultur zu Scheiße wird«, hatte Herr Mannheim gesagt, der früher einmal Journalist gewesen war, »ist ein Volk am Ende.«

Dann kam jene schreckliche Nacht Mitte April.

Ich hatte an meinen Vater gedacht und war kaum eingeschlafen, als ich von einem Beben im Keller erwachte. Ich richtete mich in meinem Bett auf und spürte das Herz bis zum Hals schlagen. Ja, der Keller wurde in seinen Fundamenten erschüttert, und ein nie gehörtes Getöse wollte mein Trommelfell zum Platzen bringen. Ich geriet in Panik. Schreie und Flüche gegen Hitler wurden laut, den einzigen wirklich Verantwortlichen.

Alle Kräfte der Welt schienen sich gegen uns verbündet zu haben, ich war vor Schreck wie erstarrt. Die Kerze flakkerte unruhig und warf monströse Schatten an die Wände, während über uns die Schlacht tobte. Die schwere Artillerie der Sowjets wütete so verbissen, als wollte sie das bißchen noch zerstören, was von der Hauptstadt übriggeblieben war. Mächtige Detonationen ließen die Mauern erzittern wie bei einem Erdbeben. Mir lief es kalt über den Rücken. Sicher war dies das Ende, und in ein paar Minuten würden wir alle tot sein. Ich sah den alten Mann aufstehen und vergeblich nach dem Eimer fragen, dann verriet der Ausdruck seines Gesichts das Unvermeidliche: Er hatte in die Hose gemacht.

Herr Hammer starrte an die Decke, als wollte er sie beschwören, nicht nachzugeben. Wie immer, wenn die Angst ihn packte, traten die Adern an seinem Hals hervor. Plötzlich stürzte ein Balken auf Egons Feldbett, begleitet von einem allgemeinen Schreckensschrei: Der Junge schien zu Tode getroffen! Zum Glück war er nur bewußtlos und ansonsten fast unversehrt. Vor Erleichterung brach Frau Bittner in krampfhaftes Schluchzen aus. Zuletzt gab es einen unbeschreiblichen Donnerschlag, und Herr Mannheim rief: »Verdammt, diesmal haben sie uns getroffen!« Und er umschlang seine Frau, die an seiner Schulter weinte.

Mittlerweile hatte sich der Keller mit Rauch gefüllt, und wir mußten alle husten. Erikas Mutter preßte ihr ein Taschentuch vor den Mund, aber die Arme bekam einen heftigen Hustenanfall.

Wir begriffen nicht, woher der Rauch kam. Herr Hammer meinte, daß das Haus brannte.

Wir würden ersticken. Ich spürte ein ätzendes Brennen im Hals und dann in den Bronchien, als ob sie voller Sand wären. Ich hustete bis zum Würgen. Als ich einen Blick auf das Bett meines Bruders warf, sah ich, daß es leer war. Dann entdeckte ich Peter auf dem Feldbett meiner Stiefmutter, wo er sich wie eine Klette an sie klammerte. In schlimmen Momenten dachte sie nie an mich, immer nur an Peter! Aber ich hatte ja Opa. Er kam zu meinem Bett und fragte, wie es mir ginge. Ich schaute ihn nur an, denn ich wußte nicht, was ich sagen sollte. Auch er war bestürzt und sagte: »Ich weiß nicht, was da los ist ... mein Kind ... aber du mußt versuchen ... ruhig zu bleiben.« Er brüllte, um den Höllenlärm zu übertönen. Plötzlich sah ich, wie er die Hände an den Kopf führte, die Augen verdrehte und mit einem keuchenden Aufschluchzen schrie: »Genug, ich muß raus hier, genug!« Er lief zur Treppe. Ich sah, wie meine Stiefmutter Peter losließ und hinter Opa herrannte. Peter brach in ein Protestgeheul aus und machte Anstalten, ihr zu folgen. Da sprang ich aus dem Bett und packte meinen Bruder. Mit beiden Armen hielt ich ihn fest und stammelte: »Bleib hier, bleib bei mir, bleib hier ...«

Er wehrte sich, trat um sich und bohrte mir einen Fingernagel ins Auge, das sofort stark zu bluten begann. Als ich das Blut auf der Zunge schmeckte, überfiel mich Brechreiz. Ich erbrach mich über den Kopf meines Bruders; es war furchtbar.

Inzwischen hatte meine Stiefmutter ihren Vater eingeholt und ihn überzeugt, sich auf ein Feldbett zu legen. Opa begann zu weinen wie ein kleines Kind, und mir zerriß es schier das Herz. Schließlich überwand er die Krise. Der Anfall ging vorüber.

Seit Beginn des Kriegs war dies der schwerste Angriff gewesen, und er hatte mehrere Stunden lang gedauert. Nach der Entwarnung gingen alle hinauf ins Freie, um nachzusehen, was mit dem Haus geschehen war. Es stand noch.

»Die Sowjets haben das Herz Berlins erreicht«, verkündete Opa. Er hatte es gerade auf BBC gehört. »Wir sind am Ende«, fügte er hinzu. Sofort dachten wir an die Russen. Was wäre passiert, wenn sie in unseren Keller gekommen wären? Es war viel von Vergewaltigungen die Rede, aber in Wahrheit wußte ich nicht, was das war.

Frau Bittner hatte Angst um Gudrun, aber auch Erikas

Mutter fürchtete um ihre Tochter, obwohl sie nur noch der Schatten eines Mädchens war. Aber auch meine Stiefmutter, Frau Köhler und Erikas Mutter waren noch nicht alt! Wahrscheinlich wäre nur Frau Mannheim davongekommen, die schon über siebzig war.

Frau Köhlers Sohn Rudolf, der sich in letzter Zeit in sein Schneckenhaus zurückgezogen und stundenlang im schwachen Kerzenlicht Karl May gelesen hatte, war nach dieser Nachricht wie ausgewechselt. Ihn hatte die Angst um seine Mutter gepackt, und nun wollte er in allen Einzelheiten wissen, worin diese Gewalttaten bestanden, woraufhin er ihr verbot, den Keller zu verlassen.

Die letzten Nachrichten: Das Zentrum Berlins war voller Panzer, von allen Seiten wurde geschossen. Die Russen waren auf dem Weg zum Reichstag.

Opa und Herr Mannheim hockten ständig vor dem Empfänger und versuchten, die Nachrichten zu entwirren, die sie hereinbekamen. Sie verfolgten auch die Übertragungen des Deutschen Rundfunks, die eines Tages plötzlich mitten in einem Kommuniqué verstummten. Das darauffolgende Schweigen konnte nur eines bedeuten: Der Feind hatte den Sender erreicht.

Seit Tagen verließ niemand mehr den Keller. Die Vorräte waren ausgegangen.

Die meiste Zeit lagen wir auf unseren Betten, um Kräfte zu sparen. Einerseits wünschten wir uns, daß der Krieg vorbei sei, andererseits fürchteten wir uns vor der Ankunft der Russen. Inzwischen warf man weiter Bomben auf uns, aber niemand verstand, welche Ziele den Feind noch lokken konnten. Berlin brannte wie ein Scheiterhaufen, was wollten sie noch?

Seit einer Woche fehlte Hilde beim Appell. Meine Stiefmutter hatte im Ministerium angerufen, aber auch dort wußte man nicht, wo sie war. Opa und meine Stiefmutter waren in großer Sorge.

14

In jenen Monaten des Jahres 1945 war meine ganze Lebenskraft aufs Überleben konzentriert. Nicht, daß meine Seele ausgetrocknet gewesen wäre und mein Bedürfnis nach Liebe sich gelegt hätte, im Gegenteil. Allerdings ordnete mein Verstand die äußeren Anzeichen nach Prioritäten. Ohne Liebe kann man überleben, ohne Essen und Trinken nicht. In Erwartung besserer Zeiten, die mir großzügiger jene Zuneigung spenden würden, die ich in Wirklichkeit niemals mehr erhoffen durfte, hatte ich meinen Wunsch nach Liebe in einen entlegenen Winkel meines Herzens verbannt. Auch nach dem Krieg würde meine Stiefmutter mich ablehnen, mich fern von der Familie aufwachsen lassen; und mein Vater würde sich ihrem Willen unterwerfen.

Bewußt vermißte ich meine richtige Mutter nicht, dachte niemals an sie. Manchmal sehnte ich mich sehr nach meiner Großmutter und hoffte auf eine Zukunft mit ihrer beschützenden Gegenwart, aber an meine Mutter dachte ich nie: Ich hatte sie aus meinem Gedächtnis gelöscht. Erst viele Jahre später sollte ich mich diesem schwarzen Loch in meinem Bewußtsein stellen, als ich schon einen Sohn hatte und in Italien lebte. Das Bedürfnis, meine Mutter kennenzulernen, brach damals plötzlich in mir auf, und ich begann, einige Nachforschungen anzustellen. Dreißig Jahre, nachdem sie uns verlassen hatte, fand ich sie in Wien wieder. Ich war außer mir vor Freude, bereit, zu vergeben, neu anzufangen. Aber ich entdeckte eine ehemalige Nationalsozialistin, die immer noch zutiefst mit jener Doktrin verbunden war, und die Enttäuschung brach mir das Herz. Meine Mutter wurde von einem Gericht der Alliierten zu sechs Jahren verurteilt, weil sie der SS angehörte und Wärterin im KZ Birkenau war. Ungeachtet eines schmerzhaften, qualvollen inneren Konfliktes wies ich meine Mutter zurück. Und verlor sie zum zweitenmal. Diese Leere lastet noch auf mir, ich kann mich nicht von ihr befreien. Es ist die entsetzlichste Leere, die ein menschliches Wesen ertragen kann; eine Leere, die wie ein listiger Feind immer auf der Lauer liegt; bereit, dich stürzen zu lassen, dich zu schwächen, dich verletzlich und zu einer leichten Beute illusorischer Tröstungen zu machen. Das hat mich viele Kämpfe und viele Schmerzen gekostet.

Mit wachsender Spannung warteten wir auf die Russen. Mit den Tagen verwandelte sich das Warten in unbezähmbare Angst, und wir dachten fast an nichts anderes mehr. Die Großen versuchten, sich zu beherrschen, das Problem vor den Kleineren zu verbergen, aber die Angst hing über dem Keller wie eine dicke, erdrückende Decke und raubte uns den Schlaf.

Häufig dachte ich an jene Russen, denen Hans und ich in Eden begegnet waren und die uns Grießbrei und Brot gegeben hatten: Sie waren uns nicht böse erschienen. Und ich kam zu der Überzeugung, daß es zwei Arten von Russen geben müsse: diejenigen, die wir in Eden kennengelernt hatten, und die Sowjets, die Goebbels beschimpfte und als primitive Barbaren bezeichnete. Wenn die Russen kommen würden, dachte ich, hätten wir nicht allzuviel zu befürchten, aber ich wagte nicht, an die andere Möglichkeit zu denken.

Eines Tages wartete Rudolf, der zwölfjährige Sohn unserer Hausmeisterin, Frau Köhler, auf seine Mutter, die Wasser holen gegangen war. Seit von den Vergewaltigungen geredet wurde, war Rudolf wahrhaft unausstehlich. Mit seiner wahnsinnigen Angst um seine Mutter machte er alle verrückt.

Plötzlich sah ich, wie er aufsprang, zu Opa ging und ihn um eine Pistole bat. Opa fragte, wozu er die brauche. Um den ersten Russen zu erschießen, der es wagen würde, seine Mutter mit seinen dreckigen Pfoten anzufassen, erwiderte Rudolf bleich und grimmig. Opa erklärte ihm, daß er seinen Wunsch nicht erfüllen könne, in erster Linie, weil er noch ein Junge war, aber auch, weil in den Kellern keine Waffen gefunden werden durften; Waffenbesitz war für Zivilisten verboten. Da geriet Rudolf in Zorn und begann Opa zu beschimpfen. Er sagte, die Männer im Keller seien alle Feiglinge, weil sie die Frauen nicht vor den Russen beschützen wollten. Vergeblich wies Opa ihn darauf hin, daß die Russen bis an die Zähne bewaffnet seien und ein Blutbad veranstalten würden, wenn sie irgendwelche Waffen fänden.

Rudolf jedoch ließ sich nicht überzeugen und benahm sich Opa gegenüber wirklich unverschämt. Die anderen versuchten, ihn zu beruhigen, aber vergeblich. Er beruhigte sich erst, als Frau Köhler mit den Kanistern zurückkam. Ich erkannte ihn nicht wieder. Der sanfte Junge, der stundenlang über den Abenteuern Karl Mays hockte und sich im Kerzenlicht die Augen verdarb, hatte sich in einen ergrimmten Streiter verwandelt, und niemand konnte mehr vernünftig mit ihm reden.

Frau Köhler schaute ihren Sohn an und fragte: »Ist etwas passiert, mein Schatz?«

Rudolf schielte zu Opa hinüber, aber der sagte beschwichtigend: »Nichts, Frau Köhler. Ihr Sohn hat sich Sorgen gemacht, weil Sie so lange ausgeblieben sind.«

Da berichtete Frau Köhler seufzend: »Wenn Sie wüßten, was auf den Straßen los ist! Die reinste Hölle. Überall wird geschossen, und man muß aufpassen, daß man sich keine Kugel einfängt. Wo man hinschaut, Panzer, und die Hitlerjugend versucht, sie mit Panzerfäusten aufzuhalten ... Die armen Buben sterben wie die Fliegen, es ist ein Skandal!« Sie strich ihrem Sohn über die Wange, gab ihm einen liebevollen Nasenstüber, streckte sich auf ihrem Feldbett aus und war auch schon eingeschlafen.

Von meinem Bett aus hatte ich die Szene beobachtet und betrachtete nun die schlafende Frau Köhler. Ihr Gesicht schien leer, die Wangen waren unter den Backenknochen tief eingefallen, während ihre Augen zwei schwarzen Gruben glichen. Es sah aus wie eine Totenmaske!

Ich schauderte. Frau Köhler war noch nicht alt, aber in bestimmten Augenblicken sah sie aus wie eine Greisin! Dasselbe galt für die anderen Frauen, einschließlich meiner Stiefmutter. Es war, als habe eine boshafte Hand von ihren Gesichtern sogar die Erinnerung einer vergangenen Jugend gelöscht. Insbesondere meine Stiefmutter, die noch nicht dreißig war, hatte sich in den letzten Monaten erschreckend verändert. Ich wußte noch genau, wie ich sie zum erstenmal neben meinem Vater gesehen hatte; die tiefblauen, etwas harten, aber klugen, lebhaften Augen, die schlichte, lässige Eleganz einer in einer Weltstadt aufgewachsenen jungen Frau. Eine schlanke, aber weibliche Figur, ein keckes, etwas arrogantes Lächeln; sie gefiel meinem Vater, oh, und wie sie ihm gefiel! Alles an ihr gefiel ihm, und er machte kein Geheimnis daraus.

Ich löste meinen Blick von Frau Köhler und streckte den Kopf aus dem Bett, um zu sehen, was mein Bruder machte. Er schlief. Den Teddy fest in den Armen, das Gesicht von Locken umrahmt. Seine Lider zitterten leicht, und sein Mund war zusammengepreßt, als ob er etwas Schreckliches träumte. Ich war gerührt. Armer kleiner Bruder: fünf Jahre, dachte ich, erst fünf Jahre, und schon so vom Leben und von den Menschen betrogen! Fünf Jahre, mein Gott, und er wußte nicht einmal, was Spielen war. Er wußte nicht, wie ein Glas Milch aussah und wie blau der Himmel sein konnte. Fünf Jahre. Würden die Menschen ihn jemals für seine verlorene Kindheit entschädigen können? Und mich für die meine?

Dann schaute ich zu Opa hinüber, der mit meiner Stiefmutter sprach. Bruchstückweise bekam ich ihre Unterhaltung mit. Sie machten sich Sorgen um Hilde, von der sie nichts mehr gehört hatten, und stellten verschiedene Vermutungen an. Vielleicht war sie auf dem Heimweg von einem Querschläger oder einer Granate getroffen worden. Oder vielleicht hatte sie, überrascht von einem Angriff, in einem Luftschutzraum Zuflucht gesucht, der dann in die Luft geflogen war. Meine Stiefmutter wiederholte mehrmals, man müsse sie als vermißt melden und Nachforschungen anstellen. Opa stimmte ihr zu, auch wenn beide sich bewußt waren, daß keine Behörde sich darum kümmern würde, eine Stecknadel in einem Heuhaufen zu suchen, wenn es sich nicht um einen bekannten Juden handelte, der von der Gestapo gesucht wurde.

Dann fiel mein Blick auf Erika, die mit ihrer Mutter scherzte. Den ganzen Tag über hatte ich sie nicht husten gehört, und das schien mir ein sehr gutes Zeichen. Ihre Mutter hatte ihr das Haar gelöst, das ihr nun über die Schultern herabfiel; es war fein und glatt, wenn auch ein wenig schmutzig. Ermutigt dachte ich, daß es für Erika vielleicht noch Rettung gäbe. Wenn der Krieg bald zu Ende ginge, könnte sie in einer Spezialklinik behandelt und sogar geheilt werden.

Schließlich kehrte Opa zu dem Thema Russen zurück, während die anderen, die sich um ihn versammelt hatten, seltsame Reden zu führen begannen. Sie suchten nach einer Möglichkeit, um die Frauen vor den Vergewaltigungen zu retten. Jemand schlug vor, sie in die obersten Stockwerke des Hauses zu schicken, weil die Russen vielleicht nur die Keller durchsuchen würden, aber Herr Hammer wandte ein, wenn sie nur Männer vorfänden, würden sie bestimmt Verdacht schöpfen, zornig werden und nach den Frauen suchen. Sobald sie sie gefunden hätten, würden sie alle zur Strafe nicht nur vergewaltigen, sondern auch noch umbringen.

Ich streckte mich auf meinem Bett aus und hörte ihren Worten in der stickigen Wärme des Kellers zu. Wieder einmal war Warten angesagt, das angstvolle Warten auf die Russen. Schließlich wurde ich vom Schlaf übermannt, während Herr Mannheim ausrechnete, daß sie frühestens in zwei, drei Tagen hier sein könnten, weil sie im Moment noch zu sehr damit beschäftigt seien, den Reichstag zu besetzen und den Bunker der Reichskanzlei zu erobern. Und wenn sie ihn schon erreicht hatten und Hitler schon tot war?

An diesem Morgen hatte Frau Mannheim mich aufs Korn genommen. Sie hatte mich beiseite gerufen, um mir vorzuwerfen, ich hätte zuviel Papier auf dem Klo beziehungsweise Eimer verbraucht. Seit Frau Köhler sie in die Reihe der Wasserholer aufgenommen hatte, war sie böse und streitsüchtig. Jeder Vorwand war ihr recht, um ihre Nächsten zu plagen. Ihr Mann behauptete, daß diese Aufgabe bei ihr wieder gewisse Symptome der Wechseljahre verschärft habe auftreten lassen, obwohl sie diese seit gut zwanzig Jahren schon hinter sich hatte. Ich versuchte, mich mit Magen-Darm-Störungen zu rechtfertigen, aber sie ließ nicht locker, fixierte mich mit ihrem schrägen Silberblick und beschuldigte mich, die Großzügigkeit derjenigen auszunutzen, die ihre Bücher geopfert hatten, um Klopapier daraus zu machen. Hinter mir prusteten sie wegen des läppischen Anlasses. Auch ich war mir bewußt, daß es blöd war, die Werke der großen Meister unseren Hintern zu opfern, aber ich konnte doch nicht aufs Abputzen verzichten, um zwei Seiten Goethe zu sparen!

Plötzlich hörte ich verdächtige Geräusche auf der Treppe und gab Alarm. Sofort krochen Kurt und der Alte in das Geheimversteck, während diejenigen, die geschlafen hatten, auffuhren, wie es Menschen eigen ist, die ständig in Gefahr leben. »Was ist?« flüsterte Herr Hammer, aber schon im nächsten Augenblick standen sechs Russen mit vorgehaltenen Gewehren vor uns.

Ich verspürte eine sonderbare Angst, als ob ich einen Film anschaute. Das Ganze war so schnell passiert, daß es mir erst ein paar Sekunden danach bewußt wurde. Die Russen waren da! Alle, außer Peter und Egon, sprangen von ihren Plätzen auf und harrten in fassungslosem Schreck der kommenden Ereignisse. Es war blitzschnell gegangen!

Laut polternd und mit klirrenden Waffen waren sie die Treppe heruntergekommen. Die Flamme der Kerze brannte stärker, flackerte nervös und sandte Rauchringe zur Decke.

Zuerst starrten die Russen uns an, dann schauten sie sich um und zeigten offenkundigen Widerwillen wegen des schlechten Geruchs, aber auch Entsetzen angesichts unserer Unterkunft. Wir waren alle vor Überraschung wie gelähmt. Ich weiß noch, wie die Angst mich sozusagen im nachhinein befiel und wie mir das Herz, das wie eine verrückt gewordene Turbine heftig zu hämmern begann, bis zum Hals schlug.

Ich blickte in runde, rosige Gesichter. Zwei von ihnen hatten rasierte Schädel, drei trugen Pelzmützen, und einer hatte dichtes schwarzes Kraushaar und einen langen Bart, der ihm bis auf die Brust fiel. Schließlich fragte der mit dem Bart in barschem militärischem Ton: *»Soldaty germanskie?«* Wir waren wie versteinert, und niemand antwortete. Ich dachte an die beiden im Geheimversteck: Galten sie als Deserteure? Wenn dem so war, gnade uns Gott!

»*Soldaty germanskie?*« wiederholte der Bärtige ungeduldig.

Da ergriff Opa das Wort für die Anwesenden und antwortete mit erzwungener Ruhe: »Hier keine Soldaten.«

»Du lügen!«

»Nicht lügen, hier keine Soldaten.«

Der Bärtige drohte, indem er jedes einzelne Wort betonte: »Wenn hier *soldaty germanskie*, du kaputt!« Er starrte Opa in die Augen. »Verstanden?«

»Ich habe verstanden«, erwiderte Opa und versuchte, seine Anspannung zu meistern. »Aber hier sind nur alte Männer, Frauen und Kinder.«

Der Russe musterte ihn noch eine Weile und ließ dann seinen Blick über das trostlose Szenario im Keller schweifen. Schließlich fragte er: »Du Waffen?« Er hatte sehr schwarze, kluge Augen und einen roten, fleischigen Mund. Alle schienen wohlgenährt und keineswegs ausgezehrt.

»Keine Waffen«, antwortete Opa, während mir ein Schauder über den Rücken lief. Wieder schaute der Russe sich um; in seinen Augen lag ein sonderbarer Ausdruck, eine Art ungläubiges Staunen. Er betrachtete die armseligen Lager, den Holztisch, unter dem die Koffer mit unseren wenigen Wertsachen und ein paar Kleider standen, die rauchende Kerze, Erika, die die Suppenschüssel an sich preßte, die Betten, in denen Egon und Peter immer noch schliefen. Unvermittelt verzog sich sein Gesicht zu einer triumphierenden Grimasse, und er rief emphatisch: »Krieg kaputt! Gitler kaputt!«, wobei er auf die Reaktion in unseren Gesichtern lauerte. Aber als er nur Angst sah, fragte er in pragmatischem Ton: »Du *urri*?« Er wollte unsere Uhren.

Mittlerweile waren Peter und Egon aufgewacht und weinten beide vor Schreck. Der Bärtige bedeutete uns, jemand solle hinübergehen und sich um die Jungen kümmern. Dann wiederholte er grober: »Du *urri*?!« Mit zwei

Fingern klopfte er sich aufs Handgelenk, um sich verständlich zu machen. Endlich ging ein Beben des Verstehens durch unsere Reihen, und wer eine Uhr hatte, streifte sie hastig vom Handgelenk. Nur der Alte, der immer in die Hose machte, weigerte sich. »Nicht die Uhr! Sie ist die einzige Erinnerung an meine Frau ... ich kann euch die Uhr nicht geben!« greinte er und wand sich vor Verzweiflung. Da sprang ein Russe vor und stieß ihm den Gewehrlauf zwischen die Augen. »Du *urri* geben oder du kaputt!« Aber der Alte gab nicht nach und fuhr mit lächerlichem, absurdem Starrsinn mit seinem Gejammer fort: »Nicht die Uhr, bitte! Bitte nicht!«

»Streifen Sie die Uhr ab, Sie Idiot!« zischte Herr Hammer.

»Nein, nein, ich will nicht.«

»Machen Sie schon, verdammt noch mal!«

Der Alte erstickte fast an seinem verzweifelten Gewinsel.

Da sagte der Russe verächtlich: »Du weinen wegen *urri*? Weinen lieber wegen dein Stadt!« Und riß ihm grob die Uhr vom Handgelenk. Der Alte brach in krampfhaftes Schluchzen aus.

Inzwischen waren meine Stiefmutter und Frau Bittner zu den Betten der beiden tränenüberströmten Jungen geeilt und versuchten, sie zu beruhigen. Der Bärtige musterte zunächst Opa und dann mich und befahl: *»Idi sjuda!«*

Wir verstanden ihn nicht. Da bedeutete er uns, näher zu treten. Opa nahm mich an der Hand, und wir machten ein paar zögernde Schritte. Der Mann verzog das Gesicht zu einem breiten Lächeln und sagte zu Opa: »Du gutt!« Schließlich wandte er sich zu mir und fragte: »Du *golod*?« Dabei machte er die Bewegung des Essens. Meine Stimme mußte mir in die Schuhe gerutscht sein.

»Du *golod*?« fragte er lauter.

»Sag ihm, ob du Hunger hast«, riet Opa.

»Ja«, nickte ich mit angehaltenem Atem.

Der Russe sagte etwas zu einem aus seiner Gruppe, worauf der einen Laib Schwarzbrot aus einer Art Brotbeutel zog und ihn mir reichte. Als er meine bestürzte Verwunderung sah, lachte er. Er strich mir mit dem Gewehrkolben über die Wange, drehte sich um, sagte etwas zu den anderen, und alle lachten. Sie lachten in dem dunklen, stinkenden Keller, und ich wußte nicht, ob sie vor Vergnügen oder aus Mitleid lachten. Dann sagte der Bärtige zu mir: »Du sagen *spasibo.*« Ich verstand ihn nicht.

»Spasibo!« wiederholte er und schaute mich belustigt an.

Opa kam mir zu Hilfe. »Das bedeutet Danke, mein Schatz. Bedanke dich bei ihm.«

»Danke.«

»Spasibo!« sagte er wieder, und die anderen Russen echoten: *»Spasibo! Spasibo! Da!«* Kaum vernehmbar sagte ich: *»Spasibo.«*

Endlich waren sie zufrieden. Der Russe mit dem Bart verabschiedete sich, indem er ein letztes Mal »Gitler kaputt! Deutschland kaputt!« rief. Düster hallten die Worte in dem dumpfen Keller wider, in dem eine schlaftrunkene Kerze rußige Rauchringe zur Decke sandte.

Schließlich machte der Soldat auf dem Absatz kehrt und schrie seinem Gefolge einen Befehl zu; schwere Schritte und Gewehrklirren, *»Do svidanja!«* In zwei Sekunden waren sie aus dem Keller verschwunden.

Vorbei. Entsetzte Stille. Dann erleichterte Stille. Schließlich irgendwie verwunderte Aufregung. Und die ersten Kommentare, wirr, ungläubig, ein rauhes: »Lieber Gott, ich danke dir.« Befreiendes Niesen. Der erkältete Herr Hammer putzte sich die Nase mit einer Seite Nietzsche und murmelte: »Da haben wir Schwein gehabt!« Dann verflochten sich die Kommentare und wurden lauter und erregter in einer Atmosphäre unsäglicher Erleichterung. Ich drückte das Brot an mich wie ein Kind. »Ich will Brot!« kreischte Peter plötzlich und umarmte mich zusammen mit dem Brot.

Inzwischen hatte sich Frau Köhler von dem Schock erholt und rief: »Wenn das die Barbaren sind, die Goebbels meinte, dann habe ich nichts dagegen einzuwenden!«

Egon hopste auf einem Bein herum: »Ich will auch Brot!«

Wir holten die anderen aus ihrem Versteck. »Heraus mit den Deserteuren und *soldaty germanskie*!« scherzte jemand.

Mittlerweile hatte Opa mir das Brot abgenommen und begonnen, es in so viele Stücke zu schneiden, wie Leute im Keller waren. Herr Mannheim sagte zu dem Alten, der seine Uhr nicht hatte hergeben wollen: »Sie sind wirklich starrköpfig. Mußten Sie denn unbedingt mit einem Russen diskutieren?«

»Meine Uhr ...«, begann der andere wieder zu jammern. »Sie war die einzige Erinnerung an meine Frau ...«

»Wissen Sie, daß dieser Russe Sie hätte erschießen können?«

»Wegen einer Uhr!« protestierte der Alte.

»Dann haben Sie gar nichts begriffen«, schloß Herr Mannheim und gab auf.

Zuletzt verzehrte jeder langsam sein Stück Brot und ließ genußvoll jeden Krümel auf der Zunge zergehen. Mir schien, als habe ich noch nie etwas so Leckeres gegessen.

Später, in etwas entspannterer Stimmung, ergingen sich die Erwachsenen in Vermutungen, ob Hitler wirklich tot wäre.

»Das wäre zu schön!« rief Frau Köhler aus.

»Und sie haben keine Frau angerührt!« schluchzte Frau Mannheim, die sich mit einem kurzen Weinen Luft machte.

Frau Bittner und Erikas Mutter umarmten sich, weil ihre

Töchter der Gefahr entgangen waren. Erika und Gudrun wechselten ein paar Worte kindlicher Komplizenschaft. »Vor Angst hätte ich mir beinahe in die Hosen gemacht«, gestand Gudrun. »Ich auch«, sagte Erika und bekam vor Freude einen Hustenanfall. Später zogen sich Opa und Herr Mannheim in das Geheimversteck zurück, um die neuesten Nachrichten im Radio zu hören. Der Kreis um Berlin schloß sich immer mehr, der Fall der Stadt war demnächst zu erwarten. Vielleicht war es nur noch eine Frage von Stunden. Es kam uns allen vor wie ein Wunder. Schon lange Zeit hatten wir die Sirenen nicht mehr gehört: das schien uns ein gutes Zeichen.

Unter der Wirkung des gerade überstandenen Schrekkens zogen sich einige von uns auf ihr Lager zurück, um ein wenig zu schlafen. Peter kuschelte sich neben meine Stiefmutter auf das Feldbett. Opa lobte mich: »Du warst sehr mutig, mein Kind.«

Dankbar und stolz antwortete ich: »Danke.« Dann verbesserte ich mich: »*Spasibo.*«

Opa lächelte, zwischen Belustigung und Rührung schwankend: »Ich bin stolz auf dich.« Meine Stiefmutter hatte kein einziges Wort zu mir gesagt, aber ich war glücklich, daß Opa stolz auf mich war.

15

Berlin, Ende April 1945

Ich erwachte von erregtem Stimmengewirr und richtete mich in meinem Bett auf, um zu sehen, was los war. Frau Köhler redete mit einer Unbekannten, und an ihrem Ton konnte ich erkennen, daß sie beunruhigt waren. Dann umarmten sie sich, und ich sah wieder Angst auf den Gesichtern der Frauen. Plötzlich begann Rudolf zu schreien: »Ich will eine Pistole! Ihr müßt mir eine Pistole geben!«

Ich war verwirrt und bestürzt. Nach dem Besuch der Russen mußte ich tief und fest geschlafen haben, aber jetzt gab es wohl ein neuerliches Problem.

Die Frau war eine Jugendfreundin Frau Köhlers, die in einem Keller, nicht weit von unserem in der Nähe des Lauenburger Platzes, kampierte. Sie war gekommen, um uns zu warnen, daß versprengte Gruppen betrunkener Russen sich in den Kellern des Viertels herumtrieben und die Frauen belästigten und vergewaltigten.

Die Nachricht schlug ein wie ein Blitz aus heiterem Himmel und verbreitete Panik. Opa reagierte mit einer Geste der Verzweiflung: Er nahm ein Glas, schmetterte es auf den Boden und schrie: »Verflucht! Wie konnten wir nur so naiv sein?« Er schlang den Arm um meine Stiefmutter und weinte an ihrer Schulter. Armer Mann! Zu den Sorgen um Hilde, über deren Verbleib wir nichts in Erfahrung bringen konnten, kam nun der drohende Schatten der Vergewaltigung, der erneut über den Frauen hing!

Alle versuchten, vernünftig zu sein: Was konnte man tun? Sollten sie vorgeben, krank zu sein? Aber ein Betrunkener hörte einem gar nicht erst zu. Sollten sie sich im Haus in den oberen Stockwerken verstecken? Das wäre noch schlimmer gewesen. Die Russen würden mißtrauisch werden, wenn sie nur Männer anträfen, nach ihnen suchen und sie womöglich erschießen. Jemand riet, sich zwischen den Leichen im Hof zu verbergen, aber Frau Köhler erklärte, lieber würde sie sich umbringen. »Ich will eine Pistole!« wiederholte Rudolf. »Ich will meine Mutter beschützen!« Drohend pflanzte er sich vor Opa auf. »Sie müssen mir eine Pistole geben. Wenn niemand meine Mutter verteidigen will, dann werde ich es tun!«

»Zivilisten dürfen keine Waffen haben«, erklärte ihm Opa zum x-ten Mal.

»Es ist mir scheißegal, was verboten ist und was nicht!« brüllte Rudolf. »Ich will eine Pistole!« Sein Gesicht war verzerrt, die Augen weit aufgerissen, dicke Schweißtropfen traten ihm auf die Stirn.

»Ich kann sie dir nicht geben«, wiederholte Opa mit väterlicher Ruhe.

»Wenn ich alt genug bin, um in die Hitlerjugend einzutreten, bin ich auch in der Lage, eine Pistole zu benützen!« brauste Rudolf auf. »Schießen die bei der Hitlerjugend vielleicht nicht? Und wie die schießen! Ich will eine Pistole!«

»Versuch doch, dich zu beruhigen«, schaltete sich seine Mutter ein. »Ich will dich nicht verlieren, Schatz. Du weißt, daß sie dich auf der Stelle erschießen, wenn sie dich mit einer Pistole in der Hand sehen.«

»Aber ich will dich beschützen«, sagte Rudolf mit vor Erregung rauher Stimme. »Kein Russe darf Hand an dich legen!«

Von dem großen Palaver war Peter wach geworden. Als er jedoch sah, daß keiner auf ihn achtete, kniete er sich hin und begann, heftig auf den Brettern des Bettes hin und her zu hopsen, was ein nervenaufreibendes Knarren verursachte.

Irgendwann befahl meine Stiefmutter: »Hör auf damit, Peter!«

»Nein!« Da ging sie zum Bett hinüber und gab ihm einen Klaps auf den Po. Ungläubig starrte Peter sie an und brach in ärgerliches Weinen aus. Aus reiner Solidarität tat Egon es ihm nach, und die ohnehin schon übernervöse Stimmung wurde noch gespannter. Zum Glück dauerte das Ganze nicht länger als zwei Minuten, bis die schwachen Energien der beiden Streithammel erschöpft waren.

Von der allgemeinen Erregung angesteckt, begann Erika zu husten und Blut in die Suppenschüssel zu spucken. Frau Mannheim fuhr sie an, sie solle still sein, und zum erstenmal reagierte Erikas Mutter hart: »Ich muß immer mehr feststellen, daß Ihre menschlichen Eigenschaften zu wünschen übrig lassen, Frau Mannheim!« Die Mannheim fuhr beleidigt auf.

»Wie wäre es mit dem Geheimversteck?« bemerkte Frau Köhler plötzlich. »Das ist ziemlich sicher.«

»Ich weiß nicht, wie ihr euch zu sechst darin aufhalten wollt«, wandte Herr Hammer zweifelnd ein. »Da ist höchstens Platz für drei. Und dann steht dort auch noch der Empfänger.«

»Wie immer, alle Vorteile für das männliche Geschlecht!« protestierte Frau Köhler bitter mit einem schiefen Blick auf Kurt, Frau Bittners Sohn.

»Wenn es wegen mir ist, ich bleibe auch draußen«, teilte Kurt schroff mit.

»Mach die Dinge nicht schwieriger, als sie bereits sind«, sagte Frau Bittner ängstlich zu ihrem Sohn.

»Ich wollte mich melden«, brummte Kurt.

»Es ist müßig, noch darüber zu reden«, erwiderte seine Mutter.

Ohnmächtige Sprachlosigkeit breitete sich in dem engen Keller aus, während die Kerze sich damit vergnügte, unförmige Schatten auf die Wände zu werfen.

Müde Gesichter, Bestürzung, Angst. Kein Ausweg. Wieder in der Falle. Was tun? Doch schon im nächsten Augenblick wurden wir von lautem Gepolter auf der Treppe überrascht. Wie schwankende Gespenster tauchten zwei offensichtlich alkoholisierte Russen aus dem Dunkel auf! Mir stockte der Atem.

Auf unsicheren Beinen kamen sie singend und Tanzschritte andeutend näher. Der eine hatte eine schiefsitzende Pelzmütze auf dem Kopf, der andere einen Wald roter Haare und einen Stoppelbart. Ich drückte mich fest in mein Bett, damit sie mich nicht bemerkten, und erst da wurde mir bewußt, daß die beiden aus dem Geheimversteck keine Zeit gehabt hatten, sich zu verbergen!

Die Russen lachten grinsend und fuchtelten mit vorgehaltenen Gewehren herum; als erstes bedeuteten sie mir, aus dem Bett zu steigen. Das gleiche Los traf auch Egon und Peter. Egon begann zu weinen, während Peter gehorsam folgte. Bald darauf standen wir alle mitten im Keller, und die Russen starrten uns verblüfft an, als wären wir Tiere im Zirkus. Sie versuchten sogar, sich zusammenzureißen, waren aber zu betrunken. Endlich gab einer der beiden eine Reihe von Rülpsern von sich und brüllte: »Du *urri*!« Schon wieder, dachte ich, sie wollen schon wieder unsere Uhren! Aber keiner rührte sich.

»Du *urri*!« wiederholte der Russe mit Anzeichen gereizter Ungeduld. Da versuchte Opa ihm zu erklären, daß seine Vorgänger uns schon um unsere Uhren erleichtert hatten, indem er ihm sein nacktes Handgelenk zeigte und die anderen bat, es ihm nachzutun. Alle zeigten auf ihre uhrlosen Handgelenke, und der Russe ließ sich überzeugen. Dann leuchtete er einem nach dem anderen mit einer Taschenlampe ins Gesicht, wobei er vor den Frauen länger verweilte. Bei meiner Stiefmutter angekommen, hielt er inne und schrie mit plötzlicher Emphase: »Hurra Stalin!« Obwohl die Taschenlampe sie blendete, rührte meine Stiefmutter sich nicht, während Peter sich an ihre Beine klammerte.

Der Russe rülpste noch ein paarmal und wiederholte herausfordernd: »Hurra Stalin!« Dabei schlug er meiner Stiefmutter mit schwerer Hand auf die Schulter. Wieder reagierte sie nicht. Da befahl ihr der andere, verdrossen über ihre Stummheit: »Du sagen ›Hurra Stalin!‹ oder du kaputt!« Peter unterdrückte ein erschrockenes Schluchzen; aber Opa rettete die Lage, indem er anstelle seiner Tochter rief: »Hurra Stalin!«

Der Russe drehte sich um, und sein Gesicht verzog sich zu einem zufriedenen Grinsen. »Du gutt!« Befriedigt rülpste er, wies auf meine Stiefmutter und erkundigte sich: »Deine Frau?«

»Vater«, antwortete Opa. »Ich bin der Vater.«

»Vater?« Der Russe runzelte die Stirn, senkte den Kopf, dachte angestrengt nach, wobei er einen Knopf seiner staubbedeckten Uniform anstarrte, und verkündete schließlich: »Vater gutt! Du noch sagen: ›Hurra Stalin!‹ Du Vater gutt! *Da*!«

»Hurra Stalin!« rief Opa.

Begeistert schnalzte der Russe mit der Zunge, hieb sich mit den Händen auf seine runden Schenkel und heulte: »Noch! Noch Hurra Stalin!« Dabei schielte er aus glänzenden, geröteten Augen Opa an.

Als Opa zum drittenmal seinem Wunsch nachkam, zerriß es mir schier das Herz. Armer alter Opa!

Endlich war der Russe zufrieden, und sein Gesicht wurde auf komische Weise ernst. Mit einer vertraulichen Geste legte er seine Pranke auf Opas schmächtige Schultern und verkündete: »Gitler kaputt.« Er tat so, als schieße er sich in die Schläfe, und fügte zähnefletschend hinzu: »Gitler grrr! Adolf kaputt!« Dabei lachte er, wiehernd wie ein Pferd, mit weit zurückgeworfenem Kopf.

Der andere Russe, der bisher nur höhnisch gegrinst hatte, sang frohlockend vor sich hin: »Alles kaputt! *Germanija* kaputt! Parlament kaputt! *Da*!« und haute seinem Gefährten kräftig auf die Schulter; aber dieser war nicht mehr bei der Sache, er starrte Erika an!

Plötzlich hielt mir der mit der Mütze sein Gewehr vor die Brust und donnerte: »*Imja!* Name! Was ... dein ... Name?«

Meine Kehle war wie ausgetrocknet, während eine Kröte in meinen Eingeweiden herumhüpfte.

»Sag ihm, wie du heißt, Schatz«, wisperte Opa.

»Helga«, murmelte ich.

»Gelga?«

»Helga.« Der Russe kratzte sich unter der Mütze und kam zu dem Entschluß: »Du nicht gutt, Gelga.« Sein stinkender Atem fuhr mir über das Gesicht, als er näher kam und meine Brust betastete, die flach wie ein Brett war. Ich fragte mich, was er da zu tasten hatte, und war versucht, ihm in die Hand zu beißen, beherrschte mich aber. Schließlich kniff dieses Tier mich dahin, wo in etwa meine kindliche Brustwarze sein mochte, und wiederholte verächtlich: »Nein, Gelga nicht gutt!« Er spuckte auf den Boden, ließ von mir ab und fuhr dann fort, unsere Gesichter anzuleuchten; vor Gudrun blieb er stehen. Mit gurgelnder Stimme sagte er: »Du Fräulein! Du gutt!« und rülpste zufrieden. »Du mit mir kommen!« Doch Gudruns Mutter warf sich dazwischen: »Nein, das dürfen Sie nicht tun! Bitte, nehmen Sie lieber mich, ich flehe Sie an, sie ist noch ein Kind!« Mit einem brutalen Tritt in den Bauch befreite der Russe sich von ihr. »Hündin!«

Frau Bittner war rückwärts mit dem Kopf auf den Boden geschlagen, wo sie halb besinnungslos liegenblieb. Ich spürte, wie mein Magen sich zusammenkrampfte, und fürchtete, ich müßte mich übergeben. Inzwischen zog der Russe, das Durcheinander ausnützend, Gudrun in den Flur und machte seinem Gefährten ein Zeichen, uns mit seinem Gewehr auf Abstand zu halten. Der andere gab ein zustimmendes Grunzen von sich und setzte sich mit vorgehaltenem Gewehr auf einen Stuhl. Dann befahl er uns, die Frau auf dem Boden liegen zu lassen und uns in einer Reihe aufzustellen. »Sonst kaputt!« Es blieb uns nichts anderes übrig, als zu gehorchen. Der Typ sah so aus, als meinte er es ernst. Nicht einen einzigen Augenblick würde er zögern, von seiner Waffe Gebrauch zu machen.

Zusammengeschart standen wir da, erniedrigt und ohnmächtig. Wenn ich nur eine Pistole gehabt hätte, dann hätte ich auf diesen Russen geschossen!

Auf dem Gang hörten wir Gudruns gellende Schreie, die immer lauter zu werden und in unseren wehen Herzen zu bersten schienen. Es war furchtbar. Mir war übel. Ich wollte sterben.

Dann kam der Russe ohne Gudrun aus dem Flur zurück. Einen Augenblick lang schaute er uns mit einem Ausdruck befriedigter Arroganz an, aber angesichts unserer einmütigen Verachtung setzte er ein anderes Gesicht auf. Mit plumper Verlegenheit knöpfte er sich grunzend die Hose zu, sandte uns noch ein Lächeln anmaßender Befriedigung und murmelte etwas in seiner Sprache in den Bart. Der mit dem Gewehr bedeutete ihm, ihn abzulösen, und trat schwankend auf Erika zu. Bis zu diesem Augenblick hatte ich niemals daran gedacht, daß ein Mann für diesen Schatten von einem Mädchen irgendein Interesse aufbringen könnte, aber das war ein Irrtum.

Erika starrte den Russen an und wurde kreidebleich. Sie

begann sichtlich zu zittern, während sie gleichzeitig weinte und hustete.

»Dein Name!« schrie der Russe grob und wiegte sich in den Hüften. Er legte eine dumme Siegerarroganz an den Tag und schielte geifernd nach ihren kaum sprießenden Brüsten.

Vergeblich bewegte Erika die Lippen, sie vermochte kein einziges Wort herauszubringen. Da wiederholte der Russe ungeduldig: »Dein Name!«

Die Arme schluckte, holte tief Luft und stammelte kaum hörbar: »E-ri-ka.«

»Erika ...«, wiederholte der Russe und hob mit dem Kolben seines Gewehrs eine Haarsträhne hoch. Sie fuhr zurück, ein unterdrücktes Schluchzen erschütterte ihre Brust, die Suppenschüssel entglitt ihren Händen und zerschellte mit höllischem Getöse.

Über das Gesicht des Russen breitete sich ein Ausdruck dumpfen Staunens, während er auf die Scherben glotzte. Als er sich von der Überraschung erholt hatte, packte er Erika an den Schultern und versuchte, sie zu küssen. Ihre Mutter warf sich flehend dazwischen: »Bitte, nehmen Sie mich an ihrer Stelle ... sie ist krank ... sie ...« Aber der Soldat ließ sie nicht ausreden, sondern versetzte ihr mit dem Gewehr einen gewaltigen Schlag auf den Kopf. Die Frau stürzte, rollte zur Seite, trat hilflos um sich und verlor das Bewußtsein.

Gleichzeitig hatte der Russe Erika auf eine Matratze gestoßen und sich mit seinem ganzen Gewicht auf sie geworfen. Einige von uns rührten sich, um den Vergewaltiger aufzuhalten, aber der mit dem Gewehr schrie etwas auf russisch und schoß in die Luft. Dunkel und drohend dröhnte der Schuß durch den Keller und hallte in unseren erstarrten Herzen wider. Ich versuchte, meinen Blick von dem schrecklichen Schauspiel abzuwenden, aber es gelang mir nicht. Unter einem unbezähmbaren Zwang verfolgte ich das gesamte Geschehen bis zum Schluß. Meine Beine gaben nach, ein entsetzliches Ekelgefühl schnürte mein Herz zusammen, was ich sah, war unerhört, grausam, ungerecht. Als Erleichterung meiner schrecklichen Spannung wartete ich auf die Tränen, und als ich sie unter den Lidern brennen fühlte, vergrub ich mein Gesicht in Opas Jacke.

16

Sie gingen fort, stark in jenem ihnen eigenen Glauben der Unschuld, weil sie überzeugt davon waren, dem Recht des Siegers Genüge getan zu haben. Zufrieden grinsend und sich gegenseitig auf die Schulter klopfend, stiegen sie die Treppe hinauf, vereint in der Komplizenschaft einer Gewalt, die in Kriegszeiten nicht nur als natürlich und nicht verfolgbar, sondern, was noch schlimmer ist, mit entschuldigendem Achselzucken betrachtet wird. So einfach ist das.

Es folgte ein Augenblick bestürzter Stille, plötzlich unterbrochen von der Dringlichkeit, den Opfern zu helfen. Das alles war so schrecklich, daß ich nicht den Mut hatte, hinzuschauen. Die beiden Mütter bewußtlos, Erika stöhnend auf der Matratze; bestürzt floh ich auf den Flur. Dort war Gudrun, und ich wurde von denen zur Seite gestoßen, die ihr zu Hilfe eilen wollten. Von einem irrationalen Impuls getrieben, folgte ich ihnen.

Wie ein Fötus zusammengekrümmt, lag Gudrun mit weit aufgerissenen Augen auf der Erde. Der Ausdruck eisigen Schmerzes auf ihrem Gesicht ließ jedes Gefühl in mir erstarren.

Sie trugen sie auf ein Feldbett und deckten sie mit Tüchern und Mänteln zu, weil sie zitterte. Sie zitterte und klapperte mit den Zähnen, und ihre Augen waren weit aufgerissen. Die beiden Mütter waren noch nicht bei Bewußtsein.

Jemand ging hinauf, um zu telefonieren und sich zu erkundigen, ob es irgendwo eine Erste Hilfe für vergewaltigte Frauen gebe, aber die Antwort war negativ. Es gab tatsächlich nichts. Es gab nichts mehr. Nur Schrecken. Im

Keller breitete sich eine Atmosphäre ohnmächtiger Wut und ohnmächtigen Mitleids aus.

Auf der Matratze, auf der sich Erikas Opfer vollzogen hatte, war ein apfelgroßer Blutfleck zurückgeblieben. Entsetzt starrte ich darauf; es war, als ob das Vorgefallene auch mich betreffe; als ob dieses schlimme Erlebnis von vornherein jegliche künftige Beziehung zum anderen Geschlecht unmöglich mache! Ich beschloß, daß kein Mann mich jemals berühren dürfe; Männer waren nur wilde Tiere, abgesehen von denen im Keller, aber das vielleicht auch nur, weil sie zu alt beziehungsweise zu jung waren. Zutiefst beunruhigt, konnte ich meinen Blick nicht von dem Fleck lösen.

Inzwischen hatte Erika sich von der Matratze aufgerafft und hockte auf dem Boden. Sie zitterte und hustete und hatte die Hände vors Gesicht geschlagen. Jemand hatte ihr eine Decke über die Schultern gelegt, aber sie warf sie immer wieder herunter.

Kaum waren die Russen weg, waren Peter und Egon in tiefen Schlaf gefallen. Ich weiß nicht, inwieweit sie das Vorgefallene mitbekommen hatten, aber zumindest Peter hörte ich danach nie mehr eine Frage in diesem Zusammenhang stellen. Gudruns Bruder Kurt dagegen quälte sich ständig mit Schuldgefühlen, weil er seine Schwester nicht vor diesem Untier verteidigt hatte. In Wirklichkeit wäre es ihm gar nicht möglich gewesen, ihr zu helfen, denn wenn er sich dem Russen entgegengestellt hätte, wäre er erschossen worden.

Mit wachsendem Unbehagen starrte ich auf den Fleck, bis meine Stiefmutter irgendwann zu mir sagte: »Schau da nicht hin!« Ich fragte sie nach dem Grund.

»Schau nicht hin und Schluß!« war ihre einzige, herrische Antwort. Aber diesmal fügte ich mich nicht. »Sag mir, warum«, beharrte ich trotzig.

Sie warf mir einen ärgerlichen Blick zu, seufzte und erwiderte schließlich barsch: »Weil es sich deinem Gedächtnis für immer einprägen könnte, deshalb!«

»Ich will nicht vergessen!« antwortete ich instinktiv, auch wenn mir keinesfalls klar war, weshalb.

Sie griff verärgert nach einer Strähne ihres schmutzigen Haars und bekräftigte kategorisch knapp: »Vergessen ist besser!«

Ich wollte schon etwas Unpassendes entgegnen, aber Peter war aufgewacht und verlangte nach ihr. Unverzüglich ließ sie mich stehen.

Mittlerweile hatten die beiden Frauen sich ausreichend erholt, um sich mit ihren Töchtern zu beschäftigen. Ein Blick genügte, um zu erfassen, welche Tragödie ihren armen Kindern widerfahren war. Die Wirkung war furchtbar.

Erikas Mutter konnte ihre Tochter dazu überreden, sich auf einem Feldbett auszustrecken. Einer der Alten breitete eine zerschlissene Militärjacke über die Matratze und entzog so den Fleck meinen Blicken. Erika ging es schlecht.

Ich sah, wie die arme Mutter sich um ihre Tochter zu schaffen machte, mit gequälten Augen und gebrochenem Herzen, aber alle mütterliche Liebe der Welt hätte nicht ausgereicht, um Erika Erleichterung zu verschaffen. Es war, als habe sich ihr Körper, von der gerade erlittenen furchtbaren Vergewaltigung vernichtet, der Krankheit ergeben. Mit blutlosen Lippen und leeren Augen kämpfte sie gegen eine tödliche Mattigkeit, hustete und spuckte Blut in eine Blechschüssel, die jemand ihr mitleidig gereicht hatte.

Später gab es einen schweren Artillerieangriff. Die ganze Nacht verbrachte ich in einem Zustand der Angst zwischen Schlafen und Wachen. Dann veranlaßte mich ein aufgeregtes Flüstern, mich in meinem Bett aufzurichten, so daß ich sah, wie die Frauen sich um Erikas Lager versammelten. Aus dem wenigen, was ich verstehen konnte, entnahm ich, daß Erika Blut verlor, aber diesmal nicht aus dem Mund.

Es ging ihr schlechter. Bedrohlich klang das Wort Blutung zu mir herüber. Ich sah, wie Frau Köhler ein Bettlaken in Stücke riß und einen Streifen zwischen Erikas Beine legte, aber aus der Häufigkeit, mit der die Frauen diese Binden wechseln mußten, schloß ich, daß es sich um etwas sehr Ernstes handelte. Plötzlich brach Erikas Mutter in verzweifeltes Weinen aus. Dann gab sie ihre Tochter in die Obhut der Kellergemeinschaft und lief die Treppe hinauf, um Hilfe zu holen. Erika ist in Lebensgefahr, dachte ich. Lieber Gott, hilf ihr!

Als ob das nicht genügt hätte, gab es wieder Alarm, und gleich darauf ging ein wütendes Artilleriebombardement auf uns nieder. Gegen Ende hörten wir ein ungewöhnlich lautes Donnern, das schwer im Keller widerhallte, als ob jemand zentnerweise Kohlen auf die Treppe gekippt hätte. Herr Hammer ging nachschauen und kehrte mit der Nachricht zurück, daß irgend etwas von außen das Haustor versperrte. Neuerliche Bestürzung malte sich auf den Gesichtern ab; die Ereignisse ließen uns keine Atempause! Wir konnten doch nicht hinter der blockierten Tür sitzen bleiben. Und dann warteten wir ja auf Erikas Mutter!

Im ersten Licht des Morgengrauens beschlossen Herr Hammer, das Ehepaar Mannheim und Frau Köhler, den Zugang freizulegen. Meine Stiefmutter blieb bei Frau Bittner, die zwischen Erika und Gudrun hin und her pendelte.

Die kleine Gruppe hatte die Kellertür geöffnet; leise folgte ich ihnen. Es wurde gerade hell, die Luft war unbeweglich und vom Widerschein der in Flammen stehenden Stadt dunstig rot. Müde und starr vor Kälte verweilte ich einen Augenblick im Hof. Auf einmal fiel ein blendender

Lichtstrahl über den höchsten Ruinenkomplex. Die Sonne ging auf, stieg am Himmel empor, und ein dreister Strahl blitzte auf dem Geländer eines Balkons auf, der sich zäh an die Fassade eines ausgebombten Hauses klammerte. Ein einsamer Vogel ließ seinen bedächtigen Ruf erschallen.

Die Gruppe war schon über die Trümmer neben unserem Haus geklettert. Von dem eingestürzten Gebäude war, wie eine Fratze, ein Stück des ersten Stockwerks stehengeblieben. Man sah einen Treppenzug, über den die Ratten huschten, ein Stück Küche mit dem Spülbecken an der Wand, und ein Kleidungsstück, vielleicht eine Schürze, das absurderweise immer noch an seinem Haken an der aus den Angeln gerissenen Tür hing.

Ich kletterte ebenfalls über den Schutthaufen, der einen Teil der Lothar-Bucher-Straße versperrte. Als Opa mich bemerkte, machte er eine mißbilligende Bewegung, aber ich hatte die feste Absicht zu bleiben. Ich wollte bei ihm sein, damit wir, wenn er von einer Granate getroffen wurde, zusammen starben.

»Bitte, laß mich bleiben ...«, murmelte ich flehend. Er ließ sich erweichen, seufzte und nickte zustimmend. Dann betrachtete er das Desaster. Während des letzten Angriffs hatte ein Geschoß den Balkon im ersten Stock getroffen, der herabgestürzt war und nun das Haustor versperrte. Herr Mannheim stieg wieder über die Trümmer, weil er hoffte, im Schuppen irgendwelche Werkzeuge zu finden, während die anderen schon begannen, die Steine wegzuräumen. Auch ich legte mit Hand an, um meine Anwesenheit zu rechtfertigen. Herr Mannheim kam mit ein paar Geräten zurück, wobei er über den Gestank schimpfte, der von den Leichen im Hof ausging. Wir arbeiteten tüchtig.

Dann fuhr ein alter Mann auf einem klapprigen Fahrrad vorbei und fragte uns, was wir da machten. Er war in mitteilsamer Stimmung und erzählte, erschöpft und angewidert, daß er aus einer Spezialeinheit geflohen sei, die in weniger als drei Stunden niedergemäht worden wäre, und daß es ihm vollkommen egal sei, als Deserteur betrachtet zu werden. Anscheinend hatte er Schlimmes durchgemacht, er war völlig zerlumpt und bis auf die Knochen abgemagert. Am Hals hatte er eine eiternde Wunde. Er sagte, daß die U-Bahn voller Leute sei, die vor Hunger und Durst schrien. Dort unten starben die zusammengepferchten Menschen wie die Fliegen, und die Toten wurden nacheinander auf die Schienen geworfen, wo sie zu verwesen begannen. Er hatte gehört, daß der Kreis um Berlin sich schloß und daß Tausende und Abertausende von Kanonen auf die Hauptstadt gerichtet waren. Seine Erzählung beendete er mit dem Hinweis, daß in jedem Hof Tote begraben würden, dann stieg er wieder auf sein Rad und fuhr grußlos davon.

Sogleich keifte Herr Hammer: »Ich hatte Ihnen ja gesagt, daß es besser wäre, die Toten in unserem Hof zu begraben; dann wären wir von dem ganzen Gestank verschont geblieben!«

Die Hausmeisterin ereiferte sich: »Wer ist für unseren Hof verantwortlich? Ich! Und solange ich das bin, wird in unserem Hof nicht einmal eine Maus begraben, verstanden? Ich halte mich an die Vorschriften!«

»Wer hält sich denn heute noch an die Vorschriften?« blökte Frau Mannheim und rieb sich das Knie.

»Wir!« brüllte Frau Köhler und fügte mit schlauer Miene hinzu: »Wissen Sie, was passiert, sobald der Krieg vorbei ist?« Sie starrte Frau Mannheim an, die sich mit dem Arm auf ihre Schaufel stützte.

»Was?«

»All die Schlauköpfe, die Vorschriften mißachtet haben, werden die armen Verblichenen wieder ausgraben müssen, damit sie gezählt und identifiziert werden können! Die

Alliierten wollen doch wenigstens wissen, wie vielen Deutschen sie den Garaus gemacht haben!« Schließlich setzte der unheilvolle Kriegslärm aus dem Zentrum dem Disput ein Ende.

Mittlerweile waren wir fertig: Die Tür war wieder frei. Sofort stiegen wir in den Keller hinunter und erkundigten uns, wie es den beiden Mädchen ginge. Gudrun hatte sich nicht gerührt, sie zitterte, klapperte mit den Zähnen und starrte mit weit aufgerissenen Augen an die Decke. Erika röchelte. Wir fürchteten um ihr Leben und begannen uns auch um ihre Mutter Sorgen zu machen, die noch nicht zurückgekehrt war.

Als es richtig hell wurde, verließ uns Frau Mannheim, die mit Wasserholen an der Reihe war, unter schwerem Gejammer. Aber gleich darauf war sie wieder da. Sie sagte, auf der Straße habe sie zwei Frauen getroffen, die zu einer bestimmten Adresse unterwegs seien, wo es anscheinend ein noch ziemlich gut gefülltes Lebensmittellager gebe. Vielleicht sollte jemand das an Ort und Stelle einmal in Augenschein nehmen. Sofort beschlossen Frau Köhler und meine Stiefmutter, hinzugehen, und vertrauten die beiden Mädchen dem Rest der Gemeinschaft an. Ungefähr eine halbe Stunde später hörten wir unvermittelt wütenden Beschuß, ohne daß es zuvor Alarm gegeben hätte, aber wie durch ein Wunder blieb unser Haus stehen.

Die Zeit verging, und wir waren in Sorge um meine Stiefmutter, Frau Köhler und Erikas Mutter. Rudolf kaute an den Fingernägeln und suchte etliche Male den Eimer auf.

Endlich kehrten sie zurück. Meine Stiefmutter hatte einen Schuh verloren und lief mit einem bloßen Fuß.

Die Beute war mager ausgefallen, weil der Volkssturm das Lager geplündert, sich den größten Teil der Lebensmittel unter den Nagel gerissen und für die normalen Leute nur die Reste übriggelassen hatte. Es war zu einer höllischen Keilerei gekommen. Frau Köhler hatte ein blaues Auge.

Dann kochte Frau Bittner für alle Grießbrei auf einem Feuer, das man aus im Keller zusammengeklaubten Möbelteilen entfacht hatte, und während Opa meiner Stiefmutter den Fuß massierte, kam ein alter Mann mit einem verrosteten Rennrad auf der Schulter die Kellertreppe herunter. Er brachte uns die Nachricht, daß es Hilde gut ginge und daß sie sich in einem Lazarett befände, in das sie nach einem Luftangriff gebracht worden war, der sie auf der Straße überrascht hatte: Von einem Splitter war sie an der Milz verletzt worden. Trotz dieser letzten Neuigkeit waren Opa und meine Stiefmutter sehr erleichtert. Wo befand sich das Lazarett? Der Alte wollte es nicht sagen, weil es in einer Zone lag, in der noch viel gekämpft wurde, und weil Hilde nicht wünschte, daß Opa oder meine Stiefmutter ihr Leben riskierten, um sie zu besuchen.

»Wenn die Lage sich etwas beruhigt hat«, versicherte der Alte, »wird das Fräulein Sie wissen lassen, wo es sich befindet.« Mehr war nicht aus ihm herauszubringen. Höflich lehnte er den Grießbrei ab, schleppte sein Fahrrad wieder die Treppe hinauf, wünschte allen Gottes Segen und ging.

Während Opa und meine Stiefmutter noch ihrer Erleichterung über die gute Nachricht Ausdruck verliehen, kehrte Erikas Mutter mit einer alten Ärztin zurück, die sich kaum auf den Beinen halten konnte und auf einen Stock stützte. Sie trug eine dicke Brille, und ihr Gesicht wurde von einem grauen Zopf umrahmt, der mit vielen Hornnadeln festgesteckt war.

Erikas Mutter bückte sich nieder und küßte ihre Tochter zärtlich auf die Stirn.

Plötzlich schlug Erika die Augen auf und lächelte. Ihre Mutter fragte: »Geht es dir besser, mein Herz?« Mit einem engelsgleichen Ausdruck nickte Erika. Ihr Gesicht war von marmorner Blässe überzogen.

»Ich habe dir eine Ärztin mitgebracht, mein Schatz«, sagte die Mutter.

»Mir ... geht ... es ... gut ... jetzt«, flüsterte die Tochter kaum hörbar.

Die Ärztin untersuchte sie, während wir uns alle um ihr Lager geschart hatten und vielleicht auf ein Wunder hofften.

Auf einmal hob Erika den Blick, schaute uns alle nacheinander an, lächelte schwach und murmelte: »Danke.« Doch dann veränderte sich etwas in ihrem Gesicht. Ihre Lippen verzogen sich, die Lider wurden schwer. Ein langer Schauder ging durch ihren Körper, und im Mundwinkel erblühte wie eine winzige Rosenknospe ein Blutstropfen. Sie umklammerte die Hand ihrer Mutter und küßte sie. Aber dieser Kuß erstarrte und verwandelte sich in einen Biß.

Im Sterben biß sie ihrer Mutter in die Finger.

17

Berlin, Anfang Mai 1945

Erikas Tod hatte uns zutiefst getroffen.

Durch Vermittlung der alten Ärztin war es ihrer Mutter gelungen, ihr ein anständiges Begräbnis zu verschaffen, wer weiß wie und wo. In einem weißlackierten Badezimmerschrank, aus dem Fächer und Türen entfernt worden waren, trugen sie den Leichnam hinaus. Danach verfielen wir alle in eine Art kollektive Depression. Wir waren erschöpft, körperlich und moralisch am Ende. Im Keller schien das Leben stehengeblieben zu sein. Nun konnte ich nicht einmal mehr in den Erinnerungen Trost finden.

Seit einiger Zeit hatte ich keinen Vergangenheitsbegriff mehr: Großmutter, Tante Margarethe, meine Kusine Eva, mein Vater, Eden, alles war zu einem unförmigen, konturlosen Klumpen geworden. Mir waren die Gesichter, Bewegungen, Stimmen, Gestalten der Menschen abhanden gekommen, die mir nahe gestanden hatten! Eden war so weit, eine aufgelöste Wolke. Flüchtige Erinnerungen, ungreifbar. Wie gerne hätte ich mich daran geklammert. Bruchstücke der Zuneigung, Augenblicke der Kindheit. Im Keller hatte ich Opa, aber er war nicht immer zum Erzählen aufgelegt.

Nach dem schrecklichen Erlebnis der Vergewaltigung versetzte der Gedanke, dies könne sich wiederholen, die Frauen in Angst und Schrecken. Rudolf verlangte unverändert nach einer Pistole, Kurt schloß sich seiner Forderung an. Es gab heftige Wortgefechte, aber die Erwachsenen rückten keine Waffen heraus.

In jenen Tagen erfuhren wir aus dem Radio, daß Hitler im Bunker der Reichskanzlei den Tod gefunden hatte.

Noch dreimal kamen die Russen in unseren Keller. Kurt war auf der Hut; entschlossen, sich jedem in den Weg zu stellen, der auch nur versuchte, Hand an seine Schwester zu legen. Die Lage war verwirrend. Wir wurden von den Russen bedroht, aber auch die SS konnte unvermutet auftauchen, um im letzten Augenblick noch ein paar Unglückliche einzuziehen.

Gegen Abend erschienen weitere Russen: vier Offiziere mit vielen Orden. Gut rasiert. Barsch und korrekt. *Soldaty germanskie? Urri?* Waffen? *Do svidanja!* Die Frauen rührten sie nicht an. Am nächsten Morgen dann ein Trupp aus sieben einfachen Soldaten. Zwei waren Mongolen. Schlaue Schlitzaugen, gedrungener Körperbau. Einer war blond, sah sehr gut aus, Hitler hätte seine Freude an ihm gehabt. *Urri?* Waffen? *Soldaty germanskie?* Keine Vergewaltigung. Kein Brot.

Als letztes ein Trio. Der eine trug eine Mundharmonika an einem Band um den Hals. Sie stellten den Keller auf den Kopf, ohne das Geheimversteck zu finden. Und ließen die Frauen in Ruhe. Die Erleichterung war groß und trug dazu bei, die allgemeine Stimmung zu heben.

Gudrun hatte sich von dem Trauma der Vergewaltigung nicht erholt, und ihre Mutter weinte nur noch. Die ganze Zeit über lag das Mädchen auf ihrem Bett und starrte an die Decke. Es hatte die Fähigkeit zu sprechen verloren, schien wie versteinert. Das bestärkte mich nur noch mehr in meiner Überzeugung, daß Männer, mit Ausnahme derjenigen im Keller sowie unserer Väter, Brüder und Großväter, Wesen waren, die ich meiden mußte, wenn ich einmal erwachsen war.

Mit Mühe und Not schleppten wir uns durch. Ungeachtet der allgemeinen Apathie hörte Opa ab und zu die Nachrichten auf BBC. Der Kampf um Berlin tobte, dieser Krieg schien nie enden zu wollen! Jeder Tag dauerte eine Ewigkeit.

Manchmal besuchte uns ein alter Mann aus einem Keller zwei Häuser weiter, nur einfach so, um sich zu unterhalten. Er kam mir ein bißchen verrückt vor, und vor allem sehr einsam, aber er wußte immer irgend etwas zu erzählen. Zum Beispiel, daß viele Frauen in unserem Viertel von den Russen vergewaltigt worden seien und mehrere Männer hatten sterben müssen, weil sie versucht hatten, sie vor den Vergewaltigern zu schützen. Er sagte, daß die SS-Leute in großer Zahl Selbstmord begehen würden, weil sie den Gedanken nicht ertragen könnten, den Sowjets in die Hände zu fallen.

Dieser Alte kam häufig. Vielleicht fand er unseren Keller sympathischer als den, in dem er Zuflucht gesucht hatte, nachdem er, allein und nun ohne Familie, aus Ostdeutschland geflohen war. Er berichtete, daß die Rote Armee allerorten auf ihrem Marsch nach Berlin die Dörfer, durch die sie gezogen war, buchstäblich mit Stalin-Bildern tapeziert, rote Fahnen aufgepflanzt und der Bevölkerung bei Strafe verboten hatte, diese wieder zu entfernen. Eines Tages brachte mich der Alte, eine Art lustiger Geschichtenerzähler, sogar zum Lachen, als er sagte: »Der Leichengestank in Berlin wäre ja noch zu ertragen, wenn nur die Lebenden nicht so stinken würden!« Dabei duftete er auch nicht gerade nach Lavendel!

Es war praktisch nicht mehr möglich, den Keller zu verlassen, wenn man nicht Selbstmord begehen wollte. Berlin war zu einem riesigen Schlachtfeld geworden: Von allen Seiten hagelte es Raketen, Granaten, Artillerie aller Art und Kaliber. Wer sich auf der Straße blicken ließ, lief Gefahr, sofort getötet zu werden, so daß niemand sich mehr hinauswagte, nicht einmal um Wasser zu holen. Es war ein dramatischer Augenblick. Zudem gingen unsere Lebensmittelvorräte zu Ende. Wir hatten nur noch getrocknete Erbsen, die wir unter unerträglichem Qualm, bei Reizhusten und tränenden Augen auf einem Holzfeuer kochten. Tatsächlich aßen wir sie fast roh.

Wir hatten keine Kraft mehr. Konnten nicht mehr. Der Eimer wurde immer weniger benutzt, weil wir wenig Wasser lassen mußten und kaum noch Stuhlgang hatten. Unbezähmbare Schläfrigkeit überkam uns, die uns mit bleischweren Augen auf unser Lager warf. Selbst Peter und Egon dösten die meiste Zeit; sie glichen abgehackten kleinen Zweigen, deren Saft immer mehr austrocknete. Jedesmal, wenn ich meinen Bruder in diesem Zustand sah, fragte ich mich schaudernd: Wie konnte ein fünfjähriges Kind schon so des Lebens müde sein? Auch ich hatte wenig gehabt, nur Eden, aber ich kannte wenigstens die Farbe des Himmels und den süßen Geschmack eines reifen Apfels, das berauschende Gefühl, sich auf der Schaukel hoch emporzuschwingen, und den einzigartigen herben Duft frischgemähten Grases; Peter dagegen kannte nicht einmal das, nur zugenagelte Fenster, einen bis zum letzten Winkel überfüllten engen, stickigen Keller und ein Bett aus zwei zusammengenagelten Brettern!

Frau Köhlers Freundin, die uns seinerzeit vor der Ankunft der Russen gewarnt hatte, kam die Treppe heruntergerannt und brachte uns einen Kanister Wasser. Damit rettete sie uns das Leben.

»Woher hast du den, Lotte?« fragte Frau Köhler.

Lotte lächelte listig. »Wir haben ein Dutzend mit nach Hause genommen!«

»Aber wo habt ihr das Wasser her?«

»Aus einem Riesenfaß, das so ein elender Nazi in seinem elenden Garten vergraben hat!« entgegnete Lotte. Frau Köhler umarmte ihre Freundin: »Ach Lotte, Lotte, du hast dich überhaupt nicht verändert! Du ahnst nicht, was dieser Kanister für uns bedeutet! Was meinst du, gibt es dort noch mehr Wasser?«

»Ich würde euch nicht raten, den Keller zu verlassen«, erwiderte Lotte. »Wenn du wüßtest, was für ein Chaos draußen herrscht! Ich kann dir gar nicht sagen, was wir da gesehen haben!«

»Was ist los?« fragte Frau Köhler. »Im Radio hört man furchtbare Dinge ... die Lage scheint verzweifelt ...«

»Schlimmer noch«, antwortete Frau Lotte. »Ich sage dir, es ist noch viel schlimmer! Die Stadtmitte gleicht einem Ameisenhaufen; überall Lastwagen, Militärfahrzeuge, Ambulanzen, Panzer, Schützenpanzer, und alle fahren blindlings umher, überrollen alles, was ihnen in den Weg kommt, rollen sogar über die Leichen ... die reinste Hölle! Die Luft ist voller Asche, der Ruß hängt sich in dein Haar wie Pech, und aus allen Richtungen wird geschossen! Wahnsinn! Und überall Verwundete, die um Hilfe schreien! Ich habe einen Hitlerjungen gesehen, der mit heraushängenden Därmen an einem Baum lehnte. Er mag vielleicht dreizehn gewesen sein. Ah, es ist besser, wenn ich euch nichts erzähle ...« Und schon war sie wieder draußen, mit ihrem schiefsitzenden Hut und den abgelaufenen Schuhen.

Ich lag auf meinem Bett und starrte auf die Wasserleitung.

Dann zog ich es vor, das Spinnennetz zu betrachten, weil sich dort wenigstens etwas bewegte. Das Spinnenmännchen war an der Arbeit. Es vergrößerte das Netz, spann und wartete auf sein Weibchen.

Gewöhnlich schoß es in vollem Lauf hinter der Wasserleitung hervor, inspizierte das Netz in seiner ganzen Ausdehnung, um dann mit einemmal innezuhalten und in tiefe Meditation zu versinken. Vielleicht war es eifersüchtig und wollte das Netz zerstören, um sich selbst eines zu weben, womöglich mit irgendeinem extravaganten Muster? Oder vielleicht standen die beiden kurz vor der Hochzeit, und es handelte sich darum zu entscheiden, wo das Kinderzimmer hinkommen sollte?

Nach einer Weile hörte ich, wie Egon seine Mutter um Wasser bat. Aber am Tag zuvor war Frau Lottes Wasser ausgegangen, und noch keiner hatte sich hinausgewagt, um frisches herbeizuschaffen. Egons Mutter erklärte, daß kein Wasser mehr da sei, doch der Junge rief böse: »Ich habe Durst!«

Frau Bittner bat ihn, es noch etwas auszuhalten. Sobald die Lage draußen etwas sicherer sei, würde jemand Wasser holen gehen; aber er hörte ihr gar nicht zu, ließ sich aufs Bett fallen und führte sich so auf, daß er Krämpfe bekam, die ungefähr eine halbe Stunde dauerten. Als es ihm besser ging, griff seine Mutter nach den Kanistern und ging zur Treppe. Kurt wollte sie aufhalten: »Wohin gehst du, Mama? Willst du die Heldin spielen? Komm sofort wieder herunter, lieber gehe ich!«

Aber sie hatte den Keller schon verlassen, ohne sich umzudrehen. Kurt machte seinem kleinen Bruder Vorwürfe, aber es nützte nichts. »Ich habe Durst!« maulte Egon, und dem war nichts hinzuzufügen. Wir blieben in einem betroffenen Schweigen zurück, und plötzlich fiel mir auf, daß seit etwa einer halben Stunde keine Schüsse mehr zu hören waren.

Frau Bittner war noch nicht drei Minuten weg, da kam sie auch schon wieder. Sie stellte die Kanister ab, sank auf einen Stuhl, kreidebleich im Gesicht. Neugierig richtete sich Herr Hammer auf seinem Feldbett auf, nieste mehrmals und fragte mit seiner chronisch verschnupften Stimme: »Was ist, Frau Bittner, fühlen Sie sich nicht wohl?«

Sie schüttelte den Kopf, fing eine Haarnadel auf, die

gerade zusammen mit einer Strähne herabgleiten wollte, betrachtete sie nachdenklich und antwortete schließlich verstört: »Der Krieg ist aus.«

Der Satz schlug ein wie eine Bombe. »Was?« schrie Herr Hammer und sprang von seinem Lager hoch. »Woher haben Sie das? Wer hat das gesagt?«

»Draußen rufen sie es.«

Opa war schon auf den Beinen und lief zum Radio. Gleich darauf kehrte er strahlend zurück: »Berlin hat die Kapitulation unterzeichnet. Der Krieg ist zu Ende!«

Es gab eine wahre Freudenexplosion, Jubel, ungläubige Tränen. Die Kerzenflamme flackerte aufgeregt, vielleicht aufgeschreckt von der plötzlichen Luftbewegung, und blakte verworrene Rauchspiralen. Der Krieg war vorbei!

Euphorie, Luftsprünge, Küsse, Tränen. Der Alte, der sich immer in die Hosen machte, tat es diesmal vor Glück. Frau Mannheim, die ich noch nie lächeln gesehen hatte, strahlte so, daß ihre dreifache Zahnlücke sichtbar wurde. Herr Hammer nieste und weinte. Peter weinte, weil er den Grund für die ganze Aufregung nicht verstand. Egon weinte und wollte Wasser. Gudrun war von ihrem Feldbett aufgestanden und weinte, konnte aber nicht sprechen. Ich hatte einen dicken Kloß im Hals und ging zu Opa, um ihn zu umarmen. Es war ein einzigartiger Augenblick.

Euphorie, unbezähmbare Freude, wahnsinnige Erleichterung. Wir umarmten uns. Wir verbrüderten uns. Mit einem Schlag war alles ausgelöscht: Streitereien, Gemeinheit, Engstirnigkeit und Intoleranz, Bosheit und schwere Schläge; die mürrische Härte, der Mangel an Solidarität, häufig an Mitgefühl, manchmal an Menschlichkeit. Alles überstanden, alles entschuldigt. Das war im Krieg gewesen, und nun war er vorbei. Dann konnte der Keller unser Glück nicht mehr fassen, und wir eilten auf die Straße. Die Menschen riefen: »Der Krieg ist aus!« Leute rannten auf uns zu, erneut Umarmungen unter Lachen und Weinen, während die Herzen uns zerspringen wollten. Die Kapitulation hatte uns wieder zu menschlichen Wesen gemacht, hatte uns das erste unserer Rechte zurückgegeben: die Hoffnung. Der Krieg war vorbei, Nazi-Deutschland besiegt, und wir hatten, wenn auch ausgemergelt, schmutzig, hungrig und durstig, überlebt, waren wieder Menschen. Aber wie sah Berlin aus, als die Waffen endlich schwiegen?

Ein brennendes Trümmerfeld, dessen Widerschein die Nacht taghell erleuchtete. Ein grenzenloser Scheiterhaufen, der einen Rest der Menschheit in katastrophalen Verhältnissen barg. Die Straßen waren von Leichen übersät, die zum Himmel stanken; der lange Wassermangel hatte die Stadt zu einer einzigen Latrine unter offenem Himmel verwandelt. Schon lange gab es keinen Strom, kein Gas, kein Wasser, keine Heizung, keine Lebensmittel- oder Medikamentenverteilung mehr, und die ärztliche Versorgung war zusammengebrochen. Es wüteten Infektionskrankheiten, weil Läuse, Wanzen und Ratten souverän ihr Unwesen trieben. Niemand ging mehr zur Schule, niemand arbeitete. Aus den Kellern, Schutzräumen und U-Bahn-Schächten krochen arme, schmutzige, aschebedeckte Gespenster, an Leib und Seele geprüft. Das waren die Deutschen, laut Adolf Hitler die Vertreter der Herrenrasse, der Obermenschen. In Wirklichkeit waren sie nur Schatten.

Es sollte eine Heldendämmerung sein, die Goebbels sich für den Fall einer Niederlage vorgestellt hatte, aber das Ende des Dritten Reiches war traurig, ruhmlos und elend.

Eilends wurden der Keller ausgeräumt, die Matratzen nach oben gebracht. Die Koffer kehrten in die Wohnungen zurück, diesmal für immer.

Mit dem Koffer in der Hand stand Opa schon oben auf der Treppe und rief nach mir. Wir waren die letzten.

Nur ein Kerzenstummel war übriggeblieben. Ein letztes Mal schaute ich mich um. Die groben Etagenbetten, düstere Zeugen höllischer Nächte. Die Nische, in der die Matratze der Mannheims gelegen hatte, etwas weiter weg Herrn Hammers Lager. Die Ecke, in der die Alten geschnarcht hatten. Die Stelle, an der Erika gestorben war. Das Geheimversteck. Der Boden, den nie jemand geputzt hatte. Die Wasserleitungen, von denen ich jeden einzelnen Kratzer kannte. Das Spinnennetz. Das Spinnenmännchen war noch da, aber das Weibchen fehlte.

Ich ließ meinen Blick noch einmal durch den leeren Raum schweifen, in dem wir gelebt hatten, aufeinanderhockend wie Tiere, unseren Nächsten unseren Geruch, unsere schlechte Laune, unseren Egoismus aufzwingend. Wir waren über das Erträgliche, das Erlebbare, das Vorstellbare, über unsere Kräfte, über das Menschenmögliche hinausgegangen. Und doch sollte ich später erfahren, daß unser Leiden nichts gewesen war im Vergleich zu dem der Juden in den Konzentrationslagern.

»Helga!« rief Opa. »Wollen wir gehen?«

Für uns war es vorbei, die Hölle war vorbei. Neue Horizonte, neues Leben. Der Krieg war zu Ende! Leb wohl, Keller.

Ich nahm die Kerze und lief hinter Opa her. Hinter uns fiel die Kellertür mit einem Geräusch zu, das mir als gutes Vorzeichen erschien.

Vor Hildes Wohnungstür stellte Opa den Koffer ab und fragte: »Was hast du da unten noch gemacht? Hast du etwas vergessen?«

»Ich habe mich nur umgeschaut«, erwiderte ich. »Ich habe mich nur umgeschaut, damit ich nichts vergesse.«

Er strich mir über das Haar und murmelte: »Du bist ein besonderes Mädchen.« Dann steckte er den Schlüssel in das Schloß.

18

Berlin, Mai 1945

Da Erikas Mutter nicht wußte, wo sie hin sollte, bot Opa ihr an, in Hildes Wohnung zu bleiben, bis sie etwas anderes gefunden hatte. Untröstlich über den Tod ihrer Tochter, beabsichtigte die Arme, bei den Besatzungsbehörden die Genehmigung zu beantragen, wieder in ihr Heimatdorf zurückzukehren, aber das würde noch eine Weile dauern, weil die Stadt vollkommen im Chaos versunken war.

Peter und ich bildeten uns ein, jetzt, da der Krieg vorbei war, würde alles wieder sofort in Ordnung kommen, es würde Strom, Essen und Wasser geben. Dem war nichtso. Es gab immer noch kein Wasser, und meine Stiefmutter mußte auf dem schwarzen Markt auf dem Alexanderplatz ihren wertvollsten Schmuck gegen ein paar Lebensmittel tauschen. Aber wenigstens fielen keine Bomben mehr.

Die Stunden vergingen nicht mehr eine wie die andere, unser Lebensrhythmus war wieder normal geworden. Nun schlief man nachts und war tagsüber wach, auch wenn die ungewohnte nächtliche Stille mich anfangs wachhielt. Manchmal hatte ich Angst, der Krieg sei gar nicht wirklich vorbei, und wir würden nachts zu Hause von einem unvermuteten Luftangriff überrascht. Immer noch fürchtete ich, sterben zu müssen.

Wir hatten uns so gut es ging eingerichtet. Erikas Mutter schlief in dem Kämmerchen, meine Stiefmutter auf einem Notbett in Hildes Zimmer neben dem Klavier und dem

Bild, das mein Vater gemalt hatte, Opa auf dem Sofa im Wohnzimmer, Peter und ich auf zwei Feldbetten im Eßzimmer. Wir wollten in der Lothar-Bucher-Straße bleiben, bis Hilde aus dem Lazarett entlassen wurde, und vielleicht auch, bis sie wieder ganz gesund war, was – wie ich insgeheim hoffte – lange dauern würde: Ich wollte nicht mit meiner Stiefmutter in die Friedrichsruher Straße zurück! Zwischen ihr und mir hatte sich nichts geändert, das spürte ich.

In Berlin ließ sich die sowjetische Verwaltung nieder, und General Bersarin wurde zum Besatzungschef und Kommandanten von Berlin ernannt. Er war derjenige, der die Verordnungen an Wände und Litfaßsäulen anbringen ließ, während Nazi-Parolen wie FEIND HÖRT MIT und KOHLENKLAU unverzüglich verschwanden. Er ließ auch Flugblätter verteilen, in denen die Bevölkerung aufgefordert wurde, sich sorgfältig an die Bestimmungen der sowjetischen Besatzungsmacht zu halten; es werde auch bald Lebensmittelkarten geben. Die Stadtbevölkerung wurde dazu angehalten, ihren jeweiligen Bezirk nicht zu verlassen und zwischen zehn Uhr abends und acht Uhr morgens nicht aus dem Haus zu gehen. Zunächst sollten die Uhren (jene, die der wilden Plünderung der Russen entgangen waren) auf Moskauer Zeit eingestellt werden, aber dann kehrte man zu der europäischen Norm zurück. In der allerersten Zeit nach der Kapitulation der Stadt, nachdem der Rausch der ersten Euphorie vorüber war, spürte ich, daß die Erwachsenen wie verstört waren, vielleicht aufgrund einer Art Friedensschock. Offensichtlich waren sie immer noch mit nichts als dem Überleben beschäftigt. Die Situation schien in der Schwebe. Es erschienen keine Zeitungen, im Radio wurde nur Musik übertragen. Es gab keinerlei Informationen. Was einmal die Hauptstadt des Dritten

Reiches gewesen war, war nun eine von der Welt abgeschnittene Insel.

Als erstes wurden die Wasserleitungen instand gesetzt und die Stromversorgung wieder aufgebaut. Hilde kehrte nach Hause zurück, und das war ein sehr bewegendes Ereignis für Opa und meine Stiefmutter. Aber Hilde war blaß, abgemagert und noch kränklich. Sie ging mit gekrümmten Schultern und hinkte; wenn sie lachte, verzog sie den Mund. Sie sah aus wie eine alte Frau. In den ersten Tagen lag sie in einem Zimmer, in dem eine Wand eingestürzt war. Im Eßzimmer, in dem Peter und ich schliefen, war der Verputz an den Wänden abgebröckelt. Hildes Rekonvaleszenz dauerte recht lange, und ich war egoistischerweise froh darüber, weil so unsere Rückkehr in die Friedrichsruher Straße hinausgezögert wurde. Dann bekam Erikas Mutter von den Behörden die Erlaubnis, in ihr Heimatdorf zurückzukehren, und wir waren alle den Tränen nahe, als sie mit ihrem Pappkoffer, in dem sie die armseligen Kleider ihrer Tochter aufbewahrte, davonging.

Was war von unserer Kellergemeinschaft aus der Lothar-Bucher-Straße übriggeblieben? Nichts. Jeder lebte für sich dahin, und nicht einmal die Bewohner ein und desselben Hauses hegten besondere Freundschaftsgefühle füreinander, im Gegenteil, es schien, als ob das lange notgedrungene Zusammensein in jedem ein Gefühl der Ablehnung hervorgerufen habe.

Der Witwer Herr Hammer schloß sich in die Einsamkeit seiner kleinen Wohnung ein, und man bekam ihn nur zu Gesicht, wenn er sich bei Frau Köhler wegen irgend etwas beschweren wollte. Diese kümmerte sich wieder um ihre Hausmeisterstelle und arbeitete Tag und Nacht, um die Gemeinschaftsräume wieder benutzbar zu machen. Ihr Sohn Rudolf hatte seine Liebe zum Ball entdeckt und hetzte sich im Hof ab, natürlich erst, nachdem die Leichen weggeschafft worden waren, beziehungsweise das, was von ihnen übriggeblieben war. Der Alte, der immer in die Hosen gemacht hatte, war gleich nach Kriegsende an einem Herzschlag gestorben, und der andere hatte die Genehmigung erhalten, zu seinem Sohn zu fahren, der entgegen aller Erwartungen aus Rußland heimgekehrt war und bei seiner Familie in Baden-Württemberg wohnte. Herr und Frau Mannheim hatten sich in ihre vier Wände zurückgezogen. So konnten wir nur ab und zu ein paar Worte mit Frau Bittner über Gudrun wechseln. Sie konnte immer noch nicht sprechen, und ihre Mutter hatte für sie einen Termin bei einem Arzt in einem kürzlich in Steglitz eröffneten Zentrum vereinbart.

Von vornherein war klar, daß die Lebensmittelkarten kaum ausreichen würden, um zu überleben. Um Anspruch auf höhere Rationen zu haben, meldete sich meine Stiefmutter, um bei der Beseitigung der Trümmer auf den Straßen zu helfen. Und da bei mir eine Krankheit aufgrund Mangelernährung diagnostiziert worden war, hatte auch ich ein Anrecht auf ein paar zusätzliche Marken. Natürlich behauptete Peter, auch so eine Krankheit zu haben, und ein paar Tage lang traktierte er seinen Körper mit einen Briefbeschwerer, mit dem einzigen Ergebnis, daß er sich schreckliche blaue Flecken beibrachte.

Nun, da wir wieder fließendes Wasser hatten, blitzten wir förmlich vor Sauberkeit. Wenn wir auch nicht gerade elegant wirkten, so waren wir wenigstens sauber. Peters seidige Locken wuchsen nach, und das Haar meiner Stiefmutter bekam wieder seine aschblonde Farbe. Gelegentlich trug sie ihren Turban noch, aber nicht mehr, um die schmutzigen Haare zu verbergen, sondern die sauberen beim Trümmerräumen vor dem Staub zu schützen. Opa trug wieder gebügelte Anzüge und war zufrieden. Hilde sprach nie über ihre Arbeit beim Propagandaministerium. Goebbels, Adolf Hitler oder überhaupt einen Nazi zu nennen war verboten.

Da man auf die Lebensmittelkarten nur in sehr beschränktem Maße vitaminreiche Lebensmittel bekam, durchkämmten Opa und ich verlassene Hinterhöfe und Schuttberge auf der Suche nach genießbaren Pflanzen, wie Brennesseln, bestimmten Wurzeln oder Löwenzahnblättern, die wir als Salat aßen. Dank eines auf dem Schwarzmarkt eingetauschten chinesischen Teeservice, von dem Hilde sich nie hätte trennen wollen, konnten wir ihn sogar mit Öl zubereiten.

Regelmäßig ging meine Stiefmutter in die Friedrichsruher Straße, um die Wohnung in Ordnung zu bringen, die von den Bombardements beschädigt worden war, und eines Tages fand sie im Briefkasten eine Nachricht vor, daß mein Vater wieder gesund sei und bald entlassen würde. Vor Glück hatte sie Tränen in den Augen. Auch ich war glücklich: Endlich würde mein Vater wieder bei uns sein, und all der Ärger mit meiner Stiefmutter würde ein Ende haben. Er mußte mir einfach beistehen! Aber es gab auch eine schlechte Nachricht: Tante Margarethe hatte Selbstmord begangen, und Eva befand sich so lange bei Verwandten, bis ihr Vater wieder heimkehrte! Arme Eva, ich hätte sie gerne wiedergesehen!

Eines Morgens fragte Opa uns, ob wir Lust hätten, ihn auf einem Spaziergang zu begleiten. Peter maulte ein wenig: Er wollte lieber zu Hause bleiben und mit Hilde Domino spielen. Aber ich war begeistert.

»Wohin gehen wir?« erkundigte ich mich, als wir die Straße betraten.

»Zu meinem Glaser.«

»Dem, der Scheiben einsetzt?«

»Erraten!« lächelte er strahlend.

Die Lothar-Bucher-Straße lag fast verlassen da; nur ein paar Frauen standen schwatzend neben der Litfaßsäule. Sie tratschten lebhaft, und ihre Stimmen übertönten sich gegenseitig; als wir an ihnen vorbeigingen, hörte ich, wie eine rief: »Schon wieder die alte Geschichte, Frieda! Man könnte meinen, du seist als einzige von den Russen vergewaltigt worden! Was soll da meine Kusine sagen, die das dreimal über sich ergehen lassen mußte und noch dazu schwanger geworden ist?«

Wir gingen den gewohnten Weg durch die noch von Kratern übersäte Straße, vorbei an ganzen Gebäudezügen, von denen nur noch ein einziger Trümmerhaufen übriggeblieben war. Zum Glück waren die Leichen weggeräumt worden, wie auch die Trümmer, die die Bürgersteige versperrten.

In den Gärten der zerstörten Häuser zwitscherten Vögel und blühten Rosen; die Luft war erfüllt von dem berauschenden Duft der Jasminsträucher. Es war ein herrlicher, warmer Tag.

Immer wieder schaute ich zum Himmel empor und war froh. Wie ein türkisblaues Gewölbe spannte er sich friedlich über die Stadt, fast als wolle er über dieses ganze Meer der Zerstörung hinwegtrösten.

Diverse Fahrzeuge mit Sowjets kamen vorbei. Die ersten kümmerten sich nicht um uns, aber dann hielt eines an, ein Russe sprang heraus und rief: *»Stoj! Dokumenty!«* Es war ein sehr junger Mann mit einem Gesicht voller Sommersprossen, der nach Brot roch. Aufmerksam kontrollierte er die Papiere, dann deutete er auf mich und fragte Opa: »Das ... Mädchen ... wie ihr sagen *docka*?« Dann ging ein Schatten der Verwirrung über sein Gesicht. *»Net«*, verbesserte er sich. »Das Mädchen ... wie sagt man?«

»Enkelin«, sagte Opa.

»*Da*, Enkelin!«

»Ja, sie ist meine Enkelin«, bestätigte Opa.

Der Mann nickte, zwinkerte mir zu, gab die Papiere zurück und sagte: »*Do svidanija Enkelin*« und winkte uns, weiterzugehen.

»Warum wollen sie immer noch die Papiere sehen?« wollte ich wissen.

»Sie sind die Sieger«, erklärte Opa. »Jetzt befehlen sie.«

»Werden sie für immer bleiben?«

»Früher oder später werden sie gehen.«

»Wann?«

»Vielleicht in ein paar Jahren.«

»Jahren!«

»Der Sieger kann unser Land besetzen, solange es ihm gefällt«, entgegnete Opa. Aber als ich ihn fragte, ob wir jetzt Russen seien, lächelte er maliziös: »Ein Deutscher kann niemals ein Russe werden, Kleines!« Und ich wußte nicht so recht, ob das nun ein Kompliment für die Russen oder für die Deutschen war.

»Wer ist denn schlimmer, die Russen oder die Deutschen?« bohrte ich weiter, aber er ließ sich nicht aus der Ruhe bringen: »Jedes Volk hat gute und böse Menschen. Aber vielleicht gibt es unter dem deutschen Volk einen Hang, der bei den Russen weniger ausgeprägt ist, den Fanatismus.«

»Was ist Fanatismus?«

»Fanatismus ist, wenn man sich für etwas so übertrieben einsetzt, daß man blind und taub und unkritisch wird.«

»Was bedeutet unkritisch?«

»Wenn man darauf verzichtet, das Werk, die Tätigkeit oder auch die Haltung von jemandem zu beurteilen beziehungsweise zu bewerten. Zum Beispiel hat das deutsche Volk, oder ein Großteil desselben, gegenüber Adolf Hitler zumindest offiziell eine unkritische Stellung eingenommen.«

»Die Direktorin im Internat sagte, der Führer sei böse«, berichtete ich. »Sie sagte, er sei ein Rassist.«

»Sie war kritisch«, erwiderte Opa. »Und auch mutig.«

»Warum?«

»Weil der Nationalsozialismus ein Regime der Unterdrückung war, also war es auch verboten, ihn zu kritisieren.«

»Was heißt das?«

»Es war verboten, mit den Vorstellungen des Führers nicht einverstanden zu sein.«

»Haben sie deswegen die Bücher von Schriftstellern verbrannt, die schlecht über die Nazis geschrieben haben?«

»Richtig. Wer hat dir das gesagt?«

»Die Frau Direktor.«

Opa wollte etwas hinzufügen, aber plötzlich murmelte er: »Hier war es doch!« Wir standen vor einem schwer bombardierten Haus. Wie betrunken hing das halbe Tor schief in den Angeln. Der Ort war still und vollkommen verlassen. Zwischen den Platten des kurzen Torwegs wuchsen lange gelbe Grashalme; auf einem Stück Rasen lag die Marmorbüste eines Nazihelden, auf dessen ordengeschmückter Brust ein gewitzter Vogel sein Nest gebaut hatte. Hinter den Ruinen sah man einen weiteren Trümmerhaufen, der sich in den Hof ergossen hatte. Von Menschen keine Spur.

Der Hof war von üppiger Vegetation überwuchert, überall wogte Unkraut im Maiwind; eine Eisenbank schaute aus einem Wald von Quecken. Vögel zwitscherten, und Eidechsen schossen über die Mauerreste. In der Luft lag ein zweifelhafter Zauber: Über der düsteren Ansammlung von Ruinen herrschte der arrogante Triumph des Frühlings.

Der Ort hatte mich verhext, und ich ließ mich ins Gras

fallen. Opa ruhte sich auf der Bank aus, so daß ich nur seinen Haaransatz sehen konnte. Ich rief nach ihm, und er antwortete, aber wir konnten uns nicht sehen, und das machte mir Spaß. Ich schaute in den Himmel und hörte den Bienen zu. Ich atmete den herben Geruch des Grases ein und dachte an Eden. Wie gerne hätte ich die Direktorin und Frau Doktor Löbig wiedergesehen! Ob sie noch am Leben waren?

Dann stand Opa von seiner Bank auf und schaute forschend über die Ruinen, wie ein Matrose, der den Blick über den Horizont abschweifen läßt. Da entdeckte er die Hütte. »Sieh mal!« rief er.

»Was denn?«

»Der Glaser!« Er bahnte sich einen Weg durch das Grasmeer, und an der Hütte fand er den Glaser. Bewegt fielen sie sich in die Arme.

»Dann sind Sie also am Leben, Herr Rechtsanwalt, was für eine Freude!« schluchzte der alte Handwerker und trocknete sich die Tränen an dem Kragen seines abgetragenen Arbeitsanzuges ab. Dann ging es ans Erzählen: Opa berichtete von unserem Keller, der Glaser von seinem. Opa von unserer Mühsal, der Glaser von der seinen. Opa von unserem Haus, das wunderbarerweise stehengeblieben war, und der Glaser von seinem, das wie ein Kartenhaus eingestürzt war.

Die Glaserei hatte sich im Untergeschoß des Hauses befunden, und als der Glaser das Schlimmste befürchtete, hatte er zwischen zwei Alarmen seine großen Glasscheiben in die Hütte geschleppt, wo er sie zwischen dicke Glaswollschichten gebettet hatte. »So haben sie von den Bomben nichts abbekommen«, strahlte der Mann. »Der Iwan hat das Haus in Schutt und Asche gelegt, aber meine Scheiben hat er nicht kaputtmachen können!« Er grinste und rieb sich die Hände, als hätte er jemandem einen Streich gespielt.

»Dann können Sie die Fenster in der Wohnung meiner Tochter ersetzen?« fragte Opa hoffnungsvoll.

Der Mann versprach, es zu tun, sobald er Benzin für seinen alten Lieferwagen aufgetrieben habe, der unter einer Gruppe wispernder Birken parkte. »Und natürlich muß ich bei den Behörden die Genehmigung beantragen, daß ich meine Arbeit wieder aufnehmen kann«, fügte er hinzu. »Aber das dürfte kein Problem sein. Die ganze Stadt ist ohne Fenster!« Und wieder rieb er sich die Hände: Er schien zufrieden zu sein.

Schließlich führte uns der Glaser in seine einstweilige Behausung, die er sich in einer Ecke der Hütte eingerichtet hatte: ein Feldbett, ein kaputter Stuhl, ein paar Holzkisten für die Kleider, ein dreibeiniger Tisch, der von Kisten gestützt wurde. Der Mann war schon vor dem Krieg verwitwet, und er kam mir vor wie ein Seemann, der einen Schiffbruch überlebt hat.

Opa und der Glaser verabschiedeten sich herzlich voneinander, und wir machten uns wieder auf den Weg. Ich in meinem sauberen, bedruckten Baumwollkleid, das ein wenig amerikanisch aussah (meine Stiefmutter hatte es auf dem Schwarzmarkt gegen Opas Fernrohr eingetauscht), und Opa in seinem sorgfältig gebügelten Londoner Anzug. Wir fühlten uns wie zwei Herrschaften; in ein paar Tagen würden wir sogar Glasfenster bekommen!

Weiter unten hatte jemand das Wort JUDEN auf einem Fensterladen durchgestrichen und mit blutroter Farbe darunter geschrieben: HITLERSAU.

19

Berlin, Juli 1945

Der Glaser hatte die Scheiben in Hildes Wohnung ersetzt, und wenn man nun aus dem Fenster schaute, konnte man die Ruinen gegenüber und das ganze stumme Durcheinander gut überblicken. Man sah auch ein Stück der Litfaßsäule, an der nun nicht mehr Naziparolen, sondern die Anordnungen prangten, mit denen General Bersarin die Bevölkerung der guten Absichten der sowjetischen Verwaltung versicherte. Darunter klebten die ersten schüchternen Plakate irgendeines Theaters oder Konzertsaals, die wieder ihre Tore öffneten, erste Anzeichen eines gewissen Wiederauflebens künstlerischer Aktivitäten in der Stadt.

Daß nun in den Straßen keine Trümmer mehr lagen, war den Frauen zu verdanken. Aber in den Ruinen tummelten sich noch ungestört ganze Heerscharen von Ratten. An den Hauptverkehrsadern konnte man wieder das Bimmeln der Tram hören, und Zug um Zug wurden U- und S-Bahn wieder in Betrieb genommen. Mit den Lebensmittelkarten schlugen wir uns so durch, hatten aber ständig Hunger. Für die Kinder gab es keine Milch, und viele waren krank aufgrund des Vitaminmangels.

Hilde war fast völlig wiederhergestellt und machte lange Spaziergänge in der Gegend um die Lothar-Bucher-Straße. Jedesmal, wenn sie zurückkam, staunte sie über das Ausmaß der Zerstörungen, und jedesmal hatte sie eine weitere vertraute Stelle entdeckt, die in Trümmern lag, wie das Haus ihrer Friseuse, die Apotheke oder die Bäckerei an der Ecke Bismarckstraße. Opa hatte einige Nachforschungen über das Schicksal von Freunden und Verwandten angestellt, und die Bilanz war erschreckend. Leider waren die Behörden nicht in der Lage, zuverlässige Informationen zu liefern, weil die Zählung der überlebenden Bevölkerung noch im Gange war.

Manchmal hörte ich von furchtbaren Verbrechen, die in den Konzentrationslagern der Nazis begangen worden seien, aber es wurde nur vorsichtig und halblaut darüber geredet, als fiele es schwer, Nachrichten Glauben zu schenken, die das Gewissen erschütterten. Die Gespräche der beiden Mütter im Bunker der Reichskanzlei fielen mir ein, deren wahre Bedeutung ich nun begriff. Es stimmte also, daß die Nazis all diese Juden umgebracht hatten? Ich dachte an Herrn Schacht, der so brutal von der Gestapo abgeführt worden war, und an die Schwester der Frau Direktor im Internat in Eden, die man mit ihren Zwillingen in ein Konzentrationslager deportiert hatte. Eines Tages wollte ich mit Opa darüber reden, aber ich merkte, daß ihm das nicht recht war; vielleicht wollte er mich nicht beunruhigen. Ich versuchte es bei Hilde, aber sie gebot mir kurz angebunden, in Zukunft dieses Thema zu meiden. »Überlaß das Urteil denen, die nach uns kommen«, fertigte sie mich ab.

Eines Morgens begleiteten Opa, Peter und ich meine Stiefmutter in die Friedrichsruher Straße. Es war ein herrlicher Tag, und vom Lauenburger Platz ertönte lautes Kindergeschrei. Auf der Bismarckstraße war viel los: Leute auf den Bürgersteigen, bimmelnde Straßenbahnen auf der Fahrbahn.

Das Haus schien mir verändert, nicht mehr so hoch, wie ich es in Erinnerung hatte, und die Fassade wies zahlreiche Einschüsse auf. In den kurzen, von fein säuberlich gestutzten Buchsbaumhecken gesäumten Weg zur Haustür war ein großer Krater gerissen, den man noch nicht wieder aufgefüllt hatte. Das zweiflügelige Tor war aus den Angeln gehoben. Die neue Hausmeisterin (die alte war beim Wasserholen umgekommen) beklagte sich darüber, daß nachts jeder ins Treppenhaus könne, um die noch leerstehenden Wohnungen, wie unsere, auszurauben. Tatsächlich fehlten noch andere Hausbewohner: Beispielsweise hatte man nichts mehr von einer Mutter mit zwei kleinen Kindern gehört, die gewöhnlich in einem Bunker in der Nähe der Thorwaldstraße Zuflucht gesucht hatten.

Opa, Ursula und Peter stiegen die Treppen hinauf, aber ich blieb einen Augenblick unten stehen und schielte zur Kellertür, durch die ich damals geschlüpft war, um die Nacht hinter dem Kohlenhaufen zu verbringen. Es kam mir vor, als sei seitdem eine Ewigkeit vergangen, und gleichzeitig erinnerte ich mich an jede Einzelheit, als ob es gestern gewesen wäre. Während mir noch ein Schauer über den Rücken lief, wollte die Hausmeisterin wissen: »Gehst du nicht nach oben, Kind?« Ich nickte und lief zu den anderen in den vierten Stock hinauf.

Die Wohnung war schon in gutem Zustand. Meine Stiefmutter hatte dafür gesorgt, daß die Eingangstür instand gesetzt wurde, die aus den Angeln gerissen worden war, und Opas Glaser hatte die zerbrochenen Fensterscheiben ersetzt. Von dem gemauerten Balkon, auf den man vom Wohnzimmer aus gelangte, sah man über die Bismarckstraße und ein Trümmermeer. Bald würde mein Vater zurückkommen, und das Leben zu viert würde beginnen. Würde es funktionieren? Die Vorstellung, wie das Leben dann aussähe, quälte mich. Und dann, würden sie mir erlauben, Opa so oft zu besuchen, wie ich es wollte?

»Ich will mein Zimmer sehen!« rief Peter frech.

»Du wirst es mit deiner Schwester teilen müssen«, sagte meine Stiefmutter.

»Ich will ein Zimmer ganz für mich allein!« forderte Peter.

»Wenn ich dir doch sage, daß du es mit deiner Schwester teilen mußt«, wiederholte meine Stiefmutter geduldig.

»Nein, ich will nicht!«

»Es bleibt dir nichts anderes übrig.«

»Was ist aus dem Tischchen aus dem 17. Jahrhundert geworden?« fragte Opa, um dem Gespräch eine andere Wendung zu geben, aber Peter fuhr fort, sein Zimmer zu verlangen.

»Das Bücherregal ist draufgefallen«, erwiderte meine Stiefmutter. »Ich habe nur noch Bruchstücke vorgefunden.«

»Ich will mein Zimmer!« blökte Peter.

»Schade«, meinte Opa. »Das war ein Einzelstück, so eines werde ich nicht mehr finden.«

Peter zog meine Stiefmutter am Rock: »Warum kann Helga nicht im Wohnzimmer schlafen?«

»Das scheint mir nicht angebracht, mein Schatz«, sagte meine Stiefmutter, worauf Peter einen Wutanfall bekam.

Opa sagte zu meiner Stiefmutter: »Der Junge ist verzogen.«

Aber sie entgegnete: »Aber nein, er hat nur Charakter. Er ist ein richtiger Deutscher!«

Dann kam der Tag, an dem mein Vater heimkehren sollte, und wir versammelten uns alle in der Friedrichsruher Straße, um ihn willkommen zu heißen. Auch Opa und Hilde waren da. Später würde meine Stiefmutter zum Bahnhof gehen, um den Heimkehrer zu empfangen. Peter fragte zum x-ten Mal: »Wer kommt denn mit dem Zug? Und wie heißt er?«

»Er heißt Stefan und ist dein Vater«, antwortete meine Stiefmutter. »Und jetzt frag mich nicht mehr.«

»Warum ist Stefan nie zu Besuch gekommen?« bohrte Peter.

»Du darfst ihn nicht Stefan nennen, sondern Vati.«

»Stefan ist schöner.«

»Vati!«

»Warum hat Stefan uns nie besucht?« setzte Peter ihr zu.

Meine Stiefmutter seufzte: »Weil er an der Front war, und du sollst ihn Vati nennen.«

»Ich geniere mich.«

»Aber er ist doch dein Vater!«

»Ich mag aber nicht.«

Meine Stiefmutter erhob sich aus ihrem Sessel: »Nun hast du mich genug gequält, junger Mann. Ich mache mich fertig.«

»Ich komme auch mit zum Bahnhof!«

»Nein!« sagte meine Stiefmutter und fügte hinzu: »Er ist mein Mann, Schatz!«

»Meiner auch! Meiner auch!«

»Mein Gott, er ist dein Vater, Peterlein!«

Er streckte ihr die Zunge heraus, und sie drehte ihm eine lange Nase. Manchmal beneidete ich Peter, weil sie so vertraut miteinander umgingen.

Als sie wiederkam, sah sie wirklich hübsch aus. Sie trug ein helles Kleid, das die Schultern betonte, mit schmaler Taille, Seidenstrümpfe, die sie einen Silberleuchter auf dem Schwarzmarkt gekostet hatten, und ein Hütchen, das wie ein Wachturm aussah. Inzwischen hatten Opa, Peter und ich einen Spaziergang gemacht, damit uns die Zeit nicht allzu lang wurde. Hilde war zu Hause geblieben, um zu lesen.

Kaum waren wir draußen, wollte Peter in den Krater klettern, um Krieg zu spielen, und wir hatten ziemliche Mühe, ihn da wegzubekommen. Schließlich hüpfte er auf dem Bürgersteig vor uns her und sang: »Heute kommt mein Vater! Heute kommt mein Vater! Oh, oh!«

Auf der anderen Seite der Kreuzung sahen wir Kinder in

den Trümmern spielen. Peter blieb stehen und rief dreist: »He, ihr da!«

Alle drehten sich um, und ein Mädchen antwortete unwirsch: »Was willst du?«

»Was spielt ihr?« fragte Peter und stemmte die Fäuste in die Seiten; langsam wurde er wieder so frech wie früher.

Das Mädchen senkte den Kopf, versuchte ein Lächeln, das sogleich wieder erstarb, und versetzte barsch: »Mutti und Papa.«

»Heute abend kommt mein Vater!« verkündete Peter mit wichtiger Miene.

Das Mädchen schlang sich einen Zipfel seiner Schürze um den Finger und entgegnete: »Mein Vater ist in Rußland im Himmel.«

»Wo?«

»Vielleicht meint sie, ihr Vater ist in Rußland gefallen«, schlug Opa vor.

»Mein Vater ist nicht gefallen«, erklärte Peter nicht sehr feinfühlig. »Und heute abend kommt er mit dem Zug.«

Schulterzuckend wandte sich das Mädchen wieder seinen Kameraden zu, aber Peter schrie ihr nach: »Hast du wenigstens einen Großvater?«

Leicht gekränkt schaute sie mit finsterer Miene wieder zu ihm herüber; aber dann bemühte sie sich zu lächeln, steckte eine Hand in die Tasche ihrer Schürze und fragte: »Willst du einen Bonbon?«

Peter trat zu ihr und nahm es entgegen, doch bevor er es in den Mund stecken konnte, bremste Opa ihn: »Halt! Zeig mir, was das ist!«

»Nein!«

»Zeig es mir!« Es war eine Halswehtablette. »Das ist kein Bonbon«, sagte Opa. »Wirf es weg!«

»Nein!«

»Es schmeckt gut!« rief das Mädchen hinter dem Mäuerchen hervor. »Wir haben viele davon zu Hause, mein Vater war Doktor!«

»Wirf es weg, Peter!«

Anstatt zu gehorchen, steckte mein Bruder die Pastille in den Mund und schluckte sie hinunter, ohne zu kauen. Dabei geriet sie ihm in den falschen Hals, und er mußte so husten, daß er blau anlief. Opa klopfte ihm auf den Rükken, und alle bekamen einen großen Schreck. Als der Anfall vorüber war und Peter nicht mehr zu ersticken drohte, sagte Opa: »Wir gehen nach Hause, der Spaziergang ist zu Ende.«

»Schon?« murrte Peter mit langem Gesicht und weinte um seine Tablette.

Die Zeit wollte einfach nicht vorbeigehen.

Endlich hörten wir den Schlüssel im Schloß: Sie waren da! Das Herz klopfte mir bis zum Hals, und wir stürzten alle auf den Flur. Ich erblickte einen großen, mageren Mann in Uniform. Er hatte schwarzes, gewelltes Haar, graumelierte Schläfen und lächelte. In dem abgezehrten Gesicht leuchteten zwei braune Augen, in denen ich mich nicht wiedererkannte. Aus welchem Grund, weiß ich nicht, aber ich hatte mir meinen Vater mit blauen Augen vorgestellt! Ich war so aufgeregt, daß ich Bauchkrämpfe bekam und ins Bad laufen mußte. Als ich den Flur wieder betrat, war niemand mehr da; alle waren im Wohnzimmer.

Also ging auch ich dorthin und sah Peter auf den Knien unseres Vaters sitzen, während er frohlockend sagte: »... und dann habe ich zu ihm gesagt: Es geht mir gut, Herr Hitler, was für eine schöne Schnalle, Herr Hitler!« Er schielte zu Papa hinauf, um seine Reaktion zu beobachten. Aber mein Vater schaute in meine Richtung und stellte Peter auf den Boden, um mir entgegenzugehen. Enttäuscht schrie Peter: »Stefan gehört mir, Stefan gehört mir!« und stampfte mit den Füßen auf.

Mein Vater umarmte mich und murmelte: »Wie geht es dir, mein Kind?« Aber ich war nicht imstande, ihm zu antworten, weil ich einen dicken Kloß im Hals hatte. Ich schlang die Arme um seinen Hals und weinte, weil ich mich endlich in Sicherheit fühlte.

20

Berlin, August 1945

Ich war mir so sicher, in meinem Vater einen Verbündeten zu finden, daß ich in seine Rückkehr große Hoffnungen gesetzt hatte: Schon bald würde er bemerken, mit welcher Kälte meine Stiefmutter mich behandelte, und sie dazu bringen, ihr Verhalten zu ändern. Aber vom ersten Augenblick an erwies sich mein Vater als ein in sich gekehrter, wortkarger Mann, was ihn mir Tag für Tag etwas weiter entfernte. Uns Kindern gegenüber zeigte er sich geradezu befangen, als ob ihn die Front seiner Vaterrolle entwöhnt hätte. Wenn Peter dummes Zeug machte oder freche Antworten gab, beschränkte mein Vater sich darauf, seiner Frau einen leicht verstimmten Blick zuzuwerfen, und überließ es ihr, ihn zurechtzuweisen, was nicht immer geschah. Ich spürte, daß er passiv und teilnahmslos war.

Im übrigen verbrachte er viele Stunden lesend und schreibend in seinem Arbeitszimmer, und manchmal malte er auch. Ich war enttäuscht. In Gegenwart meines Vaters behandelte meine Stiefmutter mich mit ungewohnter Nachsicht, ja erging sich sogar in mütterlicher Sorge, die sie für gewöhnlich Peter vorbehielt. Mein Bruder wiederum glaubte in den Gunstbezeigungen meiner Stiefmutter eine Bedrohung seiner Privilegien zu entdecken und reagierte mit heftigen Eifersuchtsanfällen.

Wenn meine Stiefmutter zur Lebensmittelverteilung ging, um Nahrungsmittel abzuholen, pflegte sie Peter meiner Obhut anzuvertrauen. Kaum ging sie aus dem Haus, zog mein Vater sich in sein Arbeitszimmer zurück und blieb dort bis zu ihrer Rückkehr. Es schien, als vermeide er es, allein mit seinen Kindern zusammenzusein, und das brachte mich auf. So beschloß ich, ihn zu erobern!

Eines Tages, als meine Stiefmutter nicht da war, platzte ich mit so viel Schwung in sein Arbeitszimmer, daß ich nur mit Mühe vor seinem Schreibtisch zum Stehen kam. Mein Vater schrieb gerade einen Brief und schaute mich mit ruhiger Mißbilligung an: »Kommt man so in ein Zimmer?« Heftig errötend schüttelte ich den Kopf. Er schaute mich lange an und sagte dann: »Denk in Zukunft daran, anzuklopfen, bevor du hereinkommst.«

Ich nickte, dann war es eine ganze Weile still. »Willst du mir noch etwas sagen?« fragte er schließlich, wobei er sich schon wieder seinem Brief zugewandt hatte. Ich nickte wieder, aber ich fühlte mich steif und verlegen; mein Herz lief über von Dingen, die ich ihm zu sagen hatte, aber ich brachte kein Wort heraus. Also ließ ich es sein, entschuldigte mich und ging hinaus.

Einige Tage darauf ging ich wieder zum Angriff über. Eines Morgens – meine Stiefmutter hatte gerade das Haus verlassen – klopfte ich an die Tür seines Arbeitszimmers. »Herein!« erklang die Stimme meines Vaters. Hoffnungsvoll trat ich ein. Bevor ich allerdings den Mund aufmachen konnte, kam er mir zuvor: »Ich habe einen dringenden Brief zu beenden, Helga, könntest du bitte in zehn Minuten wiederkommen?«

Ich zog mich in die Küche zurück, wo Peter gerade dabei war, die Knäufe vom Küchenschrank abzudrehen. Ständig war er von einem Zerstörungstrieb erfaßt, aber noch schlimmer war, daß er jedesmal, wenn er etwas angestellt hatte, versuchte, mir die Schuld in die Schuhe zu schieben. Ich schimpfte mit ihm, und als ich begann, die Knöpfe wieder festzudrehen, rief er mit hämischer Herausforderung: »Ich hätte sowieso gesagt, daß du es warst!« Ich war versucht, ihm eine herunterzuhauen, aber ich beherrschte mich. Er hätte wie ein Verrückter losgebrüllt und meinen Vater beunruhigt. Also dachte ich mir ein Spiel aus, um ihn abzulenken, und zum Glück ließ er sich davon fesseln, nicht zuletzt, weil ich ihn immer gewinnen ließ.

Als zehn Minuten um waren, klopfte ich wieder an die Tür des Arbeitszimmers, aber mein Vater war noch nicht fertig. »Entschuldige, ich habe noch eine Viertelstunde zu tun, ich werde dich rufen.« Ich kehrte in die Küche zurück, wo Peter sich wieder an den Knäufen zu schaffen machte. Ich war so nervös, daß ich schreckliche Kopfschmerzen bekam. Wieder schraubte ich die Griffe fest, wobei ich Peters Angriffe abwehren mußte. Es verging ungefähr eine Viertelstunde, aber als mein Vater mich rief, hörte ich, wie die Wohnungstür sich öffnete. Meine Stiefmutter war zurück. Natürlich war jetzt nichts mehr zu machen.

Auf einmal interessierte auch Peter sich für Papa. In der ersten Zeit war er ihm gegenüber scheu gewesen, aber nun begann er, neugierig auf ihn zu werden. Ständig lief er hinter ihm her, forderte seine Gegenwart, seine Aufmerksamkeit. Er folgte ihm überall hin, wartete sogar vor der Badtür auf ihn! Meinem Vater wurde das bald zuviel, vielleicht machte es ihm angst. Aber Peter blieb hartnäckig. Immer platzte er ohne anzuklopfen in sein Arbeitszimmer, wollte bei seinem Papa sein. Er überschwemmte ihn mit Fragen und forderte Antworten. Irgendwann wurde mein Vater von Panik ergriffen und schloß sich zwei Tage lang in seinem Zimmer ein. Aber Peter war weder geduldig noch diplomatisch und außerdem daran gewöhnt, die Leute auf Anhieb zu erobern, ohne all diese Anstrengungen ins Felde führen zu müssen. Er mühte sich ab, und mein Vater trat den Rückzug an. Aber je mehr er seinen Sohn floh, um so mehr wurde er von Peter verfolgt! Ich weiß nicht, aus welchem Antrieb, wahrscheinlich wollte er sich wieder eine Symbolfigur schaffen, deren Platz eine gewisse Zeit lang Hitler eingenommen hatte. Allerdings gab Papa der gewaltsamen Eroberung seines Sohnes nicht nach, und anstatt sich zu festigen, war ihre Beziehung bald bis zum Zerreißen gespannt. Enttäuscht und über die Zurückweisung erschüttert, klammerte Peter sich wieder mehr an unsere Stiefmutter.

Eines Morgens in der Frühe packte mein Vater Staffelei, Hocker und Farbkasten, um im Freien malen zu gehen. Wie elektrisiert bat ich ihn, mich mitzunehmen, aber er lehnte ab. Ich blieb hartnäckig. Dies schien mir eine ausgezeichnete Gelegenheit, mich diesem Mann zu nähern, zwischen ihm und mir eine Brücke zu schlagen, die bisher nicht zustande gekommen war. Aber er wollte mich nicht mitnehmen. Er brachte verschiedene Ausreden vor, wie zum Beispiel, daß ich mich langweilen würde. Ich ließ nicht locker. »Bitte«, murmelte ich flehend.

»Wenn ich male, bin ich lieber allein«, erwiderte er abweisend.

»Bitte!« Da schaute er mich unentschlossen, leicht genervt an. Wie fern er mir in diesem Augenblick war! Schließlich besann er sich anders, seufzte und gab seine Zustimmung, wie jemand, der dem Dickkopf eines Quälgeistes nachgibt: »Also gut, dann komm mit!« Und so gingen wir zusammen.

Wir liefen an Ruinen und Plätzen vorbei, die dem Erdboden gleichgemacht waren, und zuletzt nahmen wir die S-Bahn. Der Zug hatte Scheiben in den Fenstern und war halb leer. Draußen waren nur Trümmer, Steinhaufen und Dreck zu sehen. Nach zwei Stationen stiegen wir aus.

Wir bogen in eine breite Allee ein: auch hier Ruinen über Ruinen. Sonnenstrahlen fielen durch die geschwärzten

Mauern und breiteten tröstend goldene Schleier über düstere Stümpfe.

Die ganze Zeit über hatte mein Vater kein Wort gesprochen. Er schwieg immer noch und beantwortete meine schüchternen Annäherungsversuche nur mit kurzem Brummen. Schließlich gab ich es auf, mit ihm reden zu wollen, in der Hoffnung, daß wir früher oder später irgendwo haltmachen würden.

Nach einer Kreuzung schlugen wir einen schmalen Weg ein, der zu den Überresten dessen führte, was früher einmal eine Nobelvilla gewesen sein mußte. Die Ruinen standen inmitten eines üppigen, verlassenen Gartens, in dem die Rosen in dem ungepflegten Gras erblühten.

Mein Vater war stehengeblieben und betrachtete das Gemäuer. Dann sagte er überraschend: »Mein Schwager hat diese Villa meiner Schwester zu ihrem fünfundzwanzigsten Geburtstag geschenkt. Sie schienen so glücklich ... damals!« Wahrscheinlich spielte er auf Tante Margarethes Selbstmord an, aber ich wagte nicht, irgend etwas dazu zu sagen. Er war schon zu dem Schutthaufen gegangen, sprang hinauf und stellte die Staffelei auf. Dann legte er die Farben zurecht, klappte den Hocker auseinander, nahm die Palette zur Hand und begann zu malen.

Ich beobachtete ihn, während er die ersten Striche auf die Leinwand warf, und merkte sofort, daß er nicht die Trümmer oder den blühenden Garten malen wollte, sondern nur die Blumen, die auf den Schutthalden wuchsen. Es gab viele davon, in blassen, zarten Farben, bescheidene Trümmerblumen. Fast zwei Stunden malte mein Vater ununterbrochen und hatte bald meine Anwesenheit vergessen. Da ich ihn nicht stören wollte, suchte ich nach etwas, um mich abzulenken. Also begann ich zwischen den Trümmern zu stöbern und fand verschiedene interessante Dinge: einen Puppenkopf mit Schlafaugen, eine Kaffeekanne ohne

Tülle und einen weißen Telefonhörer. Ich eilte zu meinem Vater, um ihm meine Schätze zu zeigen, aber er murmelte nur: »Wie schön ...«, ohne von seiner Arbeit aufzuschauen.

Ich gab mich damit zufrieden, kletterte von den Trümmern und legte mich unter einen Baum, um ein bißchen zu schlafen. Die Stimme meines Vaters, der nach mir rief, weckte mich. Ich richtete mich auf. Am Himmel waren Wolken aufgezogen. Es war schwül, es ging kein Lüftchen. Über meinen Arm marschierte ein Heer von Ameisen, die ich verscheuchte. Dann stand ich auf, aber mir wurde schwarz vor Augen. Vielleicht war ich ein wenig blutarm oder unterernährt, jedenfalls dauerte es eine ganze Weile. Als ich mich besser fühlte, lief ich zu meinem Vater.

Das Gemälde war fertig. Bewundernd betrachtete ich es. Da gab es die ganze prächtige Flora der Trümmerhaufen: Glockenblumen, Arnika, Bitterwurz, kleine Nelken, Lilien und wilde Narzissen. Es war ein wunderschönes Bild, und ich rief besorgt: »Das willst du doch nicht verkaufen?!« (Tatsächlich verkaufte er es nicht, es hängt heute noch im Haus meines Bruders in Salzburg.)

»In diesen Zeiten kaufen die Leute Brot und keine Bilder«, antwortete mein Vater düster.

»Wirst du kein Maler mehr sein?« fragte ich enttäuscht.

»Nein«, erwiderte er knapp und gab dem Blütenblatt eines zarten Immergrüns mit der Spitze des Zeigefingers den letzten Schliff.

»Warum nicht?« beharrte ich.

»Dieser Beruf taugt nicht mehr.«

»Was machst du dann?«

»Wir gehen zurück nach Österreich, und dort werde ich mir eine Arbeit suchen.«

»Nach Österreich!« rief ich überrascht.

»Wir sind Österreicher«, erinnerte er mich. »Ich will

nicht in diesem Land, in dieser Stadt bleiben. Hier habe ich nichts mehr.«

»Und ... Ursula?« fragte ich behutsam.

»Ursula ist meine Frau, und mit der Heirat hat sie die österreichische Staatsbürgerschaft erworben.«

»Dann werden wir Berlin verlassen?«

»Ich werde vorausfahren.«

»Wann?«

»Bald. Sobald ich von den Behörden die Genehmigung erhalte.«

»Du wirst wegfahren ...«, murmelte ich niedergeschmettert.

»Ich muß mir Arbeit suchen«, wiederholte er in nüchternem Ton. »Und ein Haus. Wir können nicht alle aufs Geratewohl die Zelte abbrechen.« Lange schaute ich diesen unbekannten Vater an, den ich liebte, aber der nicht den Weg zu mir fand, und rief vor trotziger Wut bebend: »Du darfst mich nicht schon wieder allein lassen!«

Erstaunt schaute er mich an: »Aber deine Mutter ist doch da!«

»Sie ist nicht meine Mutter!« brach es zornig aus mir hervor.

»Sie ist deine neue Mutter«, erwiderte er, ohne die Ruhe zu verlieren. »Und du mußt lernen, das zu akzeptieren, Helga.«

»Sie mag mich nicht!« rief ich angstvoll.

»Sie mag dich sehr wohl!« entgegnete er ruhig.

»Das stimmt nicht!« widersprach ich ihm. »Sie mag mich nicht, sie hat mich nie gemocht! Deswegen habe ich mich im Keller versteckt! Deswegen hat sie mich in die Anstalt gesteckt, wo sie mir die Haare abgeschnitten haben! Deswegen hat sie mich nach Eden ins Internat geschickt! Sie wollte mich immer nur loswerden, immer, immer!« Keuchend betrachtete ich seine Miene in der

Hoffnung, etwas in seinem Herzen angerührt zu haben, aber er antwortete väterlich und gemessen: »Du mußtest in Behandlung.«

»Frau Doktor Löbig hat gesagt, alles was ich bräuchte, sei eine Mutter!« rief ich weinend, weil es mir nicht gelang, die Mauer, die uns trennte, niederzureißen. Und während ich mir die Tränen mit den Fingerspitzen abtupfte, fügte ich grollend hinzu: »Warum hast du uns nicht bei Großmutter gelassen? Die hat uns liebgehabt!«

»Großmutter ist schon alt. Wie hätte sie zwei so kleine Enkelkinder großziehen können?«

»Ich will meine Mutter!« erklärte ich.

Seine Miene verdüsterte sich, und er schaute mich mit sichtlich wachsender Besorgnis an. Die Züge seines Gesichtes verzerrten sich.

»Ich will meine Mutter!« wiederholte ich impulsiv, erregt, unbeherrscht. »Sie mag mich, das weiß ich! Sie ist meine Mutter! Sie will mich! Was hast du ihr getan? Warum wollte sie uns nicht mehr? Warum ist sie fortgegangen? Sie hat mich liebgehabt, das weiß ich! Sie hat mich lieb!« Außer mir stand ich vor ihm, mit hochroten Wangen.

Mein Vater hatte die Fäuste geballt, an seinem Hals schwoll eine Ader. Seine Gesichtsmuskeln zuckten und spannten sich, so daß ich Angst bekam. Schließlich schrie er mit einer schroffen, brechenden Stimme, die ich nicht kannte: »Wenn deine Mutter dich liebgehabt hätte, hätte sie dich nicht wegen dem Führer verlassen!« Er riß die Leinwand von der Staffelei, warf die Tuben in den Kasten, ohne die Deckel draufzuschrauben, klappte den Hocker zu, packte alles zusammen und sagte barsch: »Wir gehen!« Er lief so schnell davon, daß ich ihm nur mit Mühe zu folgen vermochte. Wie ein geprügelter Hund trabte ich schuldbewußt hinter ihm her. Stammelnd versuchte ich mich zu entschuldigen: »Ich wollte nicht ... verzeih mir ...« Aber er hörte mir nicht zu. Wir liefen bis zum S-Bahnhof; ich keuchte, und meine Knie zitterten. Erst im Zug sagte er wieder ruhiger und beherrscht zu mir: »Nein, du mußt entschuldigen. Aber versuche in Zukunft, gewisse Themen zu meiden. Wenn du groß bist, wirst du das verstehen.«

Das war die letzte Gelegenheit, ein einvernehmliches Verhältnis zwischen mir und meinem Vater zu erzielen, aber ich hatte sie verpaßt.

21

Berlin, 1946–1947

Ich zweifelte nicht mehr daran, daß mein Vater sehr in seine Frau verliebt war, das hatte ich an vielen Kleinigkeiten gemerkt: Beispielsweise hatte ich entdeckt, daß er ihr jeden Tag einen kleinen Liebesbrief schrieb, den er ihr unter das Kissen legte. Sie waren alle mit Blümchen und durchbohrten Herzen verziert und beinhalteten viele süße Worte; während ich sie las, kochte ich innerlich vor eifersüchtiger Entrüstung. Während er sich uns Kindern gegenüber zurückhaltend und abweisend zeigte, erging er sich in romantischen Ergüssen an seine Frau. Das begriff ich nicht. Außerdem verdroß mich die Tatsache, daß ich das leidenschaftliche Temperament meines Vaters noch vor seinen väterlichen Eigenschaften kennengelernt hatte, die mir ganz verborgen blieben.

Nach einiger Zeit bekamen wir von den Behörden die Genehmigung, in Vaters Heimat zurückzukehren, und er bereitete sich auf die Abreise vor. Wir sollten nachkommen, sobald er eine sichere Grundlage für uns vier geschaffen hatte, aber das konnte noch viele Monate dauern. Auch Österreich hatte gerade den Krieg hinter sich und stand vor denselben Problemen wie Deutschland: Arbeitslosigkeit, Elend und Wohnungsnot.

Da mein Vater und seine Frau lange getrennt sein würden, nutzten sie jeden Augenblick, um allein zu sein, und versuchten, mich und Peter ein paar Stunden loszuwerden. Aber Opa ging es damals nicht gut, so daß er sich nicht um uns kümmern konnte, und so mußte ich, ob ich wollte oder nicht, meiner Stiefmutter helfen.

In unserer Nähe hatte ein Schwimmbad wieder eröffnet, und eines Tages schlug meine Stiefmutter uns vor, dort hinzugehen. Peter machte einen Freudensprung, und auch ich muß gestehen, daß ich begeistert war. Ich hatte keine rechte Vorstellung von einem Schwimmbad, aber ich wußte, daß es etwas mit viel Wasser zu tun hatte, einem Element, für das ich echte Verehrung empfand, nachdem es mir so lange vorenthalten worden war.

Gesagt, getan! Meine Stiefmutter packte uns etwas Proviant ein, den wir erst nach dem Baden aufessen sollten, und gab mir eine ganze Reihe von Ermahnungen Peter betreffend mit auf den Weg. Dann reichte sie mir zwei Badeanzüge, die sie auf dem schwarzen Markt erstanden hatte, und brachte uns zur Straßenbahnhaltestelle. Peter freute sich unheimlich, und als er die Straßenbahn bimmeln hörte, begann er zu hüpfen und in die Hände zu klatschen. Er wollte sich nicht einmal mehr von unserer Stiefmutter verabschieden und zog mich wie ein Verrückter in den Waggon.

Die Tram war nur halb voll, und Peter probierte alle Bänke durch, bis er eine fand, die ihm zusagte. Es waren Bänke aus glänzendem Holz, und er putzte sie mit seinem Hosenboden ab; er hauchte an die Scheibe, zeichnete mit dem Finger eine Bombe und kommentierte alles, was draußen vorbeizog, mit schrillem Geschrei, so daß die anderen Fahrgäste uns mißbilligend ansahen. Als unsere Haltestelle kam, wollte er nicht mehr aussteigen; Tramfahren begeisterte ihn dermaßen, daß er sogar auf das Schwimmbad verzichtet hätte. Ich mußte ihn buchstäblich aus dem Wagen zerren, während er sich wehrte, um sich trat und mich mit seinem eigensinnigen Gebaren beschämte. Zum Glück wurde er sofort von dem Eingang zum Schwimmbad in Bann gezogen, der sich genau gegenüber der Haltestelle befand. Durch das große Tor, über dem das Wort FREIBAD prangte, gingen wir hinein.

Die Kasse war ein Betonwürfel, in dem eine ältere Frau saß, die uns streng anschaute: »Könnt ihr schwimmen, Kinder?« Peter nickte automatisch, während ich die Wahrheit sagte: »Nein.«

»Wehe, ihr rührt euch aus dem Kinderbecken weg!« schnaubte die Frau, steckte sich eine Zigarette zwischen die Lippen und reichte mir unsere Eintrittskarten sowie einen Schlüssel für die Umkleidekabine.

Das Schwimmbad war leer. Begeistert blieb ich vor den beiden Becken stehen: so viel Wasser! Ich erinnerte mich an die paar Tropfen, mit denen wir uns im Keller in der Lothar-Bucher-Straße begnügen mußten; hier dagegen hatte ich ein ganzes Becken ganz allein für mich zur Verfügung! Es war unglaublich, beinahe wie im Traum. Es war ein wunderschöner Tag, die Sonne glänzte auf der Wasseroberfläche; in der Tiefe zitterten Lichtreflexe. Das Kinderbecken war kleiner als jenes für Schwimmer, aber Peter gefiel natürlich das große besser. »Ich gehe in das da«, erklärte er. »Das ist schöner.«

»Das darfst du nicht«, sagte ich.

»Warum?«

»Weil du nicht groß genug bist.«

»Weil ich nicht groß genug bin?«

»Das Wasser geht bis über deinen Kopf!«

»Das macht nichts.«

»Wenn du nicht schwimmen kannst, mußt du ertrinken!«

»Nein.« Ich zog Peter zur Umkleidekabine, weil ich fürchtete, er würde seine übliche Nummer abziehen. Häufig tat er so, als würde er nicht verstehen, nur um mich zu provozieren, aber diesmal hatte ich keine Lust zum Diskutieren. Ich wollte ins Wasser!

Die Kabine bestand aus einem Holzkasten mit einem kleinen Walmdach. Drinnen gab es eine Bank und mehrere

Kleiderhaken an den Wänden. Wir zogen uns aus, schlüpften in unsere Badeanzüge und liefen hinaus, bereit, das Bad zu genießen. Peter blieb am Rand des Schwimmerbeckens stehen, aber die Frau an der Kasse schrie von weitem: »Wehe, wenn du nicht sofort ins Kinderbecken gehst, du Schlingel!« Peter ließ sich überzeugen. Aber kaum hatte mein schrecklicher kleiner Bruder den Fuß in das Planschbecken gesteckt, rief er: »Brrr! Das ist ja eiskalt!« und rannte in die Kabine zurück. Mehrmals rief ich nach ihm, aber er tauchte nicht wieder auf. Da ließ ich ihn gehen und stieg langsam in das Becken, bis das Wasser mir bis zum Hals reichte. Das Wasser, das mir im ersten Augenblick sehr kalt erschienen war, erwies sich bald als lauwarm. Glücklich begann ich darin herumzupaddeln.

Ich tauchte unter, öffnete die Augen und schaute zur Oberfläche, die sich im Wind kräuselte. Der Himmel schien wie ein tosendes Meer und von tiefem Nachtblau. Erschrocken tauchte ich wieder auf und sah, daß er ruhig und blau war; da beruhigte ich mich wieder. Nie mehr sollte ich so einen klaren Himmel sehen wie damals über Berlin in jener ersten Nachkriegszeit.

Endlich beschloß ich, aus dem Wasser zu gehen, zumal ich schon runzelige Finger hatte. Als ich in die Kabine kam, stieß ich auf Peter, der dreinschaute wie jemand, der verbotenerweise Marmelade genascht hat. Ein Blick genügte, um zu verstehen, daß er unseren ganzen Proviant verschlungen hatte, einschließlich meines Anteils! Ich wurde schrecklich wütend. Vom Baden hatte ich einen Bärenhunger bekommen, und er hatte alles aufgegessen! Ich schrie ihn an: »Immer dasselbe mit dir! Du bist ein Dieb!« und verpaßte ihm eine Ohrfeige. Er rührte sich nicht und starrte mich haßerfüllt an. Da stand er, steif und ernst, ohne Tränen. Aber auf einmal stürzte er hinaus und kotzte in das Becken.

Die Frau an der Kasse kam entrüstet herbeigelaufen und

begann zu schimpfen. Sie nannte uns Zigeuner, Vandalen, Kakerlaken und Beschmutzer öffentlichen Eigentums. »Raus!« kreischte sie und wies mit zitterndem Finger zum Ausgang. »In fünf Minuten will ich nichts mehr von euch sehen, sonst rufe ich die Polizei!«

Natürlich übertrieb sie, aber ich fühlte mich fürchterlich gedemütigt. Ich stieß Peter in die Kabine und zwang ihn, sich anzuziehen. Er wollte nichts davon wissen. Um ein Haar hätte ich ihn noch einmal geohrfeigt. Endlich waren wir frisch angezogen, rannten an der Kasse vorbei und machten, daß wir wegkamen. Ich war so wütend auf Peter, daß ich auf dem ganzen Nachhauseweg kein Wort mit ihm redete. In der Straßenbahn hauchte er an die Scheibe und malte mit langem Gesicht zwei große Bomben. Kaum waren wir ausgestiegen, machte ich mir Sorgen: Unser Aufenthalt im Freibad hatte höchstens eine halbe Stunde gedauert, daher würde meine Stiefmutter zornig auf mich sein. Sie hatte mir zu verstehen gegeben, daß sie uns frühestens in zwei, drei Stunden zurückerwartete!

Zu Hause läutete ich lange an der Tür. Unsere Nachbarin, nicht mehr die alte Freundin meiner Stiefmutter, sondern eine ältere Frau mit einer halbseitig gelähmten Tochter, kam heraus und fragte, ob wir uns vielleicht ausgeschlossen hätten. Just in diesem Augenblick öffnete meine Stiefmutter mit einem sonderbaren Gesichtsausdruck die Tür. Sie war in einen glänzenden Morgenrock gewickelt, den ich noch nie an ihr gesehen hatte, und fragte in scharfem Ton: »Ihr seid schon da? Brav...« Dann rief sie ins Schlafzimmer hinüber: »Diese Blagen sind schon wieder da, Stefan!« Und verschwand im Bad, um zu duschen.

Später wollte sie nicht einmal wissen, was geschehen war, und fuhr sogar Peter über den Mund, als er eine seiner üblichen Geschichten erzählen wollte, in denen er mich immer als Alleinschuldige hinstellte. Sie schickte uns in unser Zimmer, und außer sich vor Wut trat Peter gegen das Bett.

Nur wenige Tage später bot sich mir eine ausgezeichnete Gelegenheit, die Achtung meiner Stiefmutter wenigstens ein bißchen wiederzuerlangen. Ich erbot mich, für meinen Vater ein Paket mit Ölfarben abzuholen. Er arbeitete an einem Porträt von Ursula, das er noch vor seiner Abreise beenden wollte, aber einige Farben waren ihm ausgegangen: Das war *die* Gelegenheit, um mich zu rehabilitieren. Selbstverständlich mußte ich mir meinen nervigen kleinen Bruder aufbinden lassen.

Es war nicht weit, nur ein paar Haltestellen. Mit der Straßenbahn war ich ja mittlerweile vertraut.

Diesmal gab meine Stiefmutter uns nichts zu essen mit, sondern Geld, damit wir uns ein Eis kaufen konnten. Gerade hatten die ersten Eisdielen eröffnet, und die Leute drängten sich vor den Theken, von der Neuheit angezogen. Für Peter und mich war Eis eine vollkommen unbekannte Leckerei.

Wie meine Stiefmutter gesagt hatte, stiegen wir an der vierten Haltestelle aus; dort sollte ich einen Passanten nach der Straße fragen, die sie mir mitsamt der Hausnummer auf einen Zettel geschrieben hatte. Ich hielt einen alten Mann an, der sagte: »Ganz hinten in der Straße, Kleine, du kannst es nicht verfehlen, das einzige Haus, das noch steht.« Ich fragte ihn auch nach einer Eisdiele, und er zeigte sie mir: »Dort, wo die Leute Schlange stehen.«

Wir stellten uns an, und Peter wurde sofort ungeduldig. Endlich kamen wir an die Reihe und kauften zwei Vanilleeis. Unglücklicherweise war das Eis zwischen den beiden Waffeln ziemlich hart; kaum waren wir draußen, glitt Peters Eis ihm aus der Hand und landete auf dem Boden. Da stand er nun mit den leeren Waffeln, im wahrsten Sinne des Wortes sprachlos. Gleich darauf stieß er ein so gellendes Protestgeschrei aus, daß die Leute aus dem Laden stürzten, um zu sehen, was passiert war. Peter brüllte, er wolle mein Eis, aber ich dachte überhaupt nicht daran, es ihm zu geben. Wenn er seines verloren hatte, Pech für ihn! Aber Peter brüllte, warf sich auf den Boden und wollte um jeden Preis mein Eis. Da trat eine Dame zu uns und sagte drohend: »Nun gib ihm das Eis!« Ich verteidigte mich: »Er hat seins fallen lassen!« Aber die Dame glaubte mir nicht: »Mach keine Geschichten, Kleine, gib deinem Bruder das Eis zurück! Denn dieses Engelchen ist doch dein Bruder, nicht wahr?« Bohrend starrte sie mich an. »J-j-jaa ...«, stotterte ich.

»Dann gib ihm das Eis zurück!« wiederholte die Frau in so hartem Ton, daß er mich einschüchterte. Mit haßerfülltem Herzen gab ich ihm mein Eis.

Augenblicklich strahlte Peter vor Zufriedenheit, begann gierig zu lecken, und bei diesem demonstrativen Gehabe juckte es mir in den Fingern. Wie ich ihn verabscheute! Wütend ging ich mit großen Schritten davon, damit er wenigstens Mühe hatte, mir zu folgen; wenn er sich so beeilen mußte, würde ihm der Eisgenuß schon vergehen! Tatsächlich rannte er keuchend hinter mir her, während er eifrig schleckte. Plötzlich verschluckte er sich jedoch an einem Waffelstück und begann zu husten und zu spucken, so daß ich stehenbleiben und ihm zu Hilfe kommen mußte. Ich klopfte ihm auf den Rücken, wie es Opa damals gemacht hatte, als er sich an der Halstablette verschluckt hatte, und schließlich erholte er sich. Er war rot, schwitzte und hatte glänzende, weit aufgerissene Augen, steckte aber nichtsdestotrotz das letzte Stück Waffel in den Mund und leckte sich die Finger ab. Gleich darauf jammerte er über seine klebrigen Finger. Ich sagte ihm, er solle sie mit Spucke säubern und am Gras abputzen. Was er dann auf übertriebene Weise vollführte!

Endlich konnten wir unseren Weg durch die Allee fortsetzen, zu deren beiden Seiten traurige Ruinen standen. Der Asphalt war noch von Kratern übersät; Peter versuchte, sich in einem zu verstecken, um Krieg zu spielen. Ich würdigte ihn keines Wortes. Da war er beleidigt, und ich hörte ihn hinter meinem Rücken schimpfen: »Helga ist eine dumme Ziege! Helga ist blöd!« Eine Weile ignorierte ich ihn, aber als ich mich irgendwann doch umdrehte, sah ich, daß er gerade dabei war, Früchte aufzulesen, die von den Bäumen heruntergefallen waren, und in den Mund zu stecken. »Was ißt du da?!« schrie ich. »Zeig mir das!« Mehr, weil ich ihn so angeschrien hatte, als aus Fügsamkeit gehorchte er und zeigte sie vor. Es waren kleine rote Beeren, etwa so groß wie Maiskörner. Ich versuchte ein paar: Sie waren süß und mehlig. Wenn schon jemand vergiftet sterben sollte, dann sollte ich das sein!

Peter betrachtete mich mit lebhaftem Interesse und fragte hin und wieder, ob ich nun stürbe oder nicht, weil er Hunger hatte. Er war wirklich ein Zyniker. Da ich keine Anstalten machte, zu sterben, sammelten wir eine ganze Menge dieser roten Kügelchen auf und schlugen uns den Bauch voll. Aber gleich darauf bekam Peter Bauchweh und hockte sich in einen Krater, um sich ungestört zu erleichtern. Danach rief er: »Papier! Papier!«, und ich warf ihm trockenes Gras hinunter, das am Rand des Bürgersteigs wuchs. Endlich schien er ruhig, aber kurz darauf beklagte er sich, daß ihn etwas in der Unterhose steche: Es handelte sich um ein paar Grashalme. Als auch diese Unannehmlichkeit behoben war, gingen wir weiter und kamen zu dem letzten Haus, das noch stand. Die Hausnummer stimmte. Am Tor hing ein Schild mit der Aufschrift: Waldpach – Farben und Lacke, und drunter, in kleineren Buchstaben: Kellergeschoß.

Wir traten durch das angelehnte Tor und befanden uns in einem düsteren Flur. Ein schwarzer Pfeil wies ins Untergeschoß. Wir stiegen eine schlecht beleuchtete Treppe mit unregelmäßigen Stufen hinunter. Es roch einladend nach Essen. Am Fuße der Treppe stand: »Waldpach – letzte Tür.«

Wir kamen an zwei verschlossenen Türen vorüber, aber die dritte stand offen, und erstaunt sah ich, daß es eine Küche war. Von dort kam der Essensgeruch! Nach einem Augenblick des Zögerns ging ich mit Peter hinein, der sich an meinen Rockzipfel klammerte.

Im Ofen brannte ein Holzfeuer, und auf der Herdplatte stand ein Topf, in dem Kartoffeln kochten. Ein anderer Topf war vom Feuer gezogen worden: Er war bis oben hin voller Klopse. Fleischklopse!

Ich starrte auf diese köstliche Speise, und mir wurde schwarz vor Augen. Der aufgestaute Hunger überfiel mich so gewaltsam, daß ich wie in Trance die Hand ausstreckte, einen Klops aus der Soße fischte und ihn in den Mund steckte. Vor Wonne wurde ich beinahe ohnmächtig. Alles übrige war nur die Frage eines Augenblicks: Ich stopfte mir die Taschen meines Kleides voll, schnappte Peter an der Hand, und wir hauten ab. Auf der Straße begannen wir zu rennen, als sei der Teufel hinter uns her, bis ich stehenbleiben mußte, weil ich so heftige Seitenstiche bekam. Sofort fing Peter an, mich zu quälen: »Ich will auch Klopse, ich auch!« Ich gab ihm einen in der Hoffnung, damit davonzukommen, aber er protestierte: »Du hast mehr, ich will auch mehr!« Er plärrte so lange, bis ich das Diebesgut in zwei gleiche Hälften teilte. Er steckte sie in seine Hosentaschen, und wir rannten fast bis ans Ende der Straße. Endlich blieben wir stehen, setzten uns unter einen Baum und aßen alle Klopse auf. Erst da wurde mir bewußt, wie wir aussahen, fettglänzend wie zwei Speckschwarten! Meine Stiefmutter würde mich umbringen! Und noch dazu hatte ich das Paket mit den Farben nicht abgeholt!

Bei unserer Rückkehr erlebten wir den Weltuntergang. Meine Stiefmutter verprügelte uns beide mit einem Lederriemen und schickte uns ins Bett. Am nächsten Tag hielt sogar Vater uns eine Predigt, die sehr hart ausfiel. Eine Woche lang herrschte daheim eine Höllenstimmung. Mehr denn je fühlte ich mich unbehaglich, zumal ich diesmal wirklich etwas falsch gemacht hatte. So blieb Ursulas Porträt unvollendet.

22

Berlin, Ende Juni 1947

Die Abreise meines Vaters glich seiner Ankunft, nur daß diesmal alles umgekehrt ablief. Wir waren in der Lothar-Buchner-Straße, weil Opa einen Ischias-Anfall hatte, und meine Stiefmutter war nicht glücklich, sondern traurig und niedergeschlagen. Schließlich verabschiedete sich mein Vater von uns allen: Zu Opa sagte er, er hoffe, er würde uns irgendwann einmal in Österreich besuchen, wenn Peter, ich und unsere Stiefmutter nachgekommen seien, drückte Hilde die Hand, umarmte Peter und mich, und danach brachte Ursula ihn zum Bahnhof.

Kaum waren sie gegangen, befiel mich ein tiefes Gefühl der Verlassenheit. Die Anwesenheit meines Vaters war wie ein vorüberziehender Schatten gewesen, den ich nicht hatte fassen können; und jetzt verließ er Deutschland tatsächlich wieder, und wer wußte, wann ich ihn wiedersehen würde!

Wir saßen in Hildes Küche. Sie unterhielt sich mit Opa über ihre neue Arbeit, die sie am darauffolgenden Montag antreten würde; die Stelle hatte sie bekommen, weil sie außer Deutsch und Englisch auch Russisch sprach.

Peter zeigte sich Vaters Abreise gegenüber gleichgültig, da es seiner Erfahrung nach keinen Unterschied machte, ob er da war oder nicht. Er wollte mich in Hildes Arbeitszimmer ziehen, wo er so gerne auf dem Klavier herumklimperte, aber ich weigerte mich. Beim Anblick des Bildes, das mein Vater gemalt hatte, hätte ich bestimmt zu weinen angefangen! So schauten wir aus dem Wohnzimmerfenster, um zu sehen, was im Hof los war.

Alles war heiter. Die Sonne schien, und die Linden schäumten vor Grün. Wie anders alles war!

Auf einmal sahen wir, wie die Hausmeisterin herauskam, um den Weg zu fegen. Das alles sah ich nun mit anderen Augen. Wie hatte dieser verdammte Keller unseren Blick verzerrt! In einem Augenblick zog vor meinen Augen das ganze Entsetzen vorbei, das wir durchgemacht hatten: War das alles wirklich geschehen? Und wie hatten wir bloß überlebt? Ohne Wasser, ohne Strom, ohne Essen, ohne Hygiene. Im Dunkeln. In der Kälte. In diesem höllischen Miteinander-eingesperrt-Sein!

Wieder konzentrierte ich mich auf den Hof. Ein paar Kinder spielten Ball, aber ich kannte sie nicht: Weder Egon noch Rudolf waren dabei. Da hob ich den Blick zu den Ruinen, die diese freie Fläche umgrenzten, und komisch: sie hatten ihren mahnenden Charakter verloren und sich heiter in die Umgebung eingefügt, bizarre Kulissen eines nunmehr vollkommen wiederhergestellten Hinterhofes. Die Hecken an den Wegen waren gestutzt, das Gras geschnitten. Alle Spuren der Leichen beseitigt. Der Schuppen repariert. Das Ganze bot einen Anblick geordneter Normalität. Weiter hinten klopften zwei Frauen Teppiche aus. Waren das vielleicht Frau Bittner und Frau Mannheim? Auf einer erst kürzlich wieder unter dem Fliederbusch aufgestellten Bank genoß ein alter Mann die Sonne. Könnte das Herr Hammer sein? Wieder schaute ich zu den Ruinen hinüber. Diese makabren Mauerreste und zusammengebrochenen Wände, die jeden Augenblick ganz einstürzen konnten, diese leeren Fensterhöhlen, in denen sich kecke Grasbüschel eingenistet hatten, diese staubigen Schutthaufen schienen sich nun mit der Vergangenheit ausgesöhnt zu haben und ihr allzu leicht Verzeihung zu gewähren. Ich sagte etwas Diesbezügliches zu Peter, aber der tippte sich an die Stirn und spottete: »Du spinnst!«

Vielleicht hatte er recht. Vielleicht war meine Sicht der Dinge wirklich absurd.

Als Opa sich von seinen Ischiasbeschwerden erholt hatte, besuchte er uns ab und zu in der Friedrichsruher Straße.

Manchmal schlug er vor, spazierenzugehen, aber Peter weigerte sich gewöhnlich. Dann ging ich alleine mit Opa und war glücklich darüber. Mit Peter gab es immer Schwierigkeiten.

Eines Tages führte Opa mich zum Lichtenberger Friedhof, auf dem seine Frau begraben war. Wir stellten einen Feldblumenstrauß auf ihr Grab. Es lag in der Nähe der letzten Ruhestätte von Karl und Wilhelm Liebknecht, die einst von den Nazis verwüstet worden war, wie alle Gräber von Leuten, die als Staatsfeinde galten.

An anderen Tagen wanderten wir durch die Waldgebiete der äußeren Berliner Vororte, um genießbare Kräuter und wilde Früchte zu sammeln, um den Vitaminmangel in unserer Ernährung auszugleichen.

Hilde hatte ihre neue Arbeit angetreten und schien zufrieden.

Peter war ein ungeselliges Kind. Er spielte nicht gerne, wie ich, im Hof mit den anderen Kindern, immer wollte er am Rockzipfel unserer Stiefmutter hängen. Das einzige, was ihn interessierte, war, in den Trümmern nach irgendwelchen ungewöhnlichen Dingen zu suchen. Tatsächlich fand er einmal einen goldenen Federhalter und war so stolz darauf, daß er eine Woche lang ununterbrochen davon redete. Ich fand dagegen einen massiven Gußtopf, der noch gut war, so daß meine Stiefmutter ihn gründlich ausspülte und Erbsensuppe darin kochte.

Nun ging es in der Schule besser, alles war straffer organisiert. 1945 hatte großer Lehrermangel geherrscht, weil diejenigen, die in der NSDAP gewesen waren, keine Stelle mehr bekamen. Auch die Deutschbücher der Nazizeit waren verboten worden, und da es noch keine neuen gab, mußte man sich ohne behelfen. Der Unterricht konzentrierte sich auf klassische Fächer, deren Stoff nicht entnazifiziert werden mußte, und so sprachen wir viel über Goethe und Schiller. Eines Tages wollte ein Junge besonders geistreich sein. Er hob den Arm und brüllte: »Heil Hitler!« Daraufhin durfte er zwei Wochen die Schule nicht besuchen.

Wir hatten immer noch Hunger, und das Leben war sehr schwierig. Die Geschäfte hatten wenig Ware, was es gab, war teuer, und die Mark war nichts wert. Hilde beklagte sich, weil sie mit ihrem Gehalt nichts kaufen konnte. Weihnachten 1947 verlief traurig und armselig: keine Geschenke, kein Baum.

Meine Stiefmutter war verzweifelt, weil mein Vater noch keine feste Arbeit gefunden hatte und sich gerade so über Wasser hielt, indem er als Tagelöhner bei einem Bauern für Kost und Logis arbeitete, wobei letzteres aus einer kleinen Kammer über dem Stall bestand.

Zwischen meiner Stiefmutter und mir herrschte immer noch kalter Krieg, und ich entspannte mich nur fern von ihr, wenn ich in der Schule oder mit Opa unterwegs war.

Im Frühsommer 1948 schrieb uns mein Vater, daß er wieder bei seinen Eltern sei und in demselben Ort eine Arbeit gefunden habe.

Die Großeltern würden uns in ihrem Haus beherbergen, das sie nahe am Ufer eines Sees gemietet hatten. Wir sollten endlich nach Österreich kommen! Endlich würde ich Großvater und Großmutter wiedersehen, und vor allem meinen Vater! Aber in die Freude mischte sich ein Wermutstropfen: Ich mußte Opa verlassen, womöglich für immer. Sehr wahrscheinlich würde ich diesen guten, feinfühligen alten Mann niemals wiedersehen, den einzigen Menschen nach der Großmutter, der mir etwas Wärme geschenkt hatte! Alles andere ging rasch vonstatten. Meine Stiefmutter kündigte die Wohnung in der Friedrichsruher Straße, indem sie unsere rückständige Miete mit einem jener wertvollen Perserteppiche bezahlte, die sie mit in die Ehe gebracht hatte; alles übrige wurde verkauft, weil wir nur das außer Landes bringen durften, was in einen Koffer paßte. Peter und ich wurden von der Schule genommen, und ehe wir uns versahen, kam der Tag der Abreise. Alles war so schnell gegangen, daß ich mich ganz durcheinander und unglücklich fühlte. Ich sollte Opa verlassen, ich würde Berlin verlassen. Ich war ängstlich und traurig, aber gleichzeitig sehnte ich mich danach, die Menschen wiederzusehen, denen mein Herz gehörte: meine Großmutter und meinen Vater!

23

Berlin, Herbst 1948

Der Militärflughafen Gatow empfängt uns geräuschvoll; überall sind Männer in Uniform zu sehen. Die Landebahnen sind sonnenüberflutet.

Peter drückt seinen Teddybären an sich und quält meine Stiefmutter mit ständigen Fragen, die sie nicht beantwortet. Schließlich verschlägt es ihm angesichts des metallisch schimmernden Jagdbombers die Sprache, mit dem wir Berlin verlassen werden. Meine Stiefmutter ist traurig: Der Abschied von Hilde und Opa hat sie sehr mitgenommen. Auch ich habe wegen Opa geweint.

Am Fuße der Einstiegstreppe erledigt ein englischer Soldat die letzten Formalitäten. Während er unsere Papiere kontrolliert, schielt Peter aufmerksam nach der Mütze des Mannes, die in keinster Weise der des Führers ähnelt. Wir erwarten schon seine Genehmigung, als er sich plötzlich an Peter wendet: »Wie heißt dein Bär?« Er spricht ein korrektes Deutsch mit leichtem englischem Akzent.

Peter blinzelt und stottert: »TT . . . tt . . .«

»Wie?«

»Teddy.«

»Hat Teddy eine Flugerlaubnis?« fragt der Militärbeamte geschäftsmäßig.

Peter schaut zuerst dumm, dann alarmiert drein: »Nein!«

»Dann darf Teddy nicht fliegen«, bescheidet der Mann.

Bestürzt blickt Peter zu dem Mann auf und bricht dann in verzweifeltes Weinen aus. Da breitet sich ein belustigtes Lächeln über dessen Gesicht. »Ich habe nur Spaß gemacht, *little boy*, aber ich mache es gleich wieder gut.« Und er stellt unverzüglich ein Dokument mit jeder Menge Stempeln und seiner Unterschrift aus, auf dem steht: »Der Teddy-Bär darf fliegen.« Mein Bruder hat dieses Blatt heute noch.

Peter seufzt erleichtert und lächelt dem Beamten zu, während ihm eine Träne wie ein Kristalltropfen langsam über die Wange läuft. Endlich sind wir zum Einsteigen bereit.

Die Maschine ist ein Jagdbomber, ein Überbleibsel aus dem Krieg, und statt richtiger Sitze finden wir Klappsitze vor. Wir sind zehn Passagiere, sechs Erwachsene und vier Kinder. Peter setzt sich an das erste Fenster, haucht an die Scheibe und malt mit dem Finger eine Bombe.

Kaum haben wir Platz genommen, da beginnt ein alter Fanatiker sich lang und breit in der technischen Beschreibung des Flugzeugs zu ergehen, zählt die zulässige Zuladung an Bomben, Granatwerfern, Geschossen und sonstigem auf und deutet erregt auf die Stelle, an der die Geschütze sich befunden haben. Gerade als er sagt: »... die Feuergeschwindigkeit ist abgestimmt auf die ...«, springt eine Frau auf und ruft außer sich: »Halten Sie den Mund, verdammt noch mal! Der Krieg ist vorbei!«

Der Mann fährt zusammen, zieht den Kopf zwischen die Schultern und blickt aus dem Bullauge.

Peter ist aufgeregt. Dauernd steht er auf, spitzt mal nach der einen, dann nach der anderen Seite, stößt kleine Schreie des Staunens und nervöser Erwartung aus. Bis ihn endlich eine Flugbegleiterin, eine junge Frau in Uniform mit einem Schiffchen auf dem Kopf, zur Ordnung ruft: »Jetzt mußt du dich beruhigen, junger Mann« und ihm den Sicherheitsgurt anlegt. Auch die übrigen Passagiere schnallen sich an. Kurz darauf teilt man uns über Lautsprecher mit, daß die Maschine nun starten wird. Da konzentriere auch ich mich auf das Fenster: Ein stechender Benzingeruch breitet sich aus. Dann beginnen die mächtigen Motoren zu dröhnen. Im letzten Augenblick protestiert ein Mädchen: »Ich will aussteigen! Ich habe Angst!« Aber der Lärm verschluckt ihre Stimme.

Das Flugzeug rollt über die sonnenglühende Startbahn und erhebt sich brummend in die Luft. Der Kontrollturm entfernt sich, wird immer kleiner, ein undeutlicher Fleck. Leb wohl, Berlin!

Mir schwillt das Herz. Wir fliegen zu meinem Vater nach Österreich, ich werde meine Großeltern wieder in die Arme schließen, meine Großmutter wiederhaben! Aber ich verlasse Berlin.

Ein Knoten wächst in meiner Kehle, wird zum Berg, einem Staudamm, ich bekomme keine Luft mehr. Kalter Schweiß bricht mir aus, ich gerate in Panik. Ich verlasse Berlin. Ich verlasse eine bekannte Vergangenheit um einer unbekannten Zukunft willen. Leb wohl, Berlin!

Ich weine.

Warum weine ich? Ich lasse nichts zurück, außer meinem guten alten Opa. Aber wie weh das tut!

Ich verlasse eine Stadt, die mir alles verweigert hatte: eine Mutter, einen Vater, meine Großmutter. Ein normales Leben, eine fröhliche Kindheit. Eine Stadt, die mir nur Schmerz bereitet hat, Entbehrungen, Schrecken, Einsamkeit, Angst und Verzweiflung. Warum weine ich?

Ich beiße die Zähne zusammen, um nicht zu schreien. Mir bricht schier das Herz. Was ist los mit mir?

Leb wohl, Berlin.

Wir lassen ein riesiges Trümmerfeld hinter uns: Häuser, Kirchen, Brücken, historische Denkmäler, Plätze, in Trümmer gelegte Kunstwerke. Schuttberge, von denen an windigen Tagen Staub aufgewirbelt wird, der die Augen reizt.

Leb wohl, Berlin.

Zerstört, gebeugt, vernichtet, bestraft. Lebt wohl, Erinnerungen an Alpträume, ungläubiges Warten, schlaflose Nächte. Hunger, Durst, Schmutz, Dunkelheit, Entsetzen, Gestank, Wanzen, Einsamkeit, die nur er ausfüllen konnte: Opa. Leb wohl, Großvater!

Feuerschein, Brandgeruch. Leichengestank.

Asche auf der Haut, JUDE auf den Fensterläden, Baby unter dem Fliederbusch. Apfelgroßer Blutfleck auf der Matratze, Gudruns aufgerissene Augen, Erikas Suppenschüssel. Du *urri? Spasibo.*

DER FEIND HÖRT MIT. KOHLENKLAU.

Und Bomben.

Bomben und Feuer. Feuer und Zerstörung. Zerstörung von Dingen, Körpern, Gesetzen, Traditionen, Errungenschaften der Zivilisation. Totale Vernichtung. Vernichtung bis zum letzten Ziegelstein, bis zur letzten Zelle, bis zum letzten Körnchen Hoffnung.

Unter dem Emailleblau eines gleichgültigen Himmels wird das Trümmermeer immer kleiner, wird zu einer formlosen Masse, aus der düster die schwarzen Spitzen der Mauerreste starren.

Mir geht es schlecht. Im Hals eine geballte Faust Tränen. Im Herzen eine geballte Faust Sehnsucht. Etwas dort unten ruft nach mir.

Weil vielleicht dort unten, zwischen den trostlosen Resten dieses riesigen, nun erloschenen Scheiterhaufens, zwischen den Sprüngen im aufgerissenen Asphalt, in dem feuchten Keller in der Lothar-Bucher-Straße und zwischen den freundlichen Falten von Opas zerknittertem Mantel meine Wurzeln zurückbleiben. Dumme, starrköpfige Wurzeln, die sich dort festklammern, wo sie in größter Verzweiflung mein Herz haben schlagen hören.

Leb wohl, Berlin!

Der Knoten in meiner Brust schwillt an, erstickt mich.

Berlin verschwindet am Horizont, versinkt in einem Dunstschleier. Ich verspüre einen eisigen Atem, ein Gefühl der Leere. Die Motoren dröhnen, ich kneife die Augen zusammen: Ich kann nichts mehr erkennen.

Bald werden wir in Lübeck landen, wo uns ein Flüchtlingslager aufnehmen wird. Vielleicht müssen wir wieder hungern, bis ein Güterzug uns zur österreichischen Grenze bringt.

Ich werfe einen letzten Blick aus dem Fenster: hinter mir das Nichts und vor mir das Unbekannte.

Helga Schneider

Laß mich gehen

Roman. Aus dem Italienischen von Claudia Schmitt.
175 Seiten. Gebunden

Berlin, 1941: Die kleine Helga ist gerade mal vier Jahre alt, als ihre Mutter die Koffer packt, zur Tür hinausgeht und nie wiederkommt. Im Weggehen beugt sie sich noch einmal zu Helga hinab und schärft ihr ein, ja nicht zu weinen, um das Brüderchen Peter nicht zu wecken. Seitdem klafft eine tiefe Wunde in Helgas Seele. Nie wird sie den Moment vergessen, als ihre Mutter sie verlassen hat, nie verstehen, warum sie es tat. Und dann, Jahrzehnte später, erfährt sie die Wahrheit: Ihre Mutter verließ Mann und Kinder, um in den Konzentrationslagern von Ravensbrück und Auschwitz-Birkenau als Aufseherin zu arbeiten.
Entsetzt schwört sich Helga Schneider, ihre Mutter zu hassen, zu vergessen, aus ihrem Herzen zu bannen. Aber dann kommt ein Anruf aus Wien: Traudi Schneider lebt, alt und vereinsamt, in einem Seniorenheim. Helga kann nicht anders – sie muß sie sehen, sie sprechen, ein letztes Mal ...
Die ergreifende Geschichte einer betrogenen Tochterliebe, das literarische Zeugnis einer vom Fanatismus geblendeten Zeit.

01/1104/01/R

Ralf Georg Reuth
Hitler

Eine politische Biographie. 688 Seiten mit zahlreichen s/w-Abbildungen. Gebunden

Ralf Georg Reuth zieht in dieser politischen Biographie klare Linien, macht Zusammenhänge sichtbar. Bislang unbeachtete Quellen werden erschlossen, um ein schärfer konturiertes Bild Hitlers zu zeichnen. Ohne die unverstandene Niederlage im Ersten Weltkrieg, ohne Novemberrevolution und ohne die Demütigung von Versailles kein Hitler. Denn nur im Chaos jener Nachkriegszeit formte sich seine Weltanschauung, in der sich unterschwelliger Antisemitismus, bürgerliche Ängste vor dem Bolschewismus und den Folgen von Versailles zu einem monströsen Bedrohungsszenario verdichteten. Konsequent sieht Reuth Hitler als einen Getriebenen, der eine ganz andere, neue Mission glaubte erfüllen zu müssen: Die »Rettung der Welt vor dem Judentum und dem Bolschewismus«, die er miteinander gleichsetzte. Diesem Ziel hat Hitler alles untergeordnet, Innen- und Außenpolitik, auch den Krieg, dafür mobilisierte und mißbrauchte er die Deutschen. Deshalb befahl er 1941 die »Endlösung«: Der Mord an den Juden als Kompensation des militärischen Scheiterns.

01/1102/01/L